SV

POLNISCHE BIBLIOTHEK
Begründet und Herausgegeben von Karl Dedecius
Deutsches Polen-Institut Darmstadt
Gefördert von der Robert Bosch Stiftung
Redaktion: Andreas Lawaty
und Wolfram Schäfer

JANUSZ KORCZAK
DAS KIND LIEBEN

EIN LESEBUCH
VON ERICH DAUZENROTH
UND ADOLF HAMPEL

SUHRKAMP VERLAG

Aus dem Polnischen von Karl Dedecius, Armin Droß,
Wolfgang Grycz, Winfried Lipscher und Katja Weintraub.
Aus dem Hebräischen von Shoshana Sachs.

Erste Auflage 1984

Quellenangaben am Schluß des Bandes
Satz: LibroSatz, Kriftel
Druck: Nomos Verlagsgesellschaft, Sinzheim
Printed in Germany

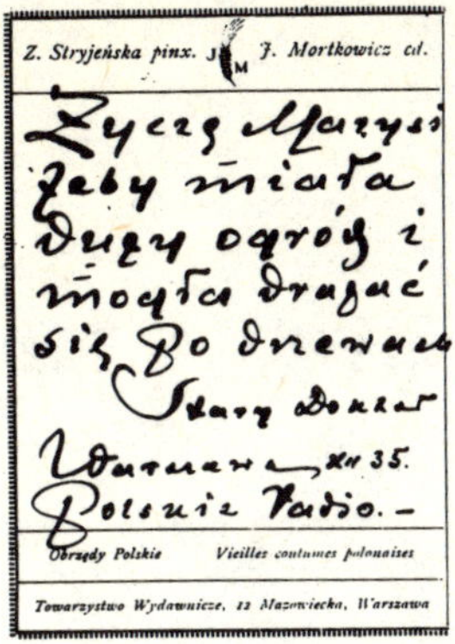
Z. Stryjeńska pinx. JM J. Mortkowicz ed.

Życzę Marysi
żeby miała
duży ogród i
mogła drapać
się po drzewach
Stary Doktor
Warszawa XII 35.
Polskie Radio. –

Obrzędy Polskie Vieilles coutumes polonaises

Towarzystwo Wydawnicze, 11 Mazowiecka, Warszawa

Ich wünsche Marie,
daß sie einen großen Garten hat
und auf die Bäume
klettern darf.
Der alte Doktor

Warschau, Dez. '35
Polnischer Rundfunk

I

Der kleine Schrei im grossen Lesesaal

Hoher, dreistöckiger Saal. Ringsum Bücher, die Einbände dunkel, seriös. Lange Tische, mit grünem Tuch überzogen, und mehrere Hundert Menschen, vornübergebeugt, gesammelt, vertieft in hundert sich gegenseitig gänzlich fremde Probleme.

Nichts verbindet den grauhaarigen Soziologen, der sich für einen ausgefallenen Beitrag Notizen macht, mit dem Feuilletonisten einer großen Tageszeitung, mit dem jungen Dozenten für Chemie, mit dem Geographen, der in Atlanten blättert, die zweihundert Jahre alt sind, mit dem Besessenen, der Material für eine Arbeit sammelt, die nie erscheinen wird, und mit dem Ausländer, der fasziniert, voller Ehrfurcht vor den angesammelten Schätzen steht und traurig ist, wenn er dabei an sein eigenes Vaterland denkt.

Und doch vereint sie alle ein unsichtbares Band; hier herrscht ein gemeinsamer Geist, und eine gemeinsame Stimmung beherrscht die gebeugten Köpfe. Vielleicht geht ein Schriftsteller einmal daran und beschreibt bewegend das Leben dieser Ideenbörse?

Ruhe. Hier flüstern Lebende mit den Toten, hier reden die weißen Blätter, voll mysteriöser Zeichen, voller Gedanken derer, die abwesend sind oder fern, mit den hämmernden Hirnen der neuen Streiter. [. . .]

Die Bücher leben, reglos in den Regalen nach Sachgebieten und Katalognummern eingeordnet – sie leben im Blitzschlag vergangener Orkane, im Schlachtruf vermoderter Triumphatoren und im ewigen Ansporn, in der ewigen Losung: Vorwärts – hinauf zu den Sternen! Und es ist schwer, zu sagen, wo das Leben dieser toten Bücher endet

und wo das Leben dieser schweigenden, gebeugten, ergrauten oder jungen Köpfe beginnt, wo in dieser ehrwürdigen Schatzkammer Vergangenheit ist, wo das Gestern, wo das Morgen.
Ruhe, nur Federn kratzen. Halbschatten, vereinzelt nur zeichnet die Tischlampe vor den Lesenden da und dort einen hellen Kreis. Jeder knarrende Schritt, jedes Geräusch eines gerückten Stuhls hat unwillige Blicke zur Folge. An keiner der Wände hängt eine Vorschrift, hier sei lautes Sprechen verboten, und dennoch wagte hier niemand, ein längeres Gespräch zu führen, nicht einmal im Flüsterton, abgesehen von der kurzen Begrüßung eines Bekannten, von zwei mit gedämpfter Stimme gestellten Fragen, gegebenen Antworten.
Plötzlich aber fällt in diese ungetrübte, unbedingte und feierliche Stille, die Achtung und Befolgen gebietet, von der Saaldecke, von der höchsten Galerie ein lauter, heller und sorgloser, ein vertrauensvoller und liebenswerter Kinderschrei herab. Ein Schrei der Verwunderung oder der Freude, des Staunens oder des Übermuts; waren es Worte, oder nur ein Ton – ich kann es nicht sagen. Die Kinderstimme flog in diese Stille hinein wie eine weiße aufgescheuchte Taube; sie schlug einmal heftig mit den Flügeln und flog gleich wieder fort. Wer weiß, ob es das Kind eines Angestellten war, das die Aufmerksamkeit seiner Aufsicht getäuscht und die geöffnete Tür genutzt hatte, um für einen Augenblick auf die Galerie zu laufen, oder das Kind eines auswärtigen Besuchers, der neben anderen Sehenswürdigkeiten der Stadt auch die Bibliothek besichtigen wollte. Jemand zog das Kind dort oben rasch zurück und war erschreckt von den drohenden Folgen dieses gottlosen Vorfalls.
Hier unten aber hoben sich plötzlich alle Köpfe der ausgelassenen Stimme entgegen und entschuldigten den Frevel mit mildem Lächeln und nachsichtigem Blick. Und inter-

essant allein, wahr allein war das, daß sie lächelten – und sei es nur mit den Augen – alle. Das Lächeln hatte den unbewußten, fest verwurzelten, durch Tausende von Generationen immer bestimmter und unbedingter bekräftigten Inhalt, daß alle Reichtümer dieser Schatzkammer, alle lebendigen oder toten hier versammelten Willensbekundungen, alles, was hier und überall die Gedanken auf dem ganzen Erdball erfassen – nur soviel wert sind und nur darin einen Sinn haben, daß diese unbefangene, unbewußte, frische, junge, maßlose Stimme von oben heruntergeflogen kam – die Stimme des Nachfolgers, dessen, der sein wird, wenn wir nicht mehr sind.

Jeder Säugling, jedes Kind scheint uns bei unserer Arbeit mit seiner Stimme unerwartet zu sagen: »Ich bin da!«

Auch wenn wir müde sind und uns die Augen reiben – das Kind ist da. Ohne das Kind hätte unsere ganze Arbeit keinen Zweck. Für wen würden wir den Weg durch das Dickicht schlagen, wem das Beil in die Hand legen und sagen: »Nun fäll einen Baum nach dem anderen und sieh zu, daß du weiterkommst durch die Tiefe des Dickichts.« Und wem würden wir das Steuer und die Ruder übergeben, damit er weiterschwimmt in jene Richtung, die wir womöglich falsch gewählt haben? Für wen würde man Luftschiffe bauen, die in der Stunde ihres Entstehens noch primitiv, unbeholfen, ja lächerlich sind, wenn niemand sie verbessern sollte, und zwar so lange verbessern sollte, bis der Flug des Menschen den Flug des Adlers besiegt? Was wäre das Auflisten allen Unrechts und aller Schmerzen, der Unterdrückung und der Verbrechen von heute wert, was die Proteste und blutigen Kämpfe – wenn es nicht diejenigen gäbe, die das Banner aus den erstarrten Händen der Sterbenden willig aufnehmen und es weitertragen den dornigen Weg in den neuen Morgen?

Ohne das Kind erlebten wir die letzte Dämmerung, auf die die Nacht folgt – und nur noch die Nacht. In der letzten

Dämmerung vor der ewigen Nacht hat nur noch die rasende Orgie Platz, die den Bodensatz ihres hoffnungslosen Daseins zur Neige trinkt, doch niemals – die schöpferische Arbeit. Und wenn wir streben, wenn wir schaffen, dann nur in dieser mehr oder weniger bewußten Überzeugung, daß das Festmahl unseres Schaffens, Kampfes, Strebens, das Festmahl der Tat nach uns die unbekannten Festgäste halten werden, deren helle Stimme, heller Schrei von oben auf uns herabfällt.

So ist unser Verhältnis zu allen Kindern, sowohl zu denen, denen wir auf allen Pfaden unseres Weges begegnen, deren winzige Schritte wir beobachten, in deren strahlende Augen wir unseren forschenden Blick versenken, wie auch zu jenen, von denen uns Räume und Zeiten trennen.

Nun frage ich weiter: Was bedeutet mir mein eigenes Kind? Auf der niedrigsten Sprosse der großen Lebensleiter stehen die Einzeller. Hier geschieht die Fortpflanzung auf einfachste Weise. Der Mutterorganismus zerfällt in zwei Teile – er spaltet, er halbiert sich. Es gibt keinen Erzeuger; der Mutterorganismus als Ganzes starb, er existiert nicht mehr als Einzelwesen; er lebt in zwei Teilen, zwei Kindern als zwei selbständigen Lebewesen fort, um mit jeder Hälfte einzeln und unabhängig zu wachsen und, nach einer weiteren Teilung, mit jeder seiner Hälften – vier Leben zu zeugen.

Er ist also durch die Teilung in immer neue Generationen unsterblich, alterslos. Er kennt weder Grab noch Tod, er ist ewig.

Und der Mensch, der die höchste Sprosse des Seins erklettert hat und durch den Bau immer neuer Sprossen noch höher steigen möchte, indem er mit seiner Phantasie den Weg, der ihn vom künftigen Übermenschen trennt, bemißt – sollte er sterben? Wenn die Amöbe unsterblich ist, dieser mißachtete Bruchteil unseres wirklichen Lebens, wie sollten dann wir Menschen so stolz ob unserer Herrschaft, ein lächerliches, flüchtiges Leben führen – als Ephemeride, Traum – als Schatten?

Sollte ich denn nur für ein paar Lächeln und einige Schluchzer geboren sein, um bald zu einer Schaufel Schmutz und einer Handvoll Asche zu zerfallen? Sollte eine Amöbe, deren träge Bewegungen ich auf dem Glas im Mikroskop sehe, die ich nur dank der vom menschlichen Genius geschaffenen Reihe von Vergrößerungsgläsern wahrnehme, mir um eine ganze Unsterblichkeit überlegen sein, mir um etwas überlegen sein, was durch nichts zu ersetzen und mit nichts zu bezahlen ist? Sie, jenes Stäubchen vom Staub, wächst, um ein doppeltes – hundertfaches – immer weitläufigeres, zahlreicheres Leben zu werden, während ich aufwachse, um nach dem Erreichen meiner höchsten Entwicklungsstufe wie zum Hohn zu zerschmelzen, zu zerrinnen, zu erstarren und in leblose Trümmer zu zerfallen? Ist das nicht Unsinn, Wahnwitz, ein widerliches Zum-Narren-Halten durch die Natur?

»Der Mensch«, sagt Grassi, »ist eine Kolonie von Einzellern. Ist diese Kolonie als Ganzheit reif, dann trennt sich eine Zelle von ihr – als Repräsentant, als *Inhalt* der ganzen Kolonie –, und diese eine Zelle erschafft eine neue Kolonie, so oder anders, jedenfalls ein weiteres Lebewesen, die Fortsetzung ihres exemplarischen Lebens.« Der ganze Mensch läßt sich auf eine, die allerkleinste Zelle zurückführen, die alle seine Eigenschaften, seine ganze Urgeschichte, von den ältesten Zeiten her, enthält und mit sich in die Zukunft trägt. Mein Kind, das bin ich selbst, um eine Generation weitergerückt, lebendig in ihm, in seinen Enkeln und Urenkeln, also unsterblich. Wie sich langjährige Qual und grenzenlose Verzweiflung zu einem Schmerzensschrei verdichten können, wie die geballte Kraft, sich windend und wendend, plötzlich in einer wutentbrannten Willensreaktion explodiert, wie in einem Kuß-Symbol alle Maßlosigkeit der Gefühle, Gedanken, Wünsche ausgedrückt werden kann – so bahnt sich im Augenblick der Empfängnis, in ungeheuerer, mächtiger Spannung, die ganze Vergangenheit der Gattung nach der Überwindung des Todes, des Zerfalls, ihren siegreichen Weg ins Leben.

Man muß viel Mut haben, diese wunderbare, erquickende, leuchtende Wahrheit zu verkünden, die froh macht und uns an die Dauer des Daseins glauben läßt – heute, da sie beschmutzt, verleumdet und verabscheut wird – besudelt an jeder Ecke von zehn Straßendirnen – von der ganzen traurigen heutigen Generation.

Wenn man die Beziehung der Eltern zum Kind aufmerksam beobachtet, bemerkt man, daß die Eltern in ihrem Kind unbewußt etwas mehr sehen als ein nahes und teures Wesen – sie sehen in ihm die Fortentwicklung des eigenen Lebens, *sich selbst*, zum zweiten Mal unterwegs zum reifen Dasein, ihr eigenes Sein in der Zukunft. Wo die Entwicklung des Kindes normal verläuft, begleitet von nur kleinen Ängsten und Sorgen, dort zeichnet sich diese Beziehung weniger deutlich ab. Wo aber die normale Entwicklung gefährdet ist, wo ein Detail – manchmal ein kleines nur – an den auf seiner Herkunft lastenden Schatten erinnert, dort zeichnet sich die Unruhe mit besonders scharfen Umrissen ab, dort gleicht die ewige Sorge um das Kind der Sorge um die eigene gefährdete Existenz.

Mein Kind,
du aufrichtige und einzige
Wahrheit meines Lebens

Gebet einer Mutter

Ich neige mich über dich, mein holdes Kind, warum bist du mir, du kleines Ding, so lieb? – Ich weiß, du bist wie viele, doch ich glaube – glaube – glaube: ich könnte dich, ohne hinzusehen, an deiner Stimme unter Tausenden erkennen; deine Lippen, die an meiner Brust saugen, erkenne ich, ohne hinzuhören – du mein Einziges auf Erden.
Ich verstehe dich ohne Worte, ohne einen Laut weckst du mich aus tiefstem Schlaf – mit einem Blick, einem Wunsch.
Mein Kind, du aufrichtige und einzige Wahrheit meines Lebens. Wehmütige Erinnerung bist du für mich, gefühlvolle Sehnsucht, Hoffnung und Zuversicht.
Kind, werde glücklich!
Gott, verzeih, daß ich nicht zu dir spreche; und wenn ich bete, dann in der Furcht, du könntest eifersüchtig sein und ihm etwas zuleide tun. Selbst dir, mein Gott, wage ich nicht, es anzuvertrauen; denn du nimmst den Müttern die Kinder und den Kindern die Mütter. Sag, weshalb tust du es? Das ist kein Vorwurf, Gott, nur eine Frage.
Verzeih, Gott, daß ich das Kind mehr liebe als dich. Denn ich habe es ins Leben gerufen, aber auch du, Gott, hast es ins Leben gerufen: Wir tragen gemeinsam Verantwortung, wir beide sind schuld, daß es gerade erst lebt und schon leiden muß. Wir müssen es beschützen.
Es leidet – es weint.
Gott, wenn ich diesen kleinen Wurm so wahnsinnig liebe, so liebe ich vielleicht dich in ihm, denn du bist – du bist in diesem Geringsten – du größtes Geheimnis – mein Gott.
Ich glaube nicht an die Sünde, denn wenn es sie gäbe, wäre

meine Liebe sündig, aber kann die Liebe einer Mutter zu ihrem Kind denn eine Sünde sein?
Mich kümmern nicht die Leiden, von denen es – das weiß ich – viele gibt, mich kümmern nicht die Tränen, von denen – das weiß ich – viele auf Erden fließen. Ich kann nicht anders – für wen soll ich lügen? Nur deine Tränen, mein Kind, nur dein Lächeln, du meine herzliche Sorge, gehen mich etwas an.
Kind – du meine wonnige Fessel aus Jasmin und Sternen, Kind – du Blume des Verzeihens, du mein freudiger Traum von der Erlösung, mein sonniger Glaube, meine sanfte Hoffnung, du rosige Wolke, du Gesang der Lerche.
Gib ihm Glück, o Gott, damit es nicht bedauert, daß wir ihm das Leben geschenkt haben; ich weiß nicht, was Glück ist, aber du weißt es, deine Pflicht ist, es zu wissen. Also gib es ihm!
Ich neige mich über dich, mein liebes Kind – schau nur, ich suche so mühsam, ich bitte so inbrünstig – begreifst du das – wirst du das begreifen? – Sag es. – Sag es mit einem leichten Zittern deiner Lider, mit einer Bewegung deines Händchens – sag es durch ein Zeichen, das niemand verstehen wird, außer uns beiden: außer Gott und mir, deiner Mutter. Sag, daß du keinen Groll haben wirst gegen das Leben und gegen mich, sag es, mein Kind, sag es, Kind, sag es, du mein von Herzen kommendes Gebet.

Es gibt so viele Sterne am Himmel,
nun kam ein neuer hinzu

Bobo

Bobo ist schon alt, er hat oben zwei Zähne und unten vier, wiegt 23 Pfund und ist, wie die Mutter meint, der gescheiteste von allen Bobos auf der ganzen Welt. Der Vater behauptet, Bobo sei dumm wie ein Stiefel.

Die Mutter gibt sich so stolz, als sei Bobo ihre eigene, keinem anderen Menschen bekannte Erfindung, die man patentieren, mit einer Nummer versehen und an ein amerikanisches, kapitalistisches Konsortium zur weiteren Verwendung abgeben müßte. Zwar hatten auch andere Frauen kleine Kinder, aber dieses hier ist ein ganz anderes, ein verbessertes Modell, unnachahmlich und mit keinem anderen Bobo auf der Welt zu vergleichen.

Bobo sitzt auf Vaters Knie, zupft ihn am Bart und möchte unbedingt die Zeitung zu fassen kriegen. »Stör mich nicht«, knurrt der Vater und wehrt Bobos Hände ab.

Bobo sieht den Vater mit schiefgehaltenem Köpfchen an: Ein gutartiger Schatten, regungslos über einen milchigen Fleck gebeugt – was macht er nur?

Bobo staunt mit weit geöffneten Augen, den Mund leicht verzogen, er schnauft bedächtig und gleichmäßig.

»Sag mal Bobo«, fragt der Vater endlich und legt die Zeitung weg, »was hältst du von der politischen Lage?«

Bobo greift nach der Schnur von Vaters Kneifer, krakeelt und schaukelt vergnügt hin und her. »Ach Bobo, Bobo«, sagt der Vater bedauernd, »von Politik hast du aber auch gar keine Ahnung!« Bobo zieht ihm den Kneifer von der Nase, hebt die Hand und ruft triumphierend: »Oh!«

Die Mutter zum Vater: »Leg doch deine scheußliche Zigarre weg, du wirst das Kind noch verbrennen.«

»Ach Bobo, Bobo«, nun ist der Vater ein bißchen verärgert, »du bist ein großer, großer Tropf.«
Da fängt Bobo an zu heulen und wandert vom Arm des Vaters auf den Schoß der Mutter.
»Armer Bobusch«, klagt die Mutter, »wird als Trottel beschimpft, beleidigt, keiner achtet ihn.«
Bobo reibt sich die Nase.
»Armer Bobusch, juckt ihn das Näschen? Hat ihm doch der Tata Rauch in die Nase gepustet. Sag mal: ba-ba Tata, mach ihm eine lange Nase.«
Da heult Bobo wieder los, diesmal noch lauter, und die Mutter geht rasch mit ihm ins Nebenzimmer.
Ja, ja! – Bobo ist schon alt.
Der kleine Bobo hat mit seinen sechs Zähnchen und seinen dreiundzwanzig Pfund bereits soviel erlebt, daß seine Vergangenheit Stoff für einen vielbändigen Roman abgeben könnte. Einen vielbändigen Roman über Bobo würde jedoch niemand lesen wollen. Sollen sie es bleiben lassen! Aber es wäre auch niemand bereit, einen solchen Roman zu drucken. So will ich denn über Bobo nur eine Erzählung schreiben.
Lies langsam und halblaut bei abgedunkeltem Licht, denn ich berichte nun von Bobos geheimnisvollem und wundersamen prähistorischen Dasein.
So war es, als Gott das Licht von der Finsternis schied und die Sterne am Firmament befestigte, jeden an seinem Platz, mit den Fäden ihrer gegenseitigen Schwerkraft. So geschah es, als Welten aus dem Chaos entstanden.
Noch war der Kosmos nicht entstanden, es gab nur den Gedanken an seine Erschaffung – oder vielleicht gab es nicht einmal ihn. Farben und Töne irrten ziellos durch den Raum, Kräfte zeichneten sich ab als kaum wahrnehmbare Schatten, und Empfindungen, ungeordnet und diffus, mischten sich darein wie leichter Nebel. Und jedes Teilchen lebte für sich allein, kreuzte die Bahn eines ande-

ren, flog an ihm vorüber, ob es ihm nun glich oder ihm fremd war.
Nein, es lebte und bewegte sich nicht, denn es gab noch kein Leben, keine Bewegung. Es gab weder Zeit noch Raum. Ein Augenblick kam Jahrhunderten gleich, ein Kilometer schrumpfte zusammen, zerfiel, weitete sich aus auf Hunderte und Tausende von Kilometern. Es gab nichts, auch die Zukunft wäre nur dann existent, wenn es eine Frage, eine Vorausahnung geben würde.
Und dann . . . Eine große Stimme wird sich erheben, mit lautem Widerhall, wird den einzelnen Atomen befehlen, sich zusammenzuschließen, ihr Eigenleben aufzugeben. Und ein Blitz wird aufgrellen, ein Nebeltropfen herabfallen, ein feiner Kristall aufleuchten, und das Leben wird entstehen, voller Wunder.
Ob man es schon Leben nennen kann, was den umherflirrenden Atomen nicht mehr erlaubt, teilnahmslos aneinander vorbeizuziehen, sondern ihnen befiehlt, sich gesetzmäßig zu Mikrokonstellationen von Welten zusammenzufinden, die zu bewohnen nur der scharfsinnige Menschenwitz befähigt ist?
Pflanzliches Leben wird es geben, von den unscheinbaren Fäden weißlichen Schimmelgewebes an, Eichen werden ihre Samen abwerfen, Söhne werden daraus erwachsen, wenn der Leib der Väter morsch wird oder ein Blitz ihre Äste zerschlägt.
Leben wird entstehen, und der Mensch wird begehren, das Geheimnis des Lebens zu enträtseln – der Mensch, dieses eigenartige Geschöpf. Das alles wird einmal sein. Vorerst aber mystische Nacht, voller ungeahnter Geheimnisse und Wunder.
Im hellen Strahl der Empfängnis ist Bobo schon ein großes Wunder. Bobo nenne ich das Kind, von dem ich nun berichte.
Es heißt, Bobo sei noch nicht da, er werde erst kommen.

Noch steht er in keinem Kirchenbuch und keinem weltlichen Geburtsregister, niemand hat ihn gesehen, selbst die Mutter nicht; er wird erst erwartet – aber er war und ist schon lange da.
Sein Herz hat schon zu schlagen begonnen, und dieser Herzschlag endet nie, er wird an Sohn, Enkel und Urenkel weitergegeben, wie er vom Urahn und Großvater empfangen worden ist.
Ihr sagt, der noch ungeborene Bobo zähle soundsoviel Wochen oder Monate. Ihr habt recht und irrt dennoch. Er ist ganz allein für sich da, weiß nichts von euren Uhren noch von eurem Kalender. Bobo war und ist immer existent.
Nicht nur aus diesem Grund seid ihr im Irrtum befangen. Bobo lebt nicht nach dem Maß von soundsoviel menschlich gedachten Monaten. Er lebte bereits, in Milliarden Stäubchen verstreut, auf der weiten Welt, als der Schrei aufbrach: »Stürmt die Bastille«; er lebte, als eine breite Welle sich ergoß, um den Ungläubigen das geschändete Grab Christi zu entreißen; als Sophokles' Stirn mit Lorbeer bekränzt wurde; als Sklaven unter Peitschenhieben die stolzen Grabmale der Pharaonen errichteten, ja, er lebte viel früher noch; Zehntausende von Jahren mußten vergehen bis er geboren wurde. Bobo lebte im Muskelgewebe eines Bären im fernen Norden und im immergrünen Blatt einer Palme im fernen Süden. Wie lange war Bobo unterwegs, welch lange Reise hat er hinter sich bringen müssen, bevor sein Herz zu schlagen begann?
Bobo existierte sehr lange, seit Urzeiten schon – er lebte im Plasma der Amöbe, im Chaos, aus dem Gott die Sterne geschaffen, sie am Himmelszelt verteilt und mit unsichtbaren Fäden der gegenseitigen Abhängigkeit gestärkt, zu Sternengesellschaften geformt hat.
Ticktack, ticktack – schlägt Bobos Herz. Ein lautarmes, monotones Geräusch auf der endlosen Straße der Gedanken.

Für Bobo, der nun bald kommen soll, werden die Windeln gerichtet.
Bobo verspürte einen empfindlichen Schmerz und erlebte ein großes Entsetzen. Dieser Schmerz hatte nichts mit unserem bewußten, ausgereiften, erfahrenen, altersgrauen Schmerz gemein, der uns Vater und Bruder ist. Das war so ein erster, großer Schmerz.
Eine Last lag auf Bobos Brust, wie wenn du in einem Alptraum plötzlich zu stöhnen anfängst, und es weckt dich dein Mann, die Mutter oder deine Frau und fragt: »Warum stöhnst du so?« und du antwortest: »Ich hab' ja gar nicht gestöhnt.« oder: »Ich weiß es nicht.«
Wenn in schwarzer Nacht eine fremde Hand dich an der Kehle packt, bleibt beim Ersticken kein Bild mehr unter den Augenlidern haften – da ist nur noch ein dunkler, verröchelnder Schrei in der Brust.
Das erste Atemholen Bobos ist so. Dieser eine Augenblick ist einzigartig wie der Tod. Schmerz heißt der Priester, der ein kleines Menschenwesen mit dem Leben verbindet.
Bobo saugt kalte Luft in die Lungen und fängt zitternd an zu leben, selbständig, auf eigene Verantwortung. Leg den Finger auf den Mund und sei still; denn du erblickst ein Wunder. Ich bitte dich, tu jetzt nichts, denn du weißt nichts, begreifst nichts, wirfst deine Zweifel hinein, und der dichte Wald von Fragen wird immer undurchdringlicher, gibt keine Antwort. Bobo friert, er hat Angst, es geht ihm schlecht.
Schon wird Kamille aufgebrüht und aus der Apotheke dreierlei Pulver besorgt, und die Verwandten fragen am Telefon:
»Ein Junge oder ein Mädchen?«
Bobos Schlaf ist einmal dunkel und ohne Leben, es tut sich nichts, und dann wieder von bräunlicher Färbung und ruhigem Gleichmaß, wenn etwas geschieht . . .
Die Nacht ist tief, die Morgendämmerung noch weit. Du

liegst da mit offenen Augen und blickst umher. In deinem Schlafzimmer sind alle Gegenstände an ihrem Platz, aber bis zur Dämmerung, bis sie aus den Schleiern des Morgengrauens aufzutauchen beginnen, hat es noch Zeit . . .

Du stehst auf einem frisch eingesäten Acker. Noch ist die Saat nicht aufgegangen, aber im einzelnen Korn, im Erdreich, ist schon manches Wunder geschehen, und weitere werden folgen, bis der erste grünende Keim zu sehen ist . . .

Bobo hat unter seiner Schädeldecke sonderbare Schmetterlinge, aus einem feinen Gespinst gewirkt, über das farbige Bilder hingleiten, von Station zu Station, und sich zu ganzen Familien und Völkern von Gedankenbildern verflechten. Noch gibt es in den Leitungen und Verbindungsstücken keine Steuerung. Bobo kuriert seine Wunden aus, die er im Kampf ums Leben in der Stunde der Geburt davongetragen hat, und er bereitet sich auf eine lange, erbitterte Auseinandersetzung vor, bei der es um die Lösung der Frage geht, wo Gutes und Böses ihren Ursprung haben. Wenn Bobo seinen braunen, wachsamen Schlaf schläft, so hat auch der wieder seine zwei Seiten: Einmal geschieht etwas brutal und böse und dann wieder sanft und mild. Und Bobo liegt still da oder schreit. Er weint nicht, denn er hat noch keine Tränen.

Die Mutter beugt sich über Bobos Kissen: Schon geht es ihr um eine Regung der Vernunft: »Guck die Mutter an, Bobusch!«

Bobo wendet das kahle Schädelchen dorthin, woher er die Stimme der Mutter vernommen hat, sucht mit den Lippen nach ihrer Brust und fängt an zu saugen. Bobo hat die Wärme der mütterlichen Stimme verspürt und will mit seinen Lippen die mütterliche Liebe trinken.

Ein andermal, etwas später, fiel auf sein Kopfkissen ein warmes Rinnsal von Sonnenstrahlen. Bobo bewegte suchend das Köpfchen und die Lippen, wollte die Brüste der Sonne erhaschen, Licht trinken. Als ihm, ein paar Tage darauf, seine Beschützerin ein Schlafliedchen vorsummte, wollte Bobo die Töne einsaugen. Und die Mutter suchte damals schon nach Regungen der Vernunft ...

Bobo kann noch nichts, nicht einmal richtig saugen: Einmal beeilt er sich, dann wieder nuckelt er träge und schläfrig, macht lange Pausen, bewegt den Kopf ganz ungeschickt, läßt die Brust fahren, wird ärgerlich und beklagt sich. Bobo bewegte seine Hand, spannte seinen Rücken, zitterte, konnte sich rühren, aber von einem Gedanken gesteuert waren seine Bewegungen noch nicht.

Aber Bobo vermag bereits die aufgenommene Nahrung zu verdauen, ihren Wert zu steigern, er kann mehr als die komplizierteste Maschine – ein Wunder, von Menschenhand geschaffen – und doch viel weniger als ein Kücken, eben erst aus dem Ei geschlüpft, das hinter seiner Mutter herläuft und Körner aufpickt; weniger als eine kleine Raupe, die über das Blättchen einer Pflanze hingleitet.

Bobo liegt satt, trocken und zufrieden in seinem Wagen und verspürt eine sanfte Schläfrigkeit. Er blinzelt, hebt mühsam die Augenlider, runzelt die Stirn und verzieht den Mund. Seine Augen irren umher, er kann noch nichts wahrnehmen.

Bobo kämpft gegen seine Schläfrigkeit an wie der Vorsitzende in einer langweiligen Sitzung, die sich übermäßig in die Länge zieht. Rings um ihn Geräusche, Töne, Flüstern, Klänge und Lichter, Schatten, Glanz und stumpfe Flecken, ein Nebel von Lauten und Farben.

Plötzlich geschah etwas Außerordentliches. Bobos Augen gerieten zufällig in eine Stellung, daß sie ihm aufgingen. Bobo kann sehen.

Das graue Frühlicht zeichnete die ersten ungewissen Striche eines prächtigen Bildes. Bobo staunte, freute sich, erschrak und verlangte zu wissen.

Vor sehr langer Zeit hat der Mensch durch das erste noch ungeschickt gebaute Teleskop einen Blick zu den Sternen emporgeschickt, der voller Fragen, doch bereits stolz, weniger demütig war. Er erlebte einen Augenblick der Ekstase, dem Jahrhunderte der Enttäuschungen, Kämpfe, Verbitterungen folgten.

Das erste bewußte »Ich möchte wissen«, der erste vernunftbegabte Blick und dann der erste Schmerz um den Verlust dessen, was Bobo besessen hat, was keine Nahrung war und doch notwendig, um zu leben.

Bobo kann nicht mehr sehen, wieder ist es Nacht. Er fängt an zu weinen, und die Mutter ruft das Kindermädchen herbei, weil sie meint, Bobo sei hungrig.

Sie irrte sich: Bobo weinte nicht, weil er Hunger hatte oder weil ihm eine Windelfalte lästig war, sondern weil er eine unbekannte Welt verloren hatte. Ein Schrei der Ungeduld, ein Fall nach einem stolzen Aufschwung. Es war so schön, nun ist es vergangen, nicht mehr da. Sein Schrei, ein Protest gegen die Ohnmacht des Geistes. Aber Bobo begann gierig zu saugen, und indem er den geistigen Schmerz, den Herzensjammer um den Verlust des so kostbaren Ausgangspunktes betäubte, verfiel er dem gleichen Irrtum wie seine Mutter.

Die Tante beugte sich über den Wagen, ihre Augen begegneten Bobos ernstem forschenden Blick.

»Ein hübsches Kind«, sagt sie zu der Mutter, »den Mund hat es nach dir und die Augen nach deinem Mann.«

Sie gab Bobo einen Kuß. Erschrocken fuhr Bobo zusammen. Die Tante war beschämt, über ihren Kuß und Bobos Erschrecken.

»Armes Kleinchen«, sagte sie, »dein Verstand schläft noch.«

Bobos Verstand soll schlafen? Dabei ist der menschliche Verstand in keiner Lebensphase so wachsam wie der seine. Wäre die Intensität menschlichen Denkens bei den Erwachsenen so ausgeprägt wie bei Bobo, sie wären himmelstürmender Gedanken fähig, und das Universum müßte um seine Geheimnisse bangen. Bobos Verstand arbeitet in aller

Stille, dynamisch, und was heute in ihm vorgeht, ist mit dem Gestern nicht mehr zu vergleichen.

Wenn du auf einer Weltausstellung in einer Maschinenhalle stehst, stockt dein Atem bei der Vibration, dem Lärm und dem rasenden Lauf der Räder und Treibriemen; aber was ist das alles im Vergleich zu den Millionen von Motoren, Rädern und Treibriemen in Bobos Gehirn?

Bobo schaut und denkt, er denkt in der geheimnisvollsten und lebendigsten Sprache – ohne Worte und Begriffe –, in einer Sprache von Bildern und deren Bruchstücken, die allen Bobos in der Welt und allen Lebewesen gemeinsam ist ...

Bobo sammelt diese Bilder und reiht sie aneinander, belebt die Stationen seines inneren Kommunikationssystems, schafft Material heran für den prächtigen Bau der symbolischen menschlichen Sprache, in der jedes Bild seine eigene Seele hat, eine gute und eine böse, eine geliebte und eine verhaßte.

Bobo grämt sich, ist fröhlich, verwundert, furchtsam, er fragt und verlangt. Bobo verbindet bereits ganz kleine Erinnerungen aus der unmittelbaren Vergangenheit mit dem Traum von gestern und verknüpft ihr Gewebe mit der Nacht, da Gott die Sterne am Firmament aufleuchten ließ. Mit Blitzesschnelle durchmißt Bobo Jahrhunderte und Jahrtausende der Entwicklung menschlichen Denkens. Sehr bald wird er die sinnenschärfste Kreatur überholen und – physisch noch ungefestigt, ratlos im Lebenskampf – sich mit seinem Verstand dem Genius des Menschengeschlechts verbrüdern.

Bobo, reden wir doch einmal miteinander. Die Sonne fällt auf dein anmutiges Köpfchen. Dein Blick sagt, daß du schon ein Mensch bist. Ärmster, wie tust du mir leid!

Es gibt kein größeres Unglück, denn als Mensch geboren zu werden. Warum, wenn du schon zum Leben erwachen mußtest, bist du keine Blume geworden. Warum kamst du

nicht als Schmetterling zur Welt? Warum nicht im Nest der Sängerin des Waldes?
Je höher hinauf, desto betrüblicher ... Die Menschen wollen alles ganz genau wissen. Bobo, welche Schmerzen bei der Suche nach den Ursachen, Zielen, den Pfaden und Wegen. Wie viele Schmerzen ...
Glaubst du, Bobo, daß einst ... Oder nein, meinst du, daß später einmal? ... Nein, nein. Ich werde nichts, gar nichts mehr sagen und fragen.
Du runzelst die Stirn? Weine nicht, Bobo! Kleine Ungerechtigkeiten wirst du erleiden, es lohnt sich nicht, deshalb zu weinen. Großes Ungemach wird dich treffen, und dann hast du das Weinen verlernt. Und Generationen gehen dahin ...
Du lächelst, Bobo, und willst es nicht glauben? Du hast recht. Diesen Weg mußt du selbst hinter dich bringen und solltest keinem anderen glauben. Du hast recht ...
Bobo, im weiten Raum wie ein Stern, existiert doch nicht für sich allein. Mit den eigenen scharfen Krallen verwundet sich Bobo und schreit. Bobos Hände, Beine und sein Kopf sind weit entfernte Regionen seines Bewußtseins, Entdeckungen einer fernen Zukunft. Da ist nur das Fünkchen seines Denkens, ein Funken, so stark wie der Keim einer Feuersbrunst.
Bobos Augen sind weit geöffnet, er läßt sie wandern und untersucht die Schatten ringsum. Unbewegliche Flecken nimmt er nicht wahr, aber da gibt es welche, die ihre Gestalt verändern wie Wolken. Bobo ist ein Stern, der die veränderlichen Wolkenformationen erforscht.
Er liegt auf dem Rücken, ringsherum Schatten: Die Mutter, das Kindermädchen – dunkle Flecken auf hellem Grund – schweben im Raum, einmal höher, dann wieder tiefer und verschwinden nach oben. (Später wird Bobo, sobald er sitzen kann, sein mühsam gewonnenes Weltbild wieder umbauen müssen.)

Bobos Gedanken und Gefühle existieren, ohne Vergleiche ziehen zu können, weil sie noch nicht mit Erinnerungen verbunden sind. Es gibt seinen forschenden Verstand.
Um Bobo herum bewegen sich Wolken. Aus ihrer Fülle sondert Bobo durch sein Gedächtnis die eine aus: den Schatten, der am häufigsten erscheint. Ein Schatten von unveränderlicher Gestalt, der nicht so hoch hinauf wächst, daß er mit den Blicken nicht mehr umfangen werden kann . . .
Ein Schatten, den man verfolgen kann, ohne daß er plötzlich verschwindet wie alle anderen: Ein naher brüderlicher Schatten, der Bobo nie verläßt, in dessen Gesellschaft er sich nicht so einsam fühlt – sein erster Lehrer, die eigenen Hände.
Wie ein Jäger auf eine an einer Schnur aufgehängte Flasche zielen lernt, bevor er das Visier auf ein fernes Wildbret richtet, so zielt Bobo mit seinen Augen und lernt, seine eigenen Hände in ihrer Bewegung einzufangen.
In der Stille absolviert Bobo lange und mühselige Studien: Er lernt sehen, sich erinnern, erkennen. Bobos Hände dürfen nicht behindert werden, er braucht sie dringend.
Äonen vergehen, viele Jahrhunderte; denn die Stunden, da Bobo wacht, durchwirkt von Stunden tiefen Schlafs, die Augenblicke fröhlicher Juchzer und zorniger Regungen, stummer Betrachtungen und stürmischer Verzweiflung; Stunden und kurze Augenblicke, die sich auf dem Zifferblatt einer Uhr in nahe beieinanderliegenden Zahlen ausdrücken lassen, sind für Bobo unvergleichliche Zeiträume, ohne zeitlich genau fixierte Erinnerungen, endlos lang und halb verwischt auf der verschwimmenden Tafel seines Bewußtseins.
Eindrücke von gestern erlebt Bobo heute als ein nebelverhangenes Bild wie ein hundertjähriger Greis die ersten Jahre seiner Kindheit.
Viele Jahrhunderte sind vergangen, ehe Bobo gute und

böse Schatten zu unterscheiden begann. Zwei gutartige Schatten kennt Bobo schon, seine beiden Hände. Ein weiterer guter Schatten, die Brust seiner Schutzgöttin: Eine große Wolke bedeckt den ganzen Horizont, spendet Wärme und stillt den Hunger.

Wenn Bobo erwacht, liegt er still, blickt neugierig drein, lauscht wachsam und wendet den Kopf nach jedem Geräusch, nach jedem aufleuchtenden Glanz.

Wenn er weint, erscheinen ihm schimmernde Gegenstände; sie schnarren, klopfen, schwanken, und Bobo fühlt sich ermattet wie ein Reisender, der nach vielen Nächten ohne Schlaf in ein Kabarett gerät mit einem reichhaltigen interessanten Programm und einem lauten Publikum: Man möchte sehen und hören, aber die Augenlider sind bleischwer, und die Bilder fließen über den Spiegel des Bewußtseins wie graue Wolken in der Dämmerung.

Zünde viele Lichter an, lies laut, mit fröhlicher, triumphierender Stimme. Bobo ist nun ein Mensch . . .

Und das ist so rasch und von innen heraus geschehen. Da hat einer Bobos Denkfähigkeit angestoßen, und im ersten Aufschwung erhebt sie sich über die bunte, lärmende, dem Lied der aufgehenden Sonne lauschende Wiese des Lebens. Bobos Verstand, du bist wie die windgekräuselte Oberfläche eines Gewässers, vibrierend von Bildern herzlich vertrauter Gestalten, die sich über die Fläche beugen.

Soviel Sterne gibt es am Himmel, nun ist ein neuer hinzugekommen. So viele Bäume im Wald, noch ein kleiner Sproß ist aus einem Sämling entstanden. In den Chor der Waldvögel hat sich erneut ein kleiner naiver Sänger gemischt . . .

Von einer mächtigen unsichtbaren Hand angetrieben, ist die Natur in steter Aktivität. In ihrer Schöpferkraft hat sie auf wunderbare Weise einen kleinen Menschen hervorgebracht. Sie verfügt über titanische Kräfte und geht mit großer Gewissenhaftigkeit zu Werk. Chaotisch türmt sie

Gebirgsketten auf, benetzt jeden Felsabbruch mit Tautropfen und überzieht ihn mit weichem Moos.

Ein Kunstwerk, in mühseliger Arbeit von Menschenhand geschaffen, täuscht den Blick und betrügt die Natur ... Ein Hammerschlag, und von einer Skulptur bleibt nur ein Haufen Trümmer und Scherben. Ein winziges Stückchen, mit dem Mikrotom von Bobos schimmerndem Fingernagel abgetrennt, offenbart unter dem Mikroskop seine ganze Schönheit.

Wenn in den fadendünnen Äderchen Bobos kein Blut flösse, das sich durch Bäche und Flüsse in das Meer seines Herzens ergießt, wenn durch seine Nervenstränge nicht Eindrücke und Empfindungen in das Sammelbecken seines Gehirns einströmten, wenn er nicht die wunderbare Kraft des Wachstums besäße, selbst dann wäre Bobo tausendfach vollkommener als alle Werke lebloser Kunst, ausgestellt in dämmerigen Sälen bedeutender Museen.

Aber die Menschen kommen aus allen Ländern der Erde, um sie zu betrachten – zerschrammt, wie sie sind, ausgeblichen, langwierig restauriert, katalogisiert, hoch gelobt und taxiert ...

Du, Bobo, bist unbezahlbar.

Bobo ist ein urtümliches Menschenwesen, das schon manches vorausahnt von der Welt ringsum, indem es sich die Wechselwirkung geheimnisvoller Erscheinungen naiv zu erklären versucht.

Wenn Bobo früher still dalag, den Blick in den Raum gerichtet, ohne umherzuschauen, zu weinen oder etwas zu verlangen, registrierte er das angesammelte Bildmaterial und unterschied dabei das leise Flüstern der Urvätersprache von den klangreichen Bekundungen des eigenen sehr persönlichen Lebens.

Hundertmal hat er das Band auseinanderfallender und wieder zusammenlaufender, gehälfteter und vollständiger, deutlich ausgeprägter oder verschwimmender Bilder verloren und wieder aufgenommen und sich damit die armselige kleine Hütte, den bescheidenen Unterschlupf für ein erstes Weltbild zusammengebastelt. Bobo bleibt bei seiner Arbeit, er wird auch weiterhin wertvolle Granitblöcke, schwere Balken und Eisenträger zum Bau weitläufiger Gedankenhallen aufstapeln, und das Hüttchen des Ureinwohners ist nur für heute, für morgen bestimmt; denn die Gedanken müssen irgendwo einen Ruhepunkt haben, einen Platz, wo sie ihre mühselig angesammelten Vorräte aufbewahren können. Erst viel später, falls es das Glück will, wird Bobo, der Krösus, ganze Marmorblöcke lossprengen; heute sammelt er fleißig Steinchen um Steinchen, Sandkorn um Sandkorn.

Bobo glaubt an die Existenz guter und böser Geister, die Segen verbreiten oder Unheil ankündigen. Alle sind sie, wie Bobo meinte, in gleicher Weise mächtig, alle sind sie sichtbar und ihm nicht untertan. Jetzt weiß er, daß der Schmerzgeist unsichtbar ist und daß der gute Mutter-Geist ihn nicht zu überwinden vermag, er weiß, daß es eine Beschwörungsformel gibt, die gute Geister herbeiruft.

Eine solche Beschwörung ist Bobos Schrei, und nun schreit Bobo bewußt, um die guten Geister herbeizurufen, damit sie ihren Dienst versehen.

Die Tür, hinter der seine Beschützerin verschwindet, ist der Himmel, der gnädig die Sonne aufgehen läßt, der zornig schweigt oder auch Blitze schleudert.

So wie der Urmensch dem Rauschen des Waldes, dem Heulen des Sturmwindes lauschte, um das Geheiß der Götter daraus abzulesen, so horcht Bobo aufmerksam und prüft die von den guten Geistern stammenden Laute auf ihre Bedeutung hin.

Bobo horcht hinein in seine eigenen langen Monologe und möchte die Verbindung zwischen diesen Lauten und den Bewegungen seiner Hände erfassen.

Bobo ist nun kein objektiver Beobachter mehr, der gleich-

mütig und ungerührt Tatsachen konstatiert. Jetzt geht es ihm darum, zu wissen, ob sie von guten oder bösen Geistern, von freundlichen oder feindlichen Mächten stammen.
Als sich die Mutter, einen Hut auf dem Kopf, über Bobos Wiege beugte, erschrak er, weil der gute Geist seine Gestalt verändert hatte.
Wenn Bobo zum ersten Mal ein bewegliches Spielzeug sieht, einen Hund, einen Kanarienvogel in seinem Bauer, dann will er erraten, bevor er Vertrauen faßt, ob da ein guter oder ein böser Geist erschienen ist, und er sieht die Mutter erstaunt, prüfend und fragend an.
Bobo vertraut seinen guten Geistern bedingungslos und glaubt an ihre Unfehlbarkeit.
Das war eine große, außerordentliche, epochale, entscheidende Entdeckung: Bobo ist sich nun ganz sicher, daß seine beiden Händeschatten seinem Willen gehorchen.
Längst hatte Bobo vermutet, daß die beiden nahen Schatten, geliebte gute Geister, von besonderer Bedeutung sein müßten, weil sie anders sind als die übrigen. Damals war das nur die verschwommene Ahnung einer erhabenen Wahrheit. Seit jenem ekstatischen Augenblick des ersten koordinierten Sehens, als Bobo zwischen Helle und Dunkelheit die fahlen Konturen seiner Umgebung wahrnahm, war das der zweite, ebenso wichtige Moment.
Allen denkwürdigen intuitiven Entdeckungen, die überraschend wie ein Bitz das Firmament des Bewußtseins öffnen, geht die langwierige, mühselige Arbeit oft sehr vieler Generationen voraus.
Aus zahlreichen Faktoren und verborgenen Elementen, die anscheinend verwunderlich sind und diffus, unabhängig voneinander, zufälliger Natur und doch eigenartig verbunden durch eine latente Gemeinsamkeit auf ihrem Grund, entsteht plötzlich eine lebendige, verblüffende Synthese in den entferntesten Zellen des Gehirns. Verworrene Fakten

setzen sich lautlos in Bewegung, unabhängig von Willen und Bewußtsein, ordnen sich zu Reihen und Kolumnen, und plötzlich steigt eine neue Welt herauf, sehr logisch und übersichtlich mit ihren Sonnen, Monden, dem Siebengestirn und der Milchstraße. Bobo, der eben erst dem Menschen der Steinzeit gleicht, verbrüdert sich bereits mit den Genien des Menschengeschlechts.

Wenn man Bobo früher eine Klapper in die Hand gab, packte er fest zu und betrachtete sie verwundert, weil der gute Handschatten seine Gestalt verändert hatte. Verwunderlich war es auch, daß der schweigsame gute Handschatten nun Laute von sich gab.

Wenn ihm die Klapper aus der Hand fiel, staunte Bobo, weil der gute Geist zu seiner früheren Gestalt zurückgekehrt und verstummt war.

Die Untersuchungen dauerten unendlich lange, die Enträtselung des großen Geheimnisses lag noch fern . . .

Wenn Bobo an seinem Fäustchen lutscht und es wiederholt aus dem Mund nimmt, betrachtet er das geballte Händchen, runzelt die Stirn und versinkt in Meditation.

Hat Bobo einen Gegenstand zu fassen gekriegt, führt er ihn an den Mund, sieht ihn lange an und ist der Wahrheit wieder ein Stück näher, aber dennoch unsicher, gleichsam bestürzt von der Kühnheit seiner Hypothese.

Von der vollen Wahrheit ist Bobo noch weit entfernt: Er weiß nicht, daß seine Hände ein Teil von ihm selbst sind, aber er weiß, daß sie ihm gehorchen, daß er sie nicht durch einen Schrei zu beschwören braucht, daß sie seinen Weisungen folgen und stets gegenwärtig sind. Bobo ist von dieser Entdeckung fasziniert, genießt seine Macht, sein erstes Eigentum, an der Stufe zur Unabhängigkeit, zur Selbstbefreiung aus eigener Kraft.

»Aba, a, aa, oo«, lallt Bobo und greift um sich, verfolgt seine Hände mit den Blicken und ist sicher, daß er sich nicht irrt.

Nach dieser großen Anstrengung wird Bobo müde. Da

beugte sich die Mutter lächelnd über sein Bettchen, und Bobo lachte laut und herzlich. In den zärtlichsten Worten redete die Mutter auf Bobo ein, er streckte die Hände nach ihr aus, steckte sie dann wieder in den Mund, lutschte und lachte.

Die Mutter nahm ihm die Hände aus dem Mund, und Bobo bangte um sein neues Eigentum, schrie laut und schmerzlich und protestierte so heftig, daß die Mutter erblaßte.

Jeder hat für Bobo ein Lächeln übrig.

Wenn ein alter Eichbaum auf die wunderliche Gestalt eines Eichenschößlings niederblickt, dann lächelt er ihm mit seinen grünen Zweigen zu, und der Kleine, im schützenden Schatten knorriger Äste, spricht mit dem leisen Rascheln seiner Blätter zu seinem Vater. In dem mächtigen Leib der bejahrten Eiche, in ihrer Rinde und ihren Wurzeln sind schon viele Zellen abgestorben, wenn sie auch noch ganz rüstig ist, ihre Säfte kreisen träge; doch der kleine Schößling trinkt den Saft der Mutter-Erde, nimmt ihn auf und wächst und wächst.

Es ist wohl so, daß jeder Vogel für seine Kleinen freundliche Zuneigung empfindet und daß ein herzliches Wohlwollen den kommenden Generationen gegenüber wie ein bläulicher Nebel alles umgibt, was das Morgen mit seinen kleinen, unbeholfenen und doch gebieterischen Regungen begrüßt.

Bobo erwidert dieses Lächeln mit seinem Lachen, nicht weil er es begreift und die Herzenssprache des Lächelns kennt, sondern weil es seit Jahrtausenden so ist, daß der heutige Tag den nächsten frühen Morgen zärtlich begrüßt, und weil dieses Lächeln durch Tausende von Generationen hindurchfließt und die bleichenden Knochen eines Heidenfriedhofs mit Bobo zu einer brüderlich vertrauten Familie verbindet, sich weiter fortpflanzen wird durch Zeit und Raum; dieses Lächeln hält die Glieder der Generationenkette zusammen.

So wie der erste Atemzug eine notwendige Regung ist, die Bobos bewußtem Leben vorangeht – sonst gäbe es kein Leben –, so geht das erste Lächeln dem Denken voraus – anders gäbe es keine Gedanken.
Bobo, deine Mutter lächelt dir zu, sie ist ein bißchen traurig, weil jeder Tag deines Wachstums ein Tag ihres Niedergangs ist, weil jeder Atemzug, jeder deiner Pulsschläge für dich einen Schritt vorwärts bedeutet und einen Schritt zurück für sie.
Bobo führt seine Untersuchungen jetzt planmäßig und mit noch größerem Eifer fort. Einzelne Geister sind ihm schon bekannt, nun geht es darum, ihr wechselseitiges Verhältnis zu begreifen. Bobo sieht zu, wie seine Eltern zu Mittag essen ... Die guten Geister vollziehen ein eigentümliches Ritual. Bobo verfolgt mit seinen Blicken die Bewegungen der mit Messer und Gabel bewehrten Hände vom Teller bis zum Mund und ist sehr verwundert.
Ganz unterschiedlich drückt sich Bobos Verwunderung aus: Wenn sie gering ist – weit geöffnete Augenlider und ein kaum wahrnehmbares Lächeln um den Mund; wenn sie größer wird – offener Mund, starr vor Staunen, konzentrierter Blick; bei höchster Verwunderung – rasche Atemzüge, fahrige Bewegungen der Hände und ängstliches Gebaren.
»Armer Bobo, gib ihm ein bißchen Suppe«, sagt der Vater zu seiner Frau. »Er guckt uns so hungrig an.« Und dann versuchen sie, Bobo Suppe einzuflößen, saure, salzige, scheußliche Suppe. Bobo wendet sich ab, spuckt, bäumt sich auf, wehrt ab mit Händen und Füßen.
Bobo glaubt längst nicht mehr an die Unfehlbarkeit guter Geister und an die Notwendigkeit, ihnen nachzugeben. Im Gegenteil: Mißtrauen ist angebracht, Wachsamkeit, stetige Bereitschaft, zu protestieren und mit beschwörendem Geschrei die Außenwelt zu dirigieren ...
Die guten Geister sind höchst wunderlich, man muß alle

ihre Taten aufmerksam beobachten, muß sie erziehen, damit sie Bobo zu Willen sind.
Bobo hat einst den guten Schatten vertraut und die Mutter oft schmerzlich und vorwurfsvoll angesehen, bevor er davon überzeugt war, daß man selbst ihr nicht bedingungslos vertrauen sollte.
Die einzigen unfehlbaren Geister sind Bobos Hände. Bobo kratzt sich jetzt ganz selten, nur ausnahmsweise die Nase auf, wenn er im Zorn für einen Augenblick das geistige Gleichgewicht verliert. Bobo möchte nun jeden Gegenstand mit seinen Händen betasten und lutschend »begreifen«. Die Eltern sagen, Bobo spielt.
Der kleine Kerl hat eine viel zu ernsthafte Arbeit vor, hat zu wenig Zeit, um sie mit Spielen zu vergeuden, ist von allzu vielen gefährlichen Geheimnissen umgeben, um leichtfertig mit ihnen umgehen zu können.
Wenn Bobo in der Wiege liegt, dem Anschein nach untätig, untersucht er seine Hände, um sich davon zu überzeugen, ob sie nicht verborgene, aber doch wichtige Eigenschaften besitzen, und wie sie sich zueinander verhalten. Bobo krakeelt, macht gymnastische Stimmübungen, wie ein Pianist vor einem wichtigen Konzert lange anstrengende Proben absolviert.
Beim Spazierenfahren betrachtet Bobo, forschend und konzentriert, die unzähligen beweglichen Schatten, wie ein Mensch, der die erste Reise zwischen Sonne und Planeten unternimmt – sie sind neu und schön. Wie sollte man da an Zerstreuungen denken, solange es ringsum so viele geheimnisvolle Fragen gibt?! Die Straße mit ihrem Lärm, der Garten mit seinem vielen Grün, fremde Wohnungen und Gestalten sind ferne unbekannte Länder, die Bobo auf seinen langen Reisen besucht.
Bobo schläft erschöpft und bewegt sich unruhig; denn er sieht im Dämmerschlaf Bruchstücke von Bildern, wie er sie vor kurzem erst im wachen Zustand gesehen hat.

Er kennt nur wenige unumstößliche Tatsachen, aber es gibt noch viele unüberprüfte mutmaßliche Wahrheiten und unzählige Fragen, die er lösen muß.
Sie zeigen dem kleinen Bobo ein Bilderbuch, er sieht hin und weiß nicht, was das soll, ist jedoch sehr neugierig. Das ist auch etwas, das man kennen und von dem man wissen muß, wozu es dient. So will Bobo die Abbildungen in den Mund stecken.
Bobo streckt die Händchen aus und lacht den Kindern zu, guten Geistern, die einem unbekannten Zweck dienen.
Bobos Bettchen wird vor einen Spiegel geschoben. Bobo sieht die Mutter an, ist aufs höchste verwundert und birgt sein Gesicht an ihrer Schulter, um sich vor einer Gefahr zu schützen. Sobald er die Gefahr nicht mehr wahrnimmt, ist alles wieder in Ordnung.
Bobo sieht noch einmal in den Spiegel, die Neugier ist größer als die Furcht. Hier nun macht die Mutter einen Fehler: Sie bringt Bobo weg. Aber Bobo muß doch lange gucken und nachdenken, bis er etwas begreift!
Bobo spielt mit einem bunten Holzei und kann es schon von einer Hand in die andere legen.
Jetzt braucht er nicht mehr hundertmal die gleiche Entdeckung zu machen – einmal erfahren, behält er das Ergebnis im Gedächtnis.
Bobo untersucht die Sprache der guten Geister. Als die Mutter einmal ärgerlich auf Bobo einredet, ist er sehr erstaunt. Das ist gewichtig, sehr gewichtig, sehr geheimnisvoll. In wenigen Wochen wird Bobo nicht mehr ermüdende Beschwörungsschreie ausstoßen oder sich auf ein manchmal wirkungsloses Fuchteln mit seinen Händen verlassen müssen; er wird die erste Beschwörungsformel des Wortes kennen. Bald wird er begreifen, daß zwischen dem rollenden Ball und dem guten Mutter-Geist ein Unterschied besteht: das Leben . . . Die guten Geister sind längst keine Schatten mehr auf hellem Grund.

Die Mutter erscheint hinter der verglasten Tür. Bobo streckt die Hände nach ihr aus und schlägt gegen die Scheibe. Wieder ein Geheimnis? Die ganze kunstvoll und mühsam gefundene Theorie von den guten Geistern und ihren Eigenschaften fällt in sich zusammen. Bobo zerfließt in Tränen. Ignorabimus – wir werden es nicht wissen.
Beim Baden machte Bobo wieder eine Entdeckung: Außer seinen Händen besitzt er Füße, zwei entlegene Landstriche. Aber vielleicht sind auch die Bettdecke, das Kopfkissen, das ganze Bett ein Teil von Bobo. Wieder mühseliges Nachforschen, eine gründliche Revision der bisher gewonnenen Wahrheiten, ein Zusammenbruch leichtfertig aufgestellter Theorien. Ignorabimus. Ignorabimus.
Bobo steht da, aus eigener Kraft. Er triumphiert . . . Bobo, Bobo, mit welch bestürzender Zuversicht gehst du dem Leben entgegen! . . .

Was die Bibel nicht sagt

Wahrheiten wachsen wie Bäume

Du sagst: Ich weiß nicht.
Ich weiß nicht, was und wie es war. Ich weiß nicht, wie es war, wie ich war, als ich ein Kind war. Ich weiß nicht, was war, als ich eine Woche alt war, einen Monat, ein Jahr, ein Jahr und einen Monat, zwei Jahre; ich weiß kaum, was war, als ich drei Jahre, vier und fünf Jahre alt war.
Du sagst: Ich weiß nicht.
Jetzt weiß ich nicht. Ich erinnere mich nicht. Ich habe vergessen. Ich erinnere mich nicht, wie ich war, als ich ein, zwei und drei Jahre alt war. Was habe ich gedacht, was habe ich gefühlt, was habe ich getan? Wieviel Freuden, wieviel Tränen hat es gegeben?
Erzähl, Mutter, wie war es, als ich klein war. Sag mir, was war, bevor ich war. Sag, was du weißt. Und du, Vater, und ihr, die ihr mit uns gelebt habt.
Ich möchte es wissen, denn dann kann ich es meinem Sohn, meiner Tochter, meinen Enkelkindern sagen und erzählen, wenn sie älter sind; jetzt sind sie es noch nicht. Ich bin jetzt schon alt, sie werden es einmal sein: mein Sohn, meine Tochter, meine Enkelkinder. Und sie werden dann so sein, wie ich es heute bin, und ich werde erwachsen sein, wie du, Vater, es jetzt bist.
Ich weiß, denn Mutter hat es mir erzählt, Vater und die Hausbewohner haben es mir erzählt.
Ich weiß, weil Mutter es weiß und sich erinnert. Sag mir, was vorher war. Erzähl, Mutter, wie es war, bevor ich war, und du, Mutter, zwei, drei, vier Jahre alt warst. Und du,

Vater. Und ihr, die ihr euch erinnert, erzählt, damit auch ich es weiß.
Du schließt die Augen, bist ganz einsam. Du öffnest die Augen weit und denkst und wartest. Einsam. Am Morgen, am Abend, wenn du dich niederlegst, bis die Träume kommen. Einsam.
Die Finsternis spricht. Die Stille spricht. Deine Gedanken sprechen. Du möchtest die Wahrheit. Du wartest.
Du zählst die Erinnerungen. Du liest in den Erinnerungen. Es war so und so. Ich wußte, weil sie sprachen. Das wußte ich. Ich werde mich einer Sache erinnern, dann einer anderen, einer dritten, vierten und fünften; ich werde mich an alles erinnern, was war. Einsam.
Ich werde die Augen weit öffnen und mich wundern. Die Stille spricht, mein Gedanke spricht in die Stille. Die aufgehende Sonne spricht, die Erde und die Sterne sprechen. Und der Baum und die Käfer.
Leise flüstert der Stein. Ich werde zuhören.
Ich werde ein kleines Kind ansehen. Es ist so winzig. Noch kann es nicht gehen. Durch mein Betrachten werde ich wissen. Ich werde wissen, denn auch ich war so. Auch Mutter war so. Und auch Vater, und so werden auch mein Sohn, meine Tochter und ihre Kinder sein. Und wir alle möchten die Wahrheit wissen.
Es gibt kleine Wahrheiten wie Steinsplitter. Es gibt Wahrheiten wie Felsbrocken. Es gibt Wahrheiten, die wie Tropfsteine sind und groß wie das Meer.
Die Wahrheiten werden wachsen wie Bäume. Mutter, bring mir ein Blatt der Wahrheit. Wenn du kannst und willst, wenn du es wirklich willst. Wenn du es nicht willst, werde ich dich nicht bedrängen.
Ich – Einsam.
Stille.
Wie war es vorher? Wenn du mir ein Körnchen Wahrheit gibst, wird es keimen und wachsen.

Es gibt viele Antworten

Der eine oder andere wird dir sagen:
So hat es Gott gemacht. So hat Gott es gewollt. Gott verzeiht und vergibt. Er zürnt und wütet, dieser Gott. Er belohnt, segnet, hilft, straft. Eine einzige und kurze Wahrheit. Eine einzige Antwort auf alles: Gott.
Eine einzige Wahrheit und eine einzige kurze Antwort für alles. Eine Antwort, schnell und leicht, auf alle Fragen.
Möchtest du wirklich eine leichte und schnelle Antwort oder möchtest du eine schwere und langsame Antwort, alt und neu, die du selber findest?
Ich werde in die Ferne schauen. Ich werde schauen, und ich werde erzählen. Ich werde die Wahrheit erzählen davon, was vorher war. Daran erinnert sich weder mein Vater noch mein Urgroßvater, niemand, der noch am Leben ist. Niemand hörte es direkt von denen, die es gesehen haben; sie sind alle längst tot.
Ich sage: Ich habe in der Bibel gelesen; denn das Geschriebene lebt Generationen und tausend Jahre lang.
Ich weiß es, denn ich lese die Bibel. Ich weiß mehr, denn ich habe nachgedacht, ich habe gefragt und ich habe geantwortet. Ich werde erzählen davon, aber du, such du auch, such selbst.
Ich werde die Wahrheit über Moses erzählen, aber nur die Wahrheit über Moses, als er ein Kind war.
Wie schade, daß die Bibel nur wenig davon erzählt, wie Moses als kleines Kind war. Nur davon, daß er weinte, als die Pharaonen-Tochter den Schilfkorb öffnete. Und auch davon, daß er wuchs und die Mutter ihn zur Königstochter brachte. Nur davon, daß er weinte und wuchs.
Ich lese: »Und das Kind wird wachsen, und man wird es der Pharaonen-Tochter bringen« – aber wie Moses wuchs, was er dachte, was er tat, das suche ich selbst herauszufinden und ich erzähle. Doch ich habe nicht nur eine Antwort

gefunden, denn es gibt von diesen Antworten sehr viele. Es ist gut, daß die Bibel so wenig vom Kind erzählt. Denn Wahrheiten sind nicht leicht und nicht schnell, und ich möchte die eigene, die schwere Wahrheit finden.
Ich werde von Moses erzählen, und wenn ich sage: Ich weiß nicht – dann glaub mir. Und wenn ich sage: Ich weiß, daß es so war – dann stell deine Fragen. Denn wenn niemand es sah und niemand es hörte und keiner es in ein Erinnerungsbuch schrieb, wie sollte man es dann wissen?
Also sag' ich: Denk, was war, aber denk auch, wie ich es weiß. Wie ich es für mich selbst weiß, und wie du es für dich weißt, denn so wirst du wissen und dich erinnern an das, was war.

Alle haben sich ein Bild gemacht

Es gibt große Städte auf Erden, und in den Städten gibt es Häuser, in denen sich Bücher, Bilder und Skulpturen befinden. In den Schränken stehen große und kleine Bücher, an den Wänden der Säle hängen große Bilder, und in den großen Hallen stehen Skulpturen.
Es gibt Bücher über Moses, geschrieben im Buch der Bücher, geschrieben an damaligen Tagen, von einem Gelehrten aufgezeichnet.
Verschiedene Wahrheiten. Und meine Wahrheit?
Maler haben Moses gemalt. Auf großen und kleinen Bildern. In vielen Städten der Welt hängen diese Bilder an den Wänden. Hier ist es Moses auf dem Berg, in der Wüste, dort in Ägypten, im Korb aus Schilfrohr auf dem Nil.
Und ich suche meine Bilder an der weißen Wand, auf den Felsen, in den Wolken, über dem Kinderbett.
Man hat Moses in Skulpturen aus Stein dargestellt, aus Marmor, stehend, als Gesetzgeber, und wie er zornig die Gesetzestafeln zerschmettert.

Und ich ringe um meine Wahrheit, das heißt: Ich möchte, daß das, was ich sehe und weiß, wahr ist.
Ich möchte mein Bild finden, meine Skulptur, mein Buch: Welcher Moses war klein, jung, Kind, Mann und Greis? Wie werde ich das für mich entdecken und wissen? Ich warte, denn ich habe es nicht gefunden. Noch habe ich es nicht gefunden. Wenn nicht heute, dann werde ich es morgen erfahren oder nach einer Woche, nach einem Monat oder einem Jahr. Ich schließe die Augen, ich öffne sie weit, ich schaue und warte.
Der Gelehrte sieht sich aufmerksam die Berge und Wege an, auf denen Moses wandelte, die Wüste, in der Moses umherirrte; als er alleingelassen, als er der Rabbi der Sklaven war. Der Gelehrte gräbt und findet Ruinen von Städten, Tempeln und Palästen, Säulen und Tafeln. Er sucht.
Der Weise sucht die Wahrheit von den längst vergangenen Tagen und von Dingen, die dreitausend Jahre verborgen sind. Er sucht in den Steinruinen, in den Säulen und Tafeln.
Ich sehe das Kind, wie es im Sand spielt, wie es schaut, wie es hört, wie es etwas trägt, wie es einen Vogel füttert, wie es eine Pflanze gießt, wie es steht und wie es läuft: So war Moses, aber er war auch anders.
Und du wirst sagen, und ein anderer und ein dritter werden sagen, und auch der zehnte wird sagen, jeder einzelne wird sagen, was er weiß und versteht, und dann wird es eine Wahrheit für uns alle geben.

Ich weiß nicht, wie es war, aber ich frage

Ich war nicht in Ägypten, ich habe den Nil nicht gesehen. Ich kenne nicht die Breite des Flusses im Frühling, nicht während des Sommers. Ich kann nicht sagen: Ich war an den Ufern des Nils.
Ich war nicht in Ägypten, ich sah nicht das Schilf, das dort

wächst, ich kann nicht sagen: So waren die Schilfrohre, aus denen Jochebet den Schilfkorb für ihr Kind flocht.
Ich habe nicht die Sonne über Ägypten gesehen und nicht den Himmel über diesem Land; ich kann nicht fragen, ob die Sonne und die Wolken so waren, als die Mutter Moses zum Flußufer trug.
Ich habe die Ruinen des Tempels am Ufer des Nils nicht gesehen, und ich kann nicht sagen: Von diesem Tempel stieg die Pharaonen-Tochter hinab, um sich im Fluß zu waschen.
Ich war nicht dort, ich sah nicht die Töchter Ägyptens am Nil spazierengehen. Sahen sie Engelstöchtern aus alten Zeiten ähnlich?
Ich sah nicht die reichen Töchter Ägyptens in ihrer Pracht, aber ich kann und ich werde fragen: War die Pharaonen-Tochter unter ihnen? Ich weiß nicht, welche Bäume dort wuchsen, wie arm die Hütten der Bauern waren und welche Sprache das Wasser sprach.
Ich stand nicht an den Ufern des Nils und ich frage: War es hier, wo mein Fuß hintritt, stand hier Moses Korb, und stand hier seine Mutter neben ihm?
Und wäre ich in Ägypten gewesen, um wieviel wäre mein Wissen bereichert? Die Flußmündungen, die Ufer, das Schilf, die Sträucher sind jetzt anders, anders sind die Kleider der Mädchen, anders die armseligen Hütten der Bauern; und auch der Tempel ist nicht derselbe, in den Moses gebracht wurde, um darin aufzuwachsen.
Ich sehe, ohne zu sehen, ich weiß, ohne zu wissen. Derjenige, der es will, wird die reine Wahrheit erkennen, was auch sein mag.

Deine Wahrheit ist anders, denn du bist anders

Du sagst: Ich liebe. Er wird sagen: Ich liebe nicht. Du sagst: Schön. Er wird sagen: Nicht schön. Du sagst: Er ist

gut, sie ist gut. Er sagt: Er ist nicht gut, und sie ist schlecht. Gestern sagtest du: Ich liebe. Jetzt sagst du: Ich liebe nicht. Morgen wirst du sagen: Ich liebe. Am Morgen sagst du: Ich liebe, am Abend: Ich liebe nicht.
Das sind deine und seine Wahrheiten und deine Wahrheit von gestern und deine Wahrheit von heute abend.
Du sagst: Er hat mich zuerst geschlagen. Du lügst nicht. Er sagt, daß du ihn zuerst geschlagen hast. Er lügt nicht. Du weißt es anders, und er weiß es anders, was heute war.
Du sagst: Ich sehe. Er sagt: Ich sehe nicht. Du sagst: Ich höre. Er sagt: Ich höre nicht. Du sagst: Nah. Er sagt: Weit. Du sagst: Interessant. Er sagt: Langweilig. Du sagst: Schwer. Er sagt: Leicht. Deine Wahrheit ist anders, denn du bist anders.
Ich sage: Eins. Auch er sagt: Eins. Und eins ist eins. – Aber ich sage: Eine kleine Blume; er sagt: Eine große Welt. Staub, Mensch, Gott.
Zwei sind zwei. Zwei Hände, zwei Füße, ein Kopf, ein Herz. Ein Tag. Ein Jahr. Ein Schritt auf deinem Weg und dreitausend Schritte durch dreitausend Jahre des ganzen Volkes.
Sei nicht böse, wenn ich anders erzähle, als du es möchtest. Sei nicht böse, wenn ich es anders sage, als du es weißt. Sei nicht böse, wenn ich sage: Ich weiß nicht.
Sei nicht böse, wenn ich frage: War es wirklich so? Und vielleicht doch?
Du kannst es dir aussuchen, ganz nach deinem Gutdünken, du kannst es anders auslegen.
Verschieden sind die Wahrheiten: deine, meine, seine. Verschieden sind unsere Wahrheiten, gestern und heute. Und verschieden werden meine und deine Wahrheit morgen sein.
Was weißt du von Moses, als er ein Kind war, was von ihm, als er ein Anführer war, ein Gesetzgeber, ein Prophet? Und was wirst du sein, wenn du erwachsen bist?

Ich will wissen, was die Bibel nicht sagt

Ich lese das Geschriebene in der Bibel, aber ich weiß mehr. Ich war nicht in Ägypten und deswegen weiß ich es anders als die Weisen. Ich weiß, wie ich es weiß.
Ich weiß, was Amram und Jochebet dachten, obwohl ich ihr Gespräch nicht gehört habe.
Ich weiß, denn ich las in der Bibel; ich weiß mehr, denn ich habe Fragen gestellt, und ich selbst habe sie beantwortet, geprüft und gefunden.
Ich lese über Jochebet: »Und die Frau reinigte sich und gebar einen Sohn, und sie sah, daß er vollkommen ist, und sie versteckte ihn drei Monate.«
So las ich.
Ich las und ich wundere mich und frage: Wie denn? Sie versteckte ihn, nur weil er schön war? Und wäre er häßlich gewesen, hätte sie ihn von sich gestoßen und den Ägyptern preisgegeben, um ihn im Nil ertränken zu lassen?
»Und sie versteckte ihn drei Monate.«
Und ich frage: Warum nicht zwei Monate und warum nicht vier Monate? – Und ich wiederhole und antworte und ich weiß.
Es steht geschrieben: »Sie konnte ihn nicht länger verstecken.«
Ich frage: »Warum?« Ich will wissen, was nicht in der Bibel gesagt ist, und ich überlege und weiß.
Es steht geschrieben: »Sie konnte ihn nicht länger verstecken und sie nahm einen Schilfkorb und bestrich ihn mit Lehm und Teer und legte das Kind hinein, in das Schilf an den Ufern des Nils.«
Jetzt frage ich, warum denn einen Schilfkorb, warum Lehm, Teer, Schilf?
Ich weiß meine Wahrheit, das, was Jochebet tat, und ich sage, daß ich es weiß. Und du? Ob du es wohl auch weißt, ob du es wohl auch erzählen wirst?

Ich gebe mir Mühe, ich gebe mir große Mühe

Gebet eines Mädchens

Allmächtiger Gott, ich habe Mama versprochen, nicht mehr launisch zu sein und zu gehorchen. – Versprechen fällt leicht, aber wie hält man es? Ich habe Angst. Ich werde mir Mühe geben – ich will es durchaus. Aber geschieht denn immer das, was man will? Schon so oft habe ich gesagt: »Von morgen an werde ich mich ändern.« Vielleicht ist es jetzt wirklich das letzte Mal! – Ich werde mein Wort halten – ich will. Aber du hilfst mir dabei, allmächtiger Gott, nicht wahr?

Du hast die Welt geschaffen, die sich um ihre Achse und um die Sonne dreht. Du hast den Äquator geschaffen, die Meridiane und die Pole. Du hast die Halbinseln, Kaps, Buchten und Meerengen geschaffen – die Berge, Hochebenen und Niederungen. Du hast so viele Säugetiere geschaffen, so viele Pflanzen, so viele Arten von Granit und Quarz. Auf deinen Befehl hin sind die Wälder voll von Tieren, auf einen einzigen Wink von dir treten Flüsse über die Ufer, und Könige machen Beute oder legen die Waffen nieder. Nichts geschieht ohne deinen Willen, ohne deine Erlaubnis. Ich weiß, der menschliche Verstand ist zu klein, um einen Gott zu erfassen. Unser Verstand ist wie ein Tropfen im Meer. Du allein bist allmächtig, es gibt nichts, was du nicht verstehst oder nicht vermagst. Alle wenden sich an dich, du aber stimmst zu oder lehnst ab.

Ich glaube mit ganzem Herzen an deine Vernunft und an deine Güte, und wenn ich nicht alles verstehe, so deshalb, weil ich zu klein und zu dumm bin.

Verzeih mir, Gott, meine Lästerung, aber ich muß offen sein, denn vor dir gibt es keine Geheimnisse; du kennst ja meine Gedanken. – Also, allmächtiger Gott, wenn du willst, daß die Menschen gut und gerecht sind, warum machst du nicht alles gut und gerecht? – Warum läßt du zu, daß sie sündigen? – Warum gibst du dem Menschen keinen stärkeren Willen, damit man das alles zu tun imstande ist, was man zu tun beschließt? Ich gebe mir Mühe, ich gebe mir große Mühe, aber es hilft nichts. Und Mama ärgert sich darüber – und ich mich auch.

Manchmal geht es um eine Kleinigkeit, und doch fällt es mir schwer, nachzugeben. Vielleicht deshalb, weil daheim wie auch in der Schule nicht alles gut und gerecht ist. Viel Böses habe ich nicht aus eigener Schuld erfahren, sondern aufgrund der Falschheit und des Schmutzes, von dem alle Welt erfüllt ist. – Es stimmt zwar, daß ich nur für mich selbst verantwortlich bin, aber diese Lügen, Gerüchte, diese Unredlichkeiten überall verleiden mir das Leben.

Allmächtiger Gott, ich will meine Launen bekämpfen, ich will tun, was man mir sagt – aber gib mir den Willen, durchzuhalten – hilf mir – gib mir wenigstens von deiner Allmacht einen Strohhalm.

Du hast die Welt an einem Tag geschaffen! Sag jetzt also nur: »Die Kinder haben zu gehorchen.« Und es wird geschehen.

Gebet eines Jungen

Ich weiß, es ist nicht schön, um etwas zu bitten. Aber ich bitte nicht dich, guter Gott. Du brauchst mir nichts zu geben; doch mein Onkel hat mir eine Uhr versprochen, wenn ich gut lerne. Hilf mir, den Onkel an sein Versprechen zu erinnern.

Ich werde mir Mühe geben, und eigentlich ist es doch einerlei, ob er sie mir jetzt oder später gibt. Ich habe meinen Freunden gesagt, daß ich eine Uhr bekommen werde, aber sie glauben es mir nicht, sie werden mich auslachen, sie werden denken, daß ich gelogen habe, daß ich angebe. Hilf mir, Gott, schließlich ist es für dich eine Kleinigkeit, denn du kannst ja alles, was du willst. Hilf mir, mein guter, mein liebster Gott.

Verzeih mir meine Sünden. Ich habe viel gesündigt. Ich habe Pflaumenmus aus dem Einmachglas genascht, ich habe über einen Buckligen gelacht, ich habe gelogen und gesagt, daß Mama mir erlaubt, schlafenzugehen, wann ich will; zwei Zigaretten habe ich schon geraucht und ich habe häßliche Worte gesagt. Aber du bist gütig, du wirst mir verzeihen, denn ich bereue es und will mich bessern.

Ich will gut sein, aber ich kann es nicht. Wenn mich jemand wütend macht oder wenn mich jemand überredet und ich nicht will, daß er denkt, ich hätte Angst, oder wenn ich mich langweile oder etwas sehr gern haben möchte, obwohl es nicht erlaubt ist, dann kann ich mich nicht bremsen, selbst wenn es mir später leid tut. Aber im Grunde bin ich ja nicht böse.

Nicht, weil ich mich loben will, denn du weißt es selbst, weil du eben alles weißt, guter Gott: Es gibt Schlimmere als mich. –

Ich schwindle manchmal, aber wenn andere nur den Mund aufmachen, lügen sie schon. Und sie stehlen. Zweimal ist mein Frühstück verschwunden, man hat mir die Schulbücher gestohlen und den Bleistift aus dem Federkasten gezogen. Sie haben mir garstige Ausdrücke beigebracht. Du weißt doch, lieber Gott . . . Ich beklage mich nicht gern, aber du mußt wissen, daß ich nicht schlecht bin, auch wenn ich soviel Schlechtes tue.

Hilf mir, gütiger Gott, daß ich nicht sündige, schenk Mama und Papa ein langes Leben und Gesundheit und erinnere meinen Onkel an diese Uhr.

Denn was man verspricht, muß man auch halten.

Das Kind lieben

1. Wie, wann, wieviel – warum?
Ich ahne viele Fragen, die auf eine Antwort warten, Zweifel, die eine Erklärung suchen. Und ich antworte: Ich weiß nicht.
Jedesmal, wenn du ein Buch aus der Hand legst und den Faden eigener Gedanken zu spinnen beginnst, hat das Buch seinen beabsichtigten Zweck erreicht. Wenn du beim schnellen Blättern nach Vorschriften und Rezepten suchst, wenn du unwillig darüber bist, daß es nur wenige sind – wisse, daß sie nicht nur ungeachtet des Willens seines Autors, vielmehr gegen seinen Willen zustande kamen.
Ich weiß nicht und kann es nicht wissen, wie mir unbekannte Eltern unter unbekannten Umständen ein mir unbekanntes Kind erziehen können. Ich sage ausdrücklich »erziehen können« und nicht »erziehen wollen« oder »erziehen sollen«.
Dieses »Ich-weiß-nicht« ist in der Wissenschaft der Urnebel, aus dem neue Gedanken, der Wahrheit immer näher, auftauchen. Für einen Verstand, der an wissenschaftliches Denken nicht gewöhnt ist, bedeutet ein »Ich-weiß-nicht« eine quälende Leere.
Ich will zu verstehen und zu lieben lehren: das wunderbare, von Leben und von faszinierenden Überraschungen erfüllte schöpferische »Ich-weiß-nicht« der modernen Wissenschaft vom Kind.
Ich will, daß man begreift: Kein Buch und kein Arzt ersetzen das eigene wache Denken, die eigene sorgfältige Beobachtung.
Oft wird die Meinung geäußert, eine Frau werde erst durch die Mutterschaft geadelt, reife geistig erst als Mutter. Ja, die

Mutterschaft wirft mit flammenden Buchstaben Fragen auf, die alle Bereiche des äußeren und des geistigen Lebens erfassen; aber man kann diese Fragen auch unbeachtet lassen, ihre Beantwortung feige in eine ferne Zukunft aufschieben oder sich darüber ärgern, daß ihre Lösung nicht käuflich ist.
Jemandem befehlen, er habe fix und fertige Gedanken zu liefern, hieße einer fremden Frau empfehlen, sie solle dein eigenes Kind zur Welt bringen. Es gibt Gedanken, die man unter Schmerzen selber gebären muß, und gerade sie sind die kostbarsten. Sie entscheiden darüber, ob du, Mutter, deinem Kind die Brust gibst oder die Flasche, ob du es als Mensch oder als Weibchen erziehst, ob du es leiten oder am Halfter des Zwanges hinter dir herschleppen wirst, ob du mit ihm nur spielen wirst, solange es klein ist, und dabei im Austausch von Zärtlichkeiten einen Ersatz für die spärlichen oder unwillkommenen Liebkosungen deines Ehegatten findest; doch später, wenn es herangewachsen ist, wirst du es sich selbst überlassen oder es zu bekämpfen suchen.

2. Du sagst: »Mein Kind.«
Wann hast du ein größeres Recht darauf als in der Zeit der Schwangerschaft? Der Schlag des pfirsichkernkleinen Herzens ist das Echo deines Herzschlags. Dein Atem gibt auch ihm den Sauerstoff der Luft. Ein gemeinsamer Blutstrom kreist in ihm und in dir, und kein roter Blutstropfen weiß jetzt schon, ob er bei dir bleibt oder bei ihm oder ob er vergessen wird und als Tribut verlorengeht, den das Geheimnis der Empfängnis und der Geburt fordert. Der Bissen Brot, den du kaust, ist für dein Kind Stoff zum Aufbau seiner Beine, mit denen es laufen, der Haut, die es kleiden, der Augen, mit denen es sehen, des Gehirns, in dem das Denken aufflackert, der Hände, die es nach dir ausstrecken, des Lächelns, mit dem es »Mutter« rufen wird.
Miteinander sollt ihr den entscheidenden Augenblick erle-

ben: Ihr werdet einen gemeinsamen Schmerz erleiden. Die Glocke wird die Losung schlagen: »Seid bereit.«
Und zugleich wird es sagen: »Ich will mein eigenes Leben leben«, und du wirst sagen: »Nun lebe dein eigenes Leben.« Unter Krämpfen in deinem Inneren wirst du es von dir geben, ohne dich um seinen Schmerz zu kümmern; kräftig und entschieden wird es sich hinausdrängen, ohne auf deinen Schmerz zu achten.
Ein brutaler Akt.
Nein – du wie dein Kind – ihr werdet Tausende von Malen auf kaum wahrnehmbare, subtile, wunderbar gewandte Weise Vibrationen erleben, um euren Anteil am Leben zu beanspruchen und dabei nicht mehr zu nehmen, als euch von Rechts wegen, nach allgemeinen, seit Urzeiten gültigen Gesetzen zusteht.
»Mein Kind.«
Nein, nicht einmal in den Monaten der Schwangerschaft und in den Stunden der Geburt gehört das Kind dir.

3. Das Kind, das du geboren hast, wiegt zehn Pfund. Davon sind acht Pfund Wasser und je eine Handvoll Kohlenstoff, Kalk, Stickstoff, Schwefel, Phosphor, Kalium und Eisen. Du hast acht Pfund Wasser und zwei Pfund Asche zur Welt gebracht. Und jeder Tropfen dieses deines Kindes war einmal Wolkendampf, Schneekristall, Nebel, Tau, Quelle und Abwasser eines städtischen Kanals. Jedes Atom Kohlenstoff oder Stickstoff ging Millionen von Verbindungen ein.
Du hast das alles nur zusammengefügt, was vorhanden war . . .
Die im unendlichen Raum schwebende Erde.
Ihr naher Gefährte, die Sonne, fünfzig Millionen Meilen entfernt. Unsere winzige Erde – eine feurigglühende Masse mit einem Durchmesser von dreitausend Meilen, umgeben von einer zehn Meilen dünnen erstarrten Kruste. Auf dieser dünnen, mit Feuer gefüllten Schale, inmitten von Ozeanen,

eine hingeworfene Handvoll Land. Auf dem Land zwischen Bäumen und Sträuchern, Insekten, Vögeln, Tieren wimmelt es von Menschen.
Und unter den Millionen von Menschen hast du noch einen geboren – was? – ein Hälmchen, ein Stäubchen, ein Nichts. Es ist so hinfällig, daß eine Bakterie, die erst in tausendfacher Vergrößerung im Blickfeld einen Punkt darstellt, es töten kann ...
Aber dieses Nichts ist ein leibhaftiger Bruder der Woge im Meer, des Sturmwindes, des Blitzes, der Sonne und der Milchstraße. Dieses Stäubchen ist ein Bruder der Getreideähre, des Grases, der Eiche, der Palme – des Gelbschnabels im Vogelnest, des Löwenjungen, des Füllen und des Welpen.
In ihm ist etwas, das empfindet, untersucht – duldet, begehrt, sich freut, liebt, vertraut, haßt – glaubt, zweifelt, anzieht und abstößt.
Dieses Stäubchen umfaßt mit seinen Gedanken alles: Sterne und Ozeane, Berge und Abgründe. Und was ist der Inhalt der Seele anderes als das All, nur ohne Dimensionen?
Das ist der Widerspruch im menschlichen aus Staub entstandenen Wesen, in dem Gott Wohnung genommen hat.

4. Du sagst: »Mein Kind.«
Nein, es ist ein gemeinsames Kind, ein Kind von Vater und Mutter, von Ahn und Urahn.
Irgendein fernes »Ich«, das in einer Reihe von Vorfahren schlief, die Stimme aus einem morschen, längst vergessenen Sarg, spricht plötzlich aus deinem Kind.
Vor dreihundert Jahren, im Krieg oder im Frieden, gewann irgendein Mensch Gewalt über einen anderen, im Kaleidoskop sich kreuzender Rassen, Nationen, Klassen – im Einverständnis oder mit Gewalt, im Augenblick des Entsetzens oder der Liebestrunkenheit – betrog oder verführte er, niemand weiß, wer und wann, aber Gott hat es im Buch der

Vorsehung verzeichnet, und die Anthropologen möchten es aus Schädelform und Haarfarbe enträtseln.
Manchmal phantasiert ein sensibles Kind, es sei ein Findelkind im Haus der Eltern. Das trifft zu: Sein Erzeuger ist schon vor langen Zeiten gestorben.
Ein Kind ist wie ein Pergament, dicht beschrieben mit winzigen Hieroglyphen, die du nur zum Teil zu entziffern vermagst; aber einige kannst du löschen oder durchstreichen und mit eigenem Inhalt füllen.
Ein grausames Gesetz? Nein, es ist sehr gut. Es sieht in jedem deiner Kinder das erste Glied in der unendlich langen Kette der Generationen. Ein Teilchen von dir selbst ist in deinem dir fremden Kind verborgen. Wenn du danach suchst, entdeckst du es vielleicht oder kannst es sogar zur Entfaltung bringen.
Das Kind und die Unermeßlichkeit.
Das Kind und die Ewigkeit.
Das Kind – ein Stäubchen im unendlichen Raum.
Das Kind – ein Moment in der Zeit.

5. Du sagst: »Es soll . . . Ich will, daß es . . .«
Und du suchst nach einem Vorbild, dem es gleichen soll, nach einer Lebensform, die du für dein Kind begehrst. Es besagt nichts, daß ringsherum graue Mittelmäßigkeit herrscht.
Die Menschen sind geschäftig, wollen dies und jenes erreichen – kleinliche Sorgen, nichtiges Trachten, banale Ziele . . . Unerfüllte Hoffnungen, beißender Groll, ewige Sehnsucht . . . Das Unrecht ist übermächtig.
Frostige Gleichgültigkeit läßt alles zu Eis erstarren, Heuchelei erstickt den Atem.
Was Klauen und Zähne hat, greift an, was von sanfter Gemütsart ist, zieht sich in sich selbst zurück.
Und sie leiden nicht nur, sie nehmen auch ernsthaften Schaden. Was soll aus dem Kind werden?

Ein Krieger oder ein Arbeiter, ein Feldherr oder ein gemeiner Soldat? Oder soll es einfach nur glücklich werden?
Wo ist das Glück, und was ist Glück? Kennst du den Weg dahin? Gibt es überhaupt einen Menschen, der ihn kennt?
Wie wirst du damit fertig werden? Ist ein Blick in die Zukunft möglich, und wie kann man ein Kind so behüten, daß es keinen Schaden nimmt?
Ein Schmetterling über dem schäumenden Wildbach des Lebens. Wie soll man ihn in seinem Flug stabilisieren, ohne seine Flügel zu beschweren, wie ihn abhärten, ohne ihn in seinem Aufschwung zu lähmen?
Durch das eigene Beispiel, durch Hilfestellung, Ratschläge und gute Worte?
Und wenn es das alles ablehnt?
In fünfzehn Jahren wird es den Blick fest in die Zukunft richten und du in die Vergangenheit. In dir Erinnerungen und die Gewohnheiten des Alltags – in ihm Wankelmut und trotzige Hoffnung. Du bist von Zweifeln befallen, und dein Kind ist voller Erwartungen und Vertrauen, du fürchtest dich, und dein Kind ist frei von Angst.
Die Jugend ist, wenn sie nicht spottet, verdammt und verachtet, darauf aus, die mit Mängeln behaftete Vergangenheit zu verändern. So ist es auch richtig. Und dennoch . . .
Mag es suchen, wenn es nur nicht fehlgeht, mag es klettern, wenn es nur nicht stürzt, mag es roden, wenn es sich nur die Hände nicht blutig reißt, mag es seine Kräfte gebrauchen, aber mit Maßen, mit Vorsicht.
Es sagt: »Da bin ich anderer Meinung. Nun ist es aber genug der Fürsorge.«
Du hast also kein Vertrauen?
Du brauchst mich nicht mehr?
Meine Liebe ist dir lästig?
Uneinsichtiges Kind, das vom Leben noch nichts weiß, armes, undankbares Kind!

6. Undankbares:
Ist denn die Erde der Sonne dankbar dafür, daß sie scheint? Dankt der Baum dem Samen, weil er aus ihm hervorgegangen ist? Singt die Nachtigall ihrer Mutter ein Lied, weil deren Brustgefieder sie gewärmt hat?
Gibst du an dein Kind weiter, was du von deinen Eltern empfangen hast, oder ist das nur ein Darlehen, das du zurückforderst, und etwas, das du geschäftig anschreibst und wofür du Zinsen berechnest?
Ist denn Liebe ein Verdienst, das bezahlt werden muß?
»Die Krähenmutter flattert wie irrsinnig herum, es fehlt nicht viel, und sie setzt sich dem Jungen auf die Schulter, hackt auf seinen Stock ein, schwebt ganz dicht über ihm in der Luft, schlägt mit ihrem Kopf wie mit einem Hammer gegen den Baumstamm, reißt kleine Zweige ab und krächzt mit der heiseren, angestrengten, trockenen Stimme der Verzweiflung. Als der Bengel eines von ihren Jungen aus dem Nest schmeißt, läßt sie sich mit schleppenden Flügeln zu Boden fallen, öffnet den Schnabel, will krächzen, hat aber keine Stimme mehr, schlägt also mit den Flügeln und hüpft, ganz von Sinnen, lächerlich anzusehen, auf den Jungen zu. [. . .] Als alle ihre Kinder totgeschlagen sind, fliegt sie auf den Baum zurück, beäugt das leere Nest, dreht sich darauf herum und denkt wohl über etwas nach.« (Żeromski)
Mutterliebe ist elementar. Die Menschen haben sie auf ihre Art und Weise verändert. Die ganze zivilisierte Welt – die von der Kultur unberührten Massen ausgenommen – praktizieren den Kindermord. Ein Ehepaar, das zwei Kinder hat, wo es doch zwölf hätte haben können, ist des Totschlags schuldig an zehn Kindern, die nicht geboren wurden und unter denen das eine, gerade »ihr Kind« hätte sein können. Unter den Ungeborenen haben sie vielleicht gerade das wertvollste umgebracht.
Was ist da zu machen?

Jene Kinder, die nicht geboren wurden, kann man nicht aufziehen, also muß man sich denen zuwenden, die zur Welt kommen und leben werden.
Unreifes, aufgeblasenes Gerede.
Es hat eine Zeit gegeben, da wollte ich einfach nicht verstehen, daß man den Rechenstift zur Hand nehmen und sich fragen muß, ob den Kindern, die geboren werden, auch die nötige Sorgfalt zuteil werden kann. In der Unfreiheit unter den Teilungsmächten, als Untertan, nicht als Bürger eines eigenen Staates, habe ich nicht bedacht, daß gleichzeitig auch Schulen, Werkstätten, Krankenhäuser und kulturelle Daseinsbedingungen entstehen müssen. Eine unbedachte Vermehrung empfinde ich heute als Unrecht und leichtsinnigen Frevel. – Wir befinden uns vielleicht am Vorabend einer neuen Gesetzgebung, die von Eugenik und Bevölkerungspolitik bestimmt wird.

7. Ob es gesund ist?
Noch ist es für die Mutter verwunderlich, daß ihr Kind nicht mehr mit ihr identisch ist. Bis vor kurzem noch war in ihrem zwiefachen Leben die Sorge um das Kind ein Teil des sorglichen Umgangs mit sich selbst.
So sehr hat sie die Zeit herbeigesehnt, da alles vorüber wäre und sie diesen Augenblick hinter sich hätte. Sie hatte gemeint, dann von Sorgen und Nöten frei zu sein. Und nun? Sonderbar: Früher war ihr das Kind näher, es gehörte ganz eng zu ihr, sie war seiner Unversehrtheit gewisser, einsichtiger erschien ihr das alles. Mit dem Augenblick, da fremde Hände – erfahrene, entlohnte, selbstsichere – es in Pflege genommen haben, fühlte sie sich allein, beiseite geschoben, beunruhigt. Die Welt nimmt ihr Kind bereits in Beschlag.
In den langen Stunden erzwungener Untätigkeit stellen sich manche Fragen: Was habe ich ihm mitgegeben, habe ich es auch mit allem Notwendigen ausgestattet, wie habe ich für seine Sicherheit gesorgt?
Ist es auch wirklich gesund? Warum weint es denn?

Warum ist es mager, saugt schlecht, schläft nicht, schläft zuviel? Warum hat es ein so großes Köpfchen, krumme Beinchen, geballte Fäustchen, warum eine so rote Haut, weiße Pustelchen auf der Nase, warum schielt es, hat den Schluckauf, niest, muß würgen, ist heiser?
Das muß so sein?
Vielleicht sagt man ihr die Unwahrheit? Sie betrachtet dieses Kleine, Hilflose, allen anderen ebenso Kleinen und Zahnlosen gänzlich unähnlich, die sie auf der Straße und im Garten gesehen hat. Ist es möglich, daß auch ihr Kind in drei oder vier Monaten . . .?
Aber vielleicht irren sie sich alle?
Vielleicht nehmen sie es nicht ernst?
Mißtrauisch lauscht die Mutter auf die Stimme des Arztes, folgt ihm mit ihren Blicken: Sie möchte aus seinen Augen, seinem Achselzucken, dem Hochziehen der Augenbrauen, den Stirnfalten ablesen, ob er die Wahrheit sagt, ob er unschlüssig ist, ob er sich auch ausreichend konzentriert.

8. »Ob es hübsch ist? Daran liegt mir nichts.« So reden unaufrichtige Mütter. Sie wollen die Ernsthaftigkeit ihrer pädagogischen Ansichten hervorheben. Schönheit, Anmut, Statur, eine angenehm klingende Stimme – das ist ein Kapital, das du deinem Kind mitgegeben hast; wie die Gesundheit, wie der Verstand ist es ihm eine Hilfe auf dem Lebensweg. Man sollte Schönheit nicht überbewerten, und wenn sie nicht mit anderen Gaben verbunden ist, kann sie sogar Schaden anrichten. Um so notwendiger ist es, sie wach und aufmerksam im Blick zu behalten.
Ein hübsches Kind ist anders als ein häßliches zu erziehen. Da es aber keine Erziehung ohne Teilnahme des Kindes gibt, sollte man vor dem Kind die Probleme von Schönheit und Anmut nicht schamhaft verschweigen; denn gerade das schadet ihm. Diese vorgebliche Nichtachtung der Schönheit ist ein Relikt des Mittelalters. Wie könnte sich der

Mensch, der so empfänglich ist für die Schönheit einer Blume, eines Schmetterlings, eines Landschaftsbildes, der menschlichen Schönheit gegenüber gleichgültig verhalten? Du willst deinem Kind verschweigen, daß es hübsch ist? Wenn ihm das keiner von den vielen Menschen im Haus sagt, dann werden es ihm fremde Leute sagen, auf der Straße, im Kaufladen, im Garten, überall, mit einem Ausruf, einem Lächeln, einem Blick, Erwachsene und Gleichaltrige. Es erfährt davon, wenn es die Benachteiligung der häßlichen und garstigen Kinder sieht. Es begreift, daß Wohlgestalt Vorrechte verleiht, so wie es auch versteht, daß diese Hand seine Hand ist, die es gebrauchen kann.
Wie ein schwächliches Kind gut gedeihen und ein gesundes einem Unfall zum Opfer fallen kann, so kann ein hübsches Kind unglücklich sein, aber ein mit dem Panzer der Häßlichkeit bewehrtes, das sich nicht hervortut und unbemerkt bleibt, glücklich dahinleben. Denn du mußt daran denken, daß das Leben jeden als wertvoll erkannten Vorzug abzukaufen, abzulisten oder gar zu entwenden begehrt. In der Gleichgewichtslage der Vibrationen kommt es zu Überraschungen, die den Erzieher oftmals die schmerzliche Frage stellen lassen: »Warum?«
»Schönheit ist für mich nicht so wichtig!«
Du gehst von einem Fehler, einer Unwahrheit aus.

9. Ist es auch klug?
Am Anfang klingt diese Frage der Mutter noch ein wenig ängstlich und unsicher, aber bald wird sie Forderungen stellen.
Iß, auch wenn du satt bist, auch wenn dich Ekel überkommt, geh schlafen, auch wenn es unter Tränen geschieht und du eine Stunde lang aufs Einschlafen warten mußt. Du mußt, weil ich es so will, damit du gesund bleibst.
Spiel nicht im Sand, trag eng anliegende Höschen, zerwühl dir nicht die Haare, denn ich will, daß du hübsch aussiehst.

»Es spricht noch immer nicht ... Es ist älter als ... und trotzdem – Es lernt schlecht.«

Anstatt zu beobachten, zu erkennen und einsichtig zu werden, nimmt man das erste beste Beispiel eines »wohlgeratenen Kindes« und fordert von seinem eigenen Kind: Diesem Vorbild sollst du ähnlich sein.

Es darf nicht sein, daß das Kind vermögender Eltern ein Handwerker wird. Lieber mag ein unglücklicher und demoralisierter Mensch aus ihm werden. Keine Liebe zum Kind, sondern Egoismus der Eltern, nicht das Wohl des einzelnen, sondern die Ambitionen der eigenen Klasse, kein Suchen nach gangbaren Wegen, sondern die Fesseln schablonenhafter Vorstellungen haben Vorrang.

Es gibt aktive und passive Geister, lebendige und apathische, ausdauernde und sprunghafte, nachgiebige und widerspenstige, schöpferische und auf Nachahmung bedachte, blendende und solide, sachlich bestimmt und poetisch begabte Geister; es gibt ein vorzügliches und ein mittelmäßiges Gedächtnis; Esprit bei der Anwendung erworbenen Wissens und rechtschaffenes Bedenken, angeborenen Despotismus und Reflexion und Kritizismus; es gibt Früh- und Spätentwicklung, einseitige und vielfältige Interessen. Aber wen interessiert das?

»Soll es doch wenigstens vier Klassen beenden«, so spricht die elterliche Resignation ...

In Vorahnung einer glänzenden Renaissance physischer Arbeit sehe ich ihre Anwärter in allen Gesellschaftsklassen. Derweilen schlagen sich Eltern und Schule mit jeder ungewöhnlichen, untypischen, schwachen oder unausgeglichenen Intelligenz herum. Es geht nicht darum, ob es klug, sondern vielmehr wie klug das Kind ist.

Ein naiver Appell an die Familie, freiwillig ein schweres Opfer auf sich zu nehmen. Intelligenz-Untersuchungen und psychotechnische Versuche werden egoistische Ambitionen wirksam einschränken. Aber das ist wohl eine ferne Zukunftshoffnung.

10. Ein gutes Kind.
Man sollte sich davor hüten, gut mit bequem zu verwechseln. Es weint selten, stört unsere Nachtruhe nicht, ist zutraulich, heiter – also gutartig.
Es ist bösartig – launisch, schreit ohne sichtbaren Grund, weckt in der Mutter eher verdrießliche als liebevolle Empfindungen.
Unabhängig von ihrem Befinden sind Neugeborene aufgrund ihrer ererbten Eigenschaften mehr oder weniger geduldig. Hier reicht eine Einheit Schmerz aus, um zehn Einheiten Geschrei als Reaktion auszulösen, dort reagiert ein anderes auf zehn Einheiten von Unpäßlichkeiten mit einer Einheit Weinen.
Das eine Kind ist verschlafen, bewegt sich träge, saugt langsam, schreit ohne lebendige Spannung, ohne deutlich spürbaren Affekt. Das andere ist reizbar, bewegt sich lebhaft, hat einen leichten Schlaf, saugt heftig und schreit, bis es bläulich anläuft. Es hat Keuchhusten, erstickt beinahe, man muß es wieder zu sich bringen, manchmal kehrt es nur mühsam zum Leben zurück. Ich weiß, das ist eine Krankheit, die wir mit Lebertran, Phosphor und milchloser Diät behandeln. Aber diese Krankheit hat einen Säugling zu einem reifen Mann von enormer Willenskraft, elementarer Vitalität und genialen Geistesgaben heranwachsen lassen. Napoleon litt im Säuglingsalter an Keuchhusten.
Die ganze moderne Pädagogik trachtet danach, bequeme Kinder heranzubilden, sie strebt konsequent und Schritt für Schritt danach, einzuschläfern, zu unterdrücken und auszumerzen, was Willen und Freiheit des Kindes ausmacht, seine Seelenstärke, die Kraft seines Verlangens und seiner Absichten.
Artig, gehorsam, gut, bequem soll es sein, aber man bedenkt nicht, daß es innerlich unfrei und lebensuntüchtig sein wird.

11. Eine schmerzliche Überraschung für die junge Mutter ist das Schreien ihres Kindes. Sie hat gewußt, daß Kinder weinen, aber bei dem Gedanken an das eigene Kind hatte sie das nicht bedacht; sie erwartete nur sein bezauberndes Lächeln.
Sie würde seine Bedürfnisse genau beachten, es vernünftig aufziehen, modern, unter Anleitung eines erfahrenen Arztes. Ihr Kind würde nicht weinen müssen.
Aber es kommt die Nacht, da sie wie betäubt daliegt, in ihrem Inneren der lebendige Widerhall der schweren Stunden, die Ewigkeiten dauerten. Noch hat sie die Süße einer sorglosen Ermattung, einer Trägheit ohne inneren Vorwurf, eines Ausruhens nach getaner Arbeit, nach verzweifelter Anstrengung – der ersten in ihrem verzärtelten Leben – kaum verspürt und ist der Täuschung erlegen, daß alles vorüber sei, weil dieses andere nun schon selbständig atmet. In sich selbst versunken, vermag sie nur, geheimnisvoll flüsternde Fragen an die Natur zu stellen, ohne eine Antwort zu verlangen.
Da plötzlich . . .
Das despotische Schreien des Kindes, das etwas verlangt, sich über etwas beklagt, Hilfe fordert – aber sie versteht es nicht. Gib acht!
»Wo ich doch nicht kann, nicht will, nicht weiß, was ich tun soll!« Dieser erste Schrei beim Schein der Nachtlampe ist die Ankündigung eines Kampfes des nun zweigeteilten Lebens: Das eine reife Leben, zum Nachgeben, zu Entsagungen, zu Opfern gezwungen, setzt sich zur Wehr; das andere, neue, junge erkämpft sich seine eigenen Rechte. Heute gibst du ihm keine Schuld; es begreift nicht, leidet. Aber im Buch der Zeit steht schon die Stunde, da du einmal sagen wirst: »Auch ich fühle, auch ich leide.«

12. Es gibt Neugeborene und Kleinkinder, die wenig weinen – um so besser. Aber es gibt auch solche, denen beim

Schreien die Adern auf der Stirn anschwellen; die Fontanelle tritt hervor, Gesicht und Kopf laufen dunkelrot an, die Lippen färben sich blau, die zahnlosen Kiefer beben, der Bauch bläht sich auf, die Fäustchen krampfen sich zusammen, und die Beine strampeln in der Luft herum. Plötzlich läßt die Kraft nach, und es hört auf, sieht die Mutter mit dem Ausdruck vollkommener Ergebung »vorwurfsvoll« an, versucht die Augen zu schließen und will schlafen, aber nach ein paar hastigen Atemstößen kommt es wieder zu einem ähnlichen oder sogar noch stärkeren Schreianfall.

Ist es möglich, daß die zarten Lungen, das kleine Herz, das junge Gehirn das aushalten?

Hilfe, einen Arzt!

Ewigkeiten vergehen, bis er kommt, mit nachsichtigem Lächeln ihre Befürchtungen anhört, so ein fremder, unzugänglicher Fachmann, für den dieses Kind nur eines von tausend ist. Er ist gekommen, um sich gleich wieder anderen Leiden zuzuwenden, andere Klagen anzuhören, jetzt ist er gekommen, bei Tag, da alles nicht mehr so schlimm erscheint: Die Sonne steht am Himmel, Menschen gehen auf der Straße, er ist gekommen, als das Kind gerade schläft, gewiß erschöpft nach den schlaflosen Stunden und als nur noch geringe Spuren der gespenstischen Nacht zu erkennen sind.

Die Mutter hört ihm zu, manchmal etwas unaufmerksam. Ihr Traum von dem Arzt, dem Freund und Führer auf dem mühseligen Reiseweg, ist unwiederbringlich dahin.

Sie händigt ihm das Honorar aus und bleibt allein zurück mit der bitteren Überzeugung, daß der Arzt ein gleichgültiger, fremder Mensch ist, der nicht begreift, worum es geht. Auch er war unsicher, auch er hat nichts Bestimmtes ausgesagt.

13. Wenn die junge Mutter wüßte, wie entscheidend diese ersten Tage und Wochen sind, nicht so sehr für die Gesund-

heit des Kindes heute als vielmehr für ihrer beider Zukunft. Und wie leicht kann man diese Zeit vertun!

Anstatt sich mit dem Gedanken abzufinden, daß ihr Kind für den Arzt nur insoweit Gegenstand seines Interesses ist, als es ihm etwas einbringt oder seine Ambitionen befriedigt; daß es auch für die Welt wenig bedeutet, nur für sie selbst kostbar ist . . .

Anstatt sich mit dem modernen Stand der Wissenschaft vertraut zu machen, die Mutmaßungen anstellt, um Erkenntnis bemüht ist, forscht und vorwärtsschreitet – Wissen erwirbt, aber keine Gewißheit, Hilfe zuteil werden läßt, aber keine Garantie geben kann . . .

Anstatt der Erkenntnis tapfer zu begegnen: Das Aufziehen eines Kindes ist keine Spielerei, sondern eine Aufgabe, an die man die Bemühungen schlafloser Nächte, die Summe bedrängender Erlebnisse und viele Gedanken wenden muß . . .

Anstatt all dies im Feuer eines großen Gefühls zu einem aufrichtigen Bewußtsein zusammenzuschmelzen, ohne Selbsttäuschung, ohne kindisches Schmollen und selbstsüchtige Bitterkeit, ist sie fähig, das Kind zusammen mit seiner Pflegerin in ein abgelegenes Zimmer einzuquartieren, weil sie nicht mitansehen kann, wie das Kleine leidet, weil sie seine schmerzlichen Hilferufe nicht mehr anzuhören vermag, kann sie Arzt und Ärzte wiederholt herbeirufen, ohne dabei auch nur eine Erkenntnis zu gewinnen; sie ist nur gequält, betäubt und halb von Sinnen.

Wie naiv ist doch die Freude einer Mutter, wenn sie das erste undeutliche Gerede ihres Kindes versteht, die verdrehten und verstümmelten Ausdrücke errät.

Jetzt erst? . . . Nur soviel? . . . Nicht mehr? . . .

Und die Sprache des Weinens und des Lachens, die Sprache der Augen und der Mundstellung, der Bewegungen und des Saugens? . . .

Verzichte nicht auf diese Nächte. Sie können dir geben, was

kein Buch, kein Ratschlag zu geben vermögen. Denn hier liegt der Wert nicht mehr im Wissen allein, sondern in dem tiefen seelischen Umschwung, der jene unfruchtbaren Erwägungen nicht mehr zuläßt: »Was könnte sein, was sollte sein, was wäre gut, wenn . . .«, sondern unter den gegebenen Bedingungen zu handeln lehrt.

In diesen Nächten kann dem Kind ein wunderbarer, schutzengelgleicher Verbündeter erstehen – die Intuition des mütterlichen Herzens, jene Hellsichtigkeit, die aus dem forschenden Willen, der wachenden Vernunft und einem ungetrübten Gefühl besteht.

14. Einmal ließ mich eine Mutter rufen.

»Mein Kind ist eigentlich gesund, ihm fehlt nichts. Ich möchte nur, daß Sie es ansehen.«

Ich sehe es mir an, gebe ein paar Anweisungen, beantworte einige Fragen. Es ist ja gesund, lieb und fröhlich.

»Auf Wiedersehen.«

Noch an demselben Abend oder am anderen Tag:

»Herr Doktor, mein Kind hat Fieber.«

Die Mutter hat bemerkt, was ich als Arzt bei einer oberflächlichen Untersuchung während der kurzen Visite nicht entdecken konnte.

Stundenlang über das Kleine gebeugt, ohne Kenntnis von Beobachtungsmethoden, weiß sie nicht, was sie wahrgenommen hat, sich selbst mißtrauend, wagt sie es nicht, sich zu ihren eigenen subtilen Beobachtungen zu bekennen.

Und sie war darauf aufmerksam geworden, daß das Kind, ohne eigentlich heiser zu sein, doch eine etwas mattere Stimme hatte. Es plapperte seltener und auch ein bißchen leiser. Einmal zuckte es im Schlaf ein wenig heftiger als sonst. Es lächelte wohl nach dem Erwachen, aber etwas schwächer. Es saugte ein bißchen langsamer, vielleicht mit längeren Pausen, als sei es zerstreut. Ob seinem Lachen ein schmerzlicher Zug beigemischt war, oder ob es nur den

Anschein hatte? Sein Lieblingsspielzeug hatte es zornig zurückgewiesen – warum wohl?
Mit hundert Regungen, die ihr Auge, ihr Ohr, ihre Brustwarzen wahrnahmen, mit hundert kleinsten Klagen sagte es:
»Ich bin indisponiert. Heute fühle ich mich nicht gut.«
Die Mutter glaubte nicht an das, was sie sah; denn sie hatte von keiner ähnlichen Erscheinung etwas in einem Buch gelesen.

15. Eine Tagelöhnerin bringt ihren einige Wochen alten Säugling in die Ambulanz.
»Es will nicht trinken. Kaum nimmt es die Brust, dann läßt es sie schreiend auch schon wieder los. Aus dem Löffelchen trinkt es gut. Manchmal schreit es plötzlich auf, im Schlaf oder auch im Wachen.«
Ich untersuche den Mund, den Rachen und kann nichts feststellen. »Bitte geben Sie ihm die Brust.«
Das Kind berührt nur mit den Lippen die Brustwarze, es will nicht saugen.
»Es ist so mißtrauisch geworden.«
Endlich nimmt es die Brust, hastig, zieht ein paarmal wie aus Verzweiflung und läßt sie mit einem Aufschrei wieder los.
»Sehen Sie doch einmal hin, es hat etwas am Gaumen.«
Ich untersuche noch einmal – eine Rötung, aber sonderbarerweise nur an einem Gaumen.
»Oh, hier ist etwas Schwarzes, ein Zähnchen oder was?«
Ich sehe etwas Hartes, Gelbliches, oval mit einem dunklen Strich am Rand. Ich rühre daran, es bewegt sich, ich nehme es ab, darunter eine kleine rötliche Vertiefung, blutig umrandet.
Schließlich halte ich dieses Etwas in der Hand: Es ist eine Samenhülse.
Über der Wiege des Kindes hängt ein Vogelbauer mit

einem Kanarienvogel. Der Vogel hatte die Hülse beim Fressen herausgeschleudert, sie war dem Kind auf die Lippen gefallen und dann in den Mund gerutscht und hatte sich in den Gaumen gebohrt.
Mein Gedankengang: stomatitis catarrhalis, soor, stom, aphtosa, gingivitis, angina usw.
Die Mutter: Es hat Schmerzen, irgend etwas im Mund ist nicht in Ordnung.
Ich habe es zweimal gründlich untersucht . . . Und sie?

16. Wenn den Arzt manchmal die genaue und bis ins einzelne gehende Beobachtung in Erstaunen versetzt, so kann er andererseits mit gleicher Verwunderung feststellen, daß Mütter das einfachste Symptom oft nicht verstehen, ja nicht einmal wahrzunehmen vermögen.
Das Kind weint seit seiner Geburt, etwas anderes kennt die Mutter gar nicht. Immerzu weint es!
Bricht es plötzlich in Weinen aus, und hat sein Schreien gleich den Höhepunkt erreicht, oder geht sein schmerzliches Klagen allmählich in Schreien über? Beruhigt es sich schnell, unmittelbar nachdem es Stuhlgang gehabt oder uriniert oder gespuckt hat, oder schreit es plötzlich und ungestüm auf, beim Baden, beim Anziehen oder wenn man es anhebt? Oder weint es ständig klagend vor sich hin, ohne plötzliche Ausbrüche? Wie bewegt es sich dabei? Reibt es sein Köpfchen am Kopfkissen oder bewegt es saugend die Lippen? Beruhigt es sich wieder, wenn man es aufnimmt, wenn man es wickelt, es auf den Bauch legt, öfter seine Lage wechselt? Schläft es nach dem Weinen tief und lange oder wacht es bei jedem Geräusch auf? Weint es mehr vor oder nach dem Trinken, öfter morgens, abends oder nachts?
Beruhigt es sich beim Trinken? Für wie lange? Oder will es nicht trinken, und wie äußert sich das? Läßt es die Brust los, kaum daß es sie genommen hat, oder erst beim Trinken selbst, plötzlich, oder nach einer gewissen Zeit? Weigert es

sich entschieden, oder kann man es zum Trinken überreden? Wie saugt es? Warum saugt es nicht?
Wenn es Schnupfen hat, wie wird es trinken? Gierig und intensiv, weil es Hunger hat, dann wieder schnell und flach, ungleichmäßig, mit Pausen, weil es keine Luft bekommt. Und weiter, Schluckschmerzen, was mag es wirklich sein? Nicht nur Hunger oder »Bauchweh« bringen es zum Schreien, sondern auch wenn ihm Lippen, Gaumen, Zunge, Rachen und Nase wehtun, wenn Finger, Ohren oder Knochen schmerzen, wenn der After durch die Klistierspritze gereizt ist, wenn es Schmerzen hat beim Urinieren, bei Übelkeit, Durst, Überhitzung, Hautjucken, das einen Monate später erst auftretenden Ausschlag ankündigt – es weint wegen eines aufgerauhten Wäschebändchens, wegen einer Windelfalte, eines Watteflöckchens, das sich im Hals festgesetzt hat, und eben auch wegen einer Samenhülse aus dem Kanarienvogelbauer.
Ruf den Arzt für zehn Minuten, aber beobachte es auch selbst, zwanzig Stunden lang.

17. Das Buch mit seinen fertigen Formeln hat den Blick getrübt und das Denken träge gemacht. Von den Erfahrungen, Beobachtungen und Ansichten anderer lebend, ist das Selbstvertrauen so sehr verlorengegangen, daß man nicht mehr mit den eigenen Augen sehen will. Als ob das gedruckte Wort eine Offenbarung wäre und nicht das Forschungsergebnis – das Produkt irgendeines Menschen, nur nicht mein eigenes, erzielt irgendwo und an irgendeinem Menschen, nur nicht heute und am eigenen Kind. Und die Schule hat diese Feigheit auch noch gefördert, die Furcht, die eigene Unwissenheit offenbar werden zu lassen.
Wie oft schon hat eine Mutter nicht gewagt, Fragen zu stellen, die sie sich für den Arzt notiert hatte. Und wie selten überreicht sie dem Arzt ihren Fragezettel, angeblich weil sie darauf nur »dummes Zeug« notiert hat.

Indem sie selbst verschweigt, daß sie unwissend ist, zwingt sie den Arzt oft dazu, seine Zweifel, seine Unschlüssigkeit zu verbergen und eine eindeutige Diagnose zu stellen. Wie ungern nimmt sie unbestimmte Antworten zur Kenntnis, wie wenig schätzt sie es, wenn der Arzt am Kinderbettchen laut denkt, und wie oft ist ein Arzt gezwungen, zum Scharlatan zu werden, um Prophet zu sein.
Manchmal wollen die Eltern nicht wissen, was sie wissen, und nicht sehen, was sie sehen.
Eine Niederkunft in einer Sphäre extremer Bequemlichkeit ist etwas so Einzigartiges und unangenehm Ungewöhnliches, daß die Mutter von der Natur dafür entschädigt werden will. Wenn sie schon die Entsagungen, Unannehmlichkeiten und Beschwerden der Schwangerschaft und die Schmerzen der Geburt auf sich genommen hat, dann sollte das Kind wenigstens so sein, wie sie es gern haben möchte. Noch schlimmer: Daran gewöhnt, daß für Geld alles zu haben ist, will sie sich nicht damit abfinden, daß es etwas gibt, was ein armer Teufel bekommen kann, ein Großmächtiger aber nicht einmal zu erbetteln vermag.
Wie oft fallen Eltern auf unnütze oder gar schädliche Mittel herein, wenn sie auf dem Markt nach einer Ware suchen, die mit dem Etikett »Gesundheit« versehen ist.

18. Für den Säugling die Muttterbrust – ohne Rücksicht darauf, ob er geboren wurde, weil Gott die Ehe gesegnet oder weil ein Mädchen seine Unschuld verloren hat; ob die Mutter flüstert: »Mein Liebling!« oder ob sie seufzt: »Was fang ich nur an, mein Gott«, ob man einer hochgebildeten Dame mit aller Ehrerbietung gratuliert und einem Mädchen vom Dorf nachruft: »Pfui, du Schlampe.«
Die Prostitution, die den Männern dient, findet ihre gesellschaftliche Vervollständigung im Ammentum, das zum Nutzen der Frauen da ist.
Man sollte sich des sanktionierten schweren Verbrechens an

dem armen Kind voll bewußt sein – das nicht einmal dem Reichen Vorteil bringt. Denn eine Amme kann zwei Kinder ernähren: das eigene und das fremde. Die Milchdrüsen geben soviel Nahrung, wie von ihnen verlangt wird. Und die Amme verliert gerade dann die Nahrung, wenn das Kind weniger trinkt, als die Brust hergibt.

Die Formel: Im Überfluß strömende Nahrung, ein schwächliches Kind – Verlust der Nahrung.

Sonderbar, in weniger wichtigen Fällen sind wir geneigt, den Rat vieler Ärzte einzuholen; bei einer so folgenschweren Frage aber, ob die Mutter nähren kann, lassen wir es bei einem manchmal sogar unaufrichtigen, von irgend jemandem eingeflüsterten Rat bewenden.

Jede Mutter kann stillen, jede hat Nahrung genug; nur die Unkenntnis der Nährtechnik beraubt sie der ihr angeborenen Fähigkeit.

Brustschmerzen, wundgesaugte Brustwarzen stellen ein gewisses Hindernis dar; aber hier wird der Schmerz durch das Bewußtsein verdrängt, daß die Mutter die ganze Zeit der Schwangerschaft durchgehalten hat, ohne auch nur eine dieser Lasten den Schultern einer gekauften Sklavin aufzubürden. Das Stillen ist nämlich die Fortsetzung der Schwangerschaft, »nur hat sich das Kind von innen nach außen begeben, hat, losgelöst von seinem Nährboden, nach der Brust gelangt, trinkt nicht mehr rotes, sondern weißes Blut«.

Trinkt Blut? Ja, das der Mutter, denn das ist das Recht der Natur; es trinkt nicht das Blut des umgebrachten Milchbruders, was nach dem Recht der Menschen möglich wäre.

Ein Widerhall der lebhaften Auseinandersetzung über das Recht des Kindes auf die Mutterbrust. Heute hat sich die Wohnungsfrage in den Vordergrund geschoben. Was wird es morgen sein? So ist die Anteilnahme des Autors vom gegenwärtigen Augenblick abhängig.

19. Vielleicht würde auch ich ein ägyptisches Traumbuch der Hygiene zum Gebrauch für Mütter schreiben.
»Dreieinhalb Kilo Geburtsgewicht bedeuten Gesundheit und Wohlergehen.«
»Grün-schleimiger Stuhlgang: Unruhe, unangenehme Nachrichten.«
Vielleicht würde auch ich ein Liebesschatzkästlein mit Ratschlägen und Hinweisen verfassen. Aber ich habe mich davon überzeugt, daß es keine Vorschrift gibt, die unkritischer Extremismus nicht ad absurdum führen würde.
Das alte System:
Dreißigmal in vierundzwanzig Stunden die Brust geben, abwechselnd mit Rizinus. Der Säugling wird von einem Arm zum anderen weitergereicht, wird gewiegt und geschwenkt von allen verschnupften Tanten. Er wird zum Fenster getragen, vor den Spiegel gehalten, man schnalzt, klappert, singt ihm etwas vor – ein Jahrmarkt.
Das neue System:
Alle drei Stunden die Brust. Wenn das Kind die Vorbereitungen zur Mahlzeit sieht, wird es unruhig, ärgerlich, es weint. Die Mutter blickt auf die Uhr: noch vier Minuten. Das Kind ist eingeschlafen, die Mutter weckt es, denn nun ist es an der Zeit; hungrig wird es von der Brust gerissen, weil die Minuten vorbei sind. Es liegt – nicht daran rühren. Nicht an ein Herum-Tragen gewöhnen! Gebadet, trockengelegt, satt – soll es schlafen. Es schläft nicht. Man muß auf den Zehen gehen, die Fenster verhängen. Ein Krankenhaussaal, ein Leichenhaus.
Nein – der lebendige Gedanke ist kritisch-aktiv, aber die Vorschrift befiehlt.

20. Nicht »zu welchen Zeiten soll man stillen«, sondern »wievielmal am Tage«. So gestellt, schränkt diese Frage die Freiheit der Mutter nicht ein: Sie selbst soll die Zeiten bestimmen, wie es für sie und das Kind am besten ist.

Wievielmal sollte ein Kind in vierundzwanzig Stunden trinken? Vier- bis fünfzehnmal.
Wie lange soll es an der Brust liegen?
Von vier Minuten bis zu dreiviertel Stunden und länger.
Es gibt Brüste, die leicht, und andere, die schwer Milch geben, solche mit dürftiger oder reichlicher Nahrung, solche mit gutausgebildeten oder schwach entwickelten Brustwarzen, abgehärtete oder empfindliche. Manche Kinder saugen kräftig, andere launisch-unregelmäßig und faul.
Es kann also keine allgemeingültigen Vorschriften geben.
Schlecht entwickelte, aber strapazierfähige Brustwarzen; dazu ein munteres Neugeborenes. Mag es oft und lange saugen, um die Brust richtig »auszubilden«.
Eine mit Nahrung reichlich versehene Brust, ein schwächlicher Säugling. Vielleicht empfiehlt es sich, einen Teil der Nahrung vor dem Trinken abzupumpen, um das Kind dazu zu bringen, sich anzustrengen. Es kann das vielleicht nicht schaffen? Dann also die Brust geben und den Rest abpumpen.
Die Brust gibt schwer Milch, das Kind ist träge. Nach zehn Minuten erst beginnt es zu trinken.
Eine Schluckbewegung kommt vielleicht auf eine, zwei, fünf Saugbewegungen. Die Milchmenge kann bei einem Schluck geringer oder größer sein.
Es nimmt die Brust, zieht, aber schluckt nicht, schluckt selten, oft.
»Es läuft ihm übers Kinn.« Vielleicht, weil reichlich Nahrung, vielleicht auch, weil wenig Nahrung vorhanden ist, weil das Kind, ausgehungert, kräftig zieht und sich verschluckt, aber nur bei den ersten Zügen.
Wie kann man Vorschriften machen, ohne Mutter und Kind vor sich zu haben?
»Fünfmal in vierundzwanzig Stunden, je zehn Minuten« – das wäre ein Schema.

21. Ohne Waage gibt es keine Technik des Nährens. Alles, was wir ohne diese unternähmen, wäre ein Blinde-Kuh-Spiel.
Ohne Waage läßt sich nicht feststellen, ob das Kind drei oder zehn Löffel Milch getrunken hat.
Aber davon hängt ab, wie oft es, wie lange es, ob es aus beiden Brüsten oder nur aus einer trinken sollte.
Die Waage kann ein untrüglicher Ratgeber sein, wenn sie den wirklichen Sachverhalt anzeigt; sie kann zum Tyrannen werden, wenn wir von ihr das Schema eines »normalen« Wachstums des Kindes erwarten. Mögen wir aus dem Vorurteil über die »grünlichen Stuhlgänge« nicht in den Aberglauben an die »idealen Kurven« verfallen.
Wie sollte man wiegen?
Es ist bemerkenswert, daß es Mütter gibt, die viele Stunden mit Tonleitern- und Etüdenüben verbringen, aber die Mühe, sich mit einer Waage vertraut zu machen, für allzu beschwerlich halten. Vor und nach dem Trinken wiegen? Welch ein Aufwand! Es gibt aber auch andere, die nicht nur sorgfältig, sondern geradezu zärtlich mit der Waage umgehen, diesem hochgeschätzten Hausarzt.
Billige Säuglingswaagen und ihre Verbreitung bis in jede Hütte, das wäre eine soziale Aufgabe. Aber wer nimmt sich ihrer an?

22. Woher kommt es wohl, daß eine Generation unter der Parole: Milch, Eier, Fleisch aufgewachsen ist und die andere Grütze, Gemüse und Obst bekommt?
Ich könnte antworten: Fortschritte in der Chemie, Ergebnisse der Stoffwechsel-Forschung.
Nein, das Wesen dieses Wandels liegt tiefer.
Die neue Diät ist ein Ausdruck des Vertrauens der Wissenschaft zum lebendigen Organismus, ein Zeichen der Toleranz seinem Willen gegenüber.
Wenn man Eiweiß und Fette verabfolgte, wollte man den

Organismus durch eine speziell zusammengestellte Diät zur Entwicklung zwingen, heute geben wir alles: Mag der lebendige Organismus doch selbst auswählen, was er braucht, was ihm nützlich ist, mag er selbst im Rahmen seiner Kräfte, der Aktivität der ererbten Gesundheit, der potentiellen Entwicklungsenergie seine Anordnungen treffen.

Nicht das, was wir dem Kind geben, sondern was es sich aneignet, ist entscheidend. Denn jeder Zwang und jedes Übermaß ist ein Ballast, jede Einseitigkeit ein möglicher Fehlgriff. Selbst wenn wir ganz nahe an der Wahrheit sind, können wir einen gering erscheinenden Fehler machen; aber indem wir ihn Monat für Monat wiederholen, richten wir Schaden an oder erschweren die Arbeit.

Wann, wie, womit soll man zufüttern?

Wenn dem Kind der eine Liter Milch nicht mehr ausreicht, den es saugend zu sich nimmt, sollte man allmählich, immer unter Beachtung der Reaktion des Organismus, alles geben, was dem Kind bekommt.

23. Und wie steht es mit Stärkepräparaten?

Man sollte die Wissenschaft von der Gesundheit und den Handel mit der Gesundheit auseinanderhalten.

Haarwuchsmittel, Zahnpflegemittel, Hautverjüngungspuder, Stärkepräparate zur Erleichterung des Zahnens sind oftmals eine Schande für die Wissenschaft, spiegeln aber niemals ihren Stolz und ihre Bemühungen wider.

Der Fabrikant, der durch seine Präparate sowohl einen normalen Stuhlgang als auch imponierende Gewichtszunahmen garantiert, liefert, was die Mutter erfreut und dem Kind schmeckt. Aber er kann den Geweben keine Aufnahmefähigkeit verleihen, er verlangsamt diese womöglich, er kann keine Lebenskraft vermitteln, er mindert sie vielleicht sogar durch Überfettung; er bietet keine Widerstandsfähigkeit gegen Seuchen.

Immer wieder setzt er die Bedeutung der Mutterbrust

herab – umsichtig und verstohlen zwar, indem er nur beiläufig Zweifel weckt, lockt und die Schwächen der Massen befriedigt.
Nun könnte jemand sagen: Weltberühmte Namen haben sich anerkennend geäußert. Aber auch Gelehrte sind nur Menschen: Unter ihnen gibt es mehr oder weniger scharfsinnige, vorsichtige und leichtfertige, Rechtschaffene und Fälscher. Wie viele Wissenschaftler gibt es doch, die nicht wegen ihrer genialen Begabung, sondern wegen ihrer Pfiffigkeit oder des Privilegs von Vermögen und Geburt führende Positionen innehaben. Die Wissenschaft bedarf kostspieliger Werkstätten, und diese werden nicht allein durch wirkliche Leistung, sondern auch durch Geschmeidigkeit, Nachgiebigkeit und Intrige erworben.
Ich habe an einer Sitzung teilgenommen, in der ein dreister Frechling sich die gewissenhafte, in zwölf Jahren geleistete Forschungsarbeit eines anderen aneignete. Ich kenne eine Entdeckung, die für eine bedeutende internationale Tagung bestimmt war. Das Belebungspräparat, dessen Wert ein gutes Dutzend von Kapazitäten bestätigt hatte, erwies sich als Falsifikat; es gab einen Prozeß: Der Skandal wurde eilig vertuscht.
Nicht auf den kommt es an, der Stärkepräparate über den grünen Klee lobt, sondern auf den, der sie trotz aller Bemühungen von Agenten und Fabrikanten nicht positiv erwähnen will. Und diese verstehen es schon, sich penetrant aufzudrängen. Millionenunternehmungen haben einen beträchtlichen Einfluß; das ist eine Macht, der nicht jeder Widerstand leistet.
Manche Gedankengänge in diesen Abschnitten sind ein Widerhall meines Abschieds von der Medizin. Ich habe mangelnde Fürsorge und Pfuscherei bei Hilfeleistungen erlebt. (Neben dem oft unterschätzten Kamieński hat als erster Brudziński[1] *die*

[1] Józef Brudziński, Arzt und Gelehrter, Organisator und erster Rektor der 1915-1918 wiedererstandenen Universität Warschau.

Gleichberechtigung für die Kinderheilkunde gefordert und erzwungen.) Die ausländische Spezialitätenindustrie nützte Elend und Vernachlässigung weidlich aus. Heute gibt es bei uns Fürsorgestationen, Kinderkrippen in den Fabriken, Sommerkolonien, Kurorte, Gesundheitsaufsicht in den Schulen und Krankenkassen. Noch geht es nicht immer ordentlich zu, es gibt manche Mängel, aber wir haben es doch erlebt, daß ein Anfang gemacht wurde. Heute darf man an die Wirksamkeit von Stärkepräparaten und Arzneimitteln glauben, ihre Aufgabe ist es, Hygiene und öffentliche Fürsorge für das Kind zwar zu unterstützen, nicht aber zu ersetzen.

24. Das Kind hat eine fiebrige Erkältung.
Ist es nicht ernstlich bedroht? Wann wird es wieder gesund? Unsere Antwort hängt von manchen Urteilen ab, die sich auf das stützen, was wir wissen und was wir wahrzunehmen vermochten.
Ein kräftiges Kind überwindet eine leichte Ansteckung im Laufe von ein, zwei Tagen. Wenn der Anfall stärker ist und das Kind schwächer, so dauert die Unpäßlichkeit eine Woche. Das sehen wir ja.
Oder: Das Leiden ist gering, aber das Kind ist noch sehr klein. Eine Erkältung bei Säuglingen geht oft von einer Nasenverstopfung auf den Rachen über, auf die Luftröhre und die Bronchien. Das müssen wir feststellen.
Schließlich enden neunzig von hundert ähnlichen Fällen mit einer raschen Gesundung des Kindes, in sieben Fällen halten die Beschwerden länger an, bei dreien entwickelt sich eine richtige Krankheit, und es kann sogar der Tod eintreten. Ein Vorbehalt: Vielleicht verbirgt sich hinter einer leichten Erkältung ein anderes Leiden? . . .
Aber eine Mutter will Gewißheit haben, nicht auf Vermutungen angewiesen sein.
Man kann die Diagnose ergänzen durch eine Untersuchung der Nasensekrete, durch Untersuchungen des Urins, des

Blutes, der Gehirnflüssigkeit, man kann durchleuchten und Spezialisten heranziehen. Der Wahrscheinlichkeitsfaktor bei der Diagnose und sogar bei der Therapie wird größer werden. Aber ob dieses Plus nicht von dem Schaden oftmaliger Untersuchungen aufgewogen wird, durch die Anwesenheit vieler Ärzte, von denen jeder in seinen Haaren, in den Falten seiner Kleidung, in seinem Atem eine weit gefährlichere Krankheit einschleppen kann.

Wo hat sich das Kind nur erkälten können?

Es wäre gewiß zu verhindern gewesen.

Aber macht dieses geringfügige Übel das Kind nicht widerstandsfähig gegen heftigere Infektionen, die es in einer Woche, in einem Monat befallen könnten, vervollkommnet es nicht den Abwehrmechanismus im Wärmezentrum des Gehirns, in den Drüsen, in den Bestandteilen des Blutes? Können wir das Kind denn von der Luft isolieren, die es einatmet und von der ein Kubikzentimeter Tausende von Bakterien enthält? . . .

Ist diese Diskrepanz zwischen unseren Bestrebungen und dem notwendigen Nachgeben nicht eine erneute Probe darauf, ob die Mutter auch ausreichend gewappnet ist, nicht so sehr von ihrer Ausbildung als vielmehr von ihrer Einfühlung her, ohne die sie ein Kind nicht aufziehen kann?

25. Solange der Tod noch viele Wöchnerinnen dahinraffte, stand das Neugeborene nicht im Mittelpunkt. Es wurde erst entdeckt, als Asepsis und die Technik der Geburtshilfe das Leben der Mutter garantierten. Solange die Säuglingssterblichkeit so erschreckend hoch war, mußte sich die Wissenschaft ganz auf Fläschchen und Windeln konzentrieren. Jetzt werden wir vielleicht schon in kurzer Zeit neben der reinen Existenz auch das Antlitz, das Leben und die psychische Entwicklung des Kindes im ersten Lebensjahr deutlich wahrnehmen. Was bisher auf diesem Gebiet getan worden ist, stellt erst einen Anfang dar.

Unendlich ist die Zahl psychologischer Probleme auf der Grenze zwischen Soma und Psyche des Säuglings.
Napoleon litt als Kind an Krämpfen. Bismarck war rachitisch, und zweifellos sind alle Propheten und Verbrecher, Helden und Verräter, Große und Kleine, Athleten und Kümmerlinge einmal Säuglinge gewesen, bevor sie reife Menschen wurden. Wenn wir die Urformen von Gedanken, Gefühlen und Bestrebungen kennenlernen wollen, bevor sie sich entwickeln, differenzieren und definieren, müssen wir uns ihm, dem Säugling, zuwenden. Nur grenzenlose Ignoranz und Oberflächlichkeit können übersehen, daß ein Säugling eine bestimmte, deutlich umrissene Individualität verkörpert, die sich aus seinem angeborenen Temperament, aus Kraft, Intellekt, Selbstgefühl und Lebenserfahrungen zusammensetzt.

26. Einhundert Kleinkinder. Ich beuge mich über jedes einzelne Bettchen. Da gibt es einige, deren Leben nach Wochen und Monaten zählt, von unterschiedlichem Gewicht und mit sehr verschiedenartigem Verlauf ihrer »Kurve«, kranke, genesende, gesunde und einige, die sich kaum noch an der Oberfläche des Lebens halten. Mich treffen verschiedene Blicke, halb erloschene, verschleierte, ohne Ausdruck, dann wieder eigensinnige und schmerzlich gesammelte, lebendige, herzliche, herausfordernde. Ihr Begrüßungslächeln ist spontan, freundlich; oder es löst sich erst nach einem Moment aufmerksamer Beobachtung, als Antwort auf mein Lächeln und ein zärtliches, aufmunterndes Wort.
Was mir anfänglich als zufällig erschien, wiederholt sich im Verlauf vieler Tage. Ich notiere, unterscheide vertrauensvolle und mißtrauische, gleichmütige und launische, heitere und düstere, unsichere, erschrockene und ablehnende Kleinkinder.
Ein ständig heiteres: Es lächelt vor und nach dem Trinken;

ob man es aufweckt, ob es in tiefem Schlafe liegt – es hebt die Lider, lächelt und schläft wieder ein. Ein immer grämliches: Unruhig, dem Weinen nah, begrüßt es mich und hat in drei Wochen nur einmal flüchtig gelächelt . . .
Ich untersuche seinen Rachen. Lebhafter, stürmischer, leidenschaftlicher Protest. Oder auch nur ein verdrießliches Zucken, eine ungeduldige Kopfbewegung und schon wieder ein wohlwollendes Lächeln. Oder ein argwöhnisches Aufmerken auf jede Bewegung der fremden Hand, ein Zornesausbruch, noch bevor ihm etwas geschehen war . . .
Eine Massenimpfung gegen Pocken; fünfzig in der Stunde. Das ist schon ein Experiment. Wiederum bei manchen eine spontane und entschiedene, bei anderen eine stufenweise und ungewisse Reaktion, bei den dritten Passivität. Eines kommt über das Staunen nicht hinaus, das zweite wird langsam unruhig, das dritte schlägt Alarm; das eine gewinnt schnell sein Gleichgewicht wieder, das andere merkt es sich lange, kann es nicht verzeihen . . .
Man könnte sagen, das ist eben das Säuglingsalter. Doch das stimmt nur bis zu einem gewissen Grad. Die rasche Orientierung, die Erinnerung an frühere Erlebnisse. Wir kennen Kinder, die schmerzhafte Erfahrungen mit einem Chirurgen gemacht haben, wir wissen, daß es Kinder gibt, die Milch ablehnen, weil man ihnen eine weiße Emulsion mit Kampfer verabfolgt hat.
Aber haben denn seelische Äußerungen des erwachsenen Menschen andere Ursachen?

27. Das eine Kind:
Es ist zur Welt gebracht worden und hat sich bereits mit der kühlen Luft, der rauhen Windel, der Unruhe verschiedener Geräusche und der Tätigkeit des Saugens abgefunden. Es trinkt fleißig, berechnend und dreist. Schon lächelt es, lallt vor sich hin und kann seine Hände bewegen. Es wächst, untersucht seine Umgebung, krabbelt, plappert

und spricht. Wie und wann ist das vor sich gegangen? Eine heitere ungestörte Entwicklung . . .
Ein anderes Kind:
Eine Woche ist vergangen, ehe es das Saugen gelernt hat. Ein paar unruhige Nächte. Eine Woche ohne Sorgen, und dann ein ganzer Tag voll stürmischer Unruhe. Die Entwicklung geht langsam vor sich, das Zahnen ist beschwerlich. Es treten Schwankungen ein, aber nun ist alles in Ordnung: Das Kind ist friedlich, lieb, lustig.
Vielleicht ist es ein geborener Phlegmatiker, die Betreuung wird nicht überlegt gehandhabt, die Brust ist nicht leistungsfähig genug, und die Entwicklung ist dennoch glücklich.
Ein drittes Kind:
Es ist ungestüm. Fröhlich und leicht erregbar, kämpft es verzweifelt und ohne seine Energievorräte zu schonen, wenn es von unguten Eindrücken äußerlich oder innerlich bedrängt wird. Lebhafte Bewegungen, plötzliche Veränderungen, heute ganz anders als gestern. Es lernt und vergißt auch wieder. Eine Entwicklung in gebrochener Linie mit steilen Anstiegen und Abfällen. Überraschungen, angefangen von den liebenswertesten bis zu den scheinbar bedrohlichen. Man kann nie behaupten, es geschafft zu haben. Ein leicht erregbares Kind, ein Trotzkopf, ein launisches Geschöpf, vielleicht für die Zukunft wertvoll . . .
Das vierte Kind:
Wollte man die Sonnen- und die Regentage berechnen, es gäbe nicht viele heitere Stunden. Unzufriedenheit als grundlegender Charakterzug. Es gibt keinen großen Schmerz, aber unliebsame Überraschungen; es gibt keinen Lärm, aber Unruhe. Gut wäre es, wenn . . . Niemals bleiben Vorbehalte aus.
Das ist ein verletztes Kind, unvernünftig erzogen . . . Die Zimmertemperatur, hundert Gramm Milch zuviel oder hundert Gramm Trinkwasser zu wenig, das sind nicht nur

hygienische, sondern auch erzieherische Faktoren. Das kleine Kind, das so vieles zu erforschen, zu ahnen, kennenzulernen, sich anzueignen, lieb zu gewinnen und abzulehnen, vernünftig abzuwehren und zu verlangen hat, muß ein gutes Selbstgefühl besitzen, unabhängig von seinem angeborenen Temperament, seiner schnellen oder trägen Intelligenz.

Statt des aufdringlichen Neologismus »osesek« (Säugling) gebrauche ich das alte Wort »niemowlę« (Kleinkind, das noch nicht sprechen kann). Die Griechen sagten »népios«, die Römer »infans«. Wenn es die polnische Sprache so wollte, warum dann das häßliche deutsche Wort »Säugling« übersetzen. Man sollte im Wörterbuch alter und wichtiger Ausdrücke nicht ohne sorgfältige Überlegung herumwirtschaften.

28. Die Sehkraft. Licht und Finsternis, Nacht und Tag. Schlafen – etwas kaum Wahrnehmbares geschieht; Wachen – die Regungen werden kräftiger; etwas Gutes (die Mutterbrust), etwas Böses (der Schmerz). Das Neugeborene blickt die Lampe an. Nein, es sieht noch nicht, die Augäpfel gehen in verschiedene Richtungen auseinander und kommen wieder zusammen. Später, wenn es einen langsam bewegten Gegenstand mit seinem Blick verfolgt, fixiert es ihn und verliert ihn jeden Augenblick wieder aus den Augen.

Konturen von Schatten, der Aufriß erster Linien, und alles noch ohne Perspektive. Die Mutter, einen Meter entfernt, ist schon ein ganz anderer Schatten, als wenn sie sich nahe über das Bettchen beugt. Das Profil des Gesichtes wie eine Mondsichel, nur das Kinn und der Mund, wenn sie ihr Kind von unten betrachtet, dasselbe Gesicht, diesmal mit den Augen, wenn sie kniet, und wieder anders, auch das Haar ist zu sehen, wenn sie sich noch weiter herabbeugt. Aber Gehör und Geruch sagen, daß es dasselbe ist.

Die Brust, eine helle Wolke, wohlschmeckend, duftend, Wärme und Güte. Das Kind läßt die Brust fahren und schaut, prüft mit seinen Blicken dieses sonderbare Etwas, das ständig über der Brust zu sehen ist, woher die Laute kommen und der warme Strom des Atems weht. Das Kleine weiß nicht, daß Brust, Gesicht und Hände eine Einheit bilden – die Mutter.

Ein Fremder streckt die Hände aus. Getäuscht durch die vertraute Gebärde, das Bild, läßt es sich gern auf den Arm nehmen. Jetzt erst bemerkt es seinen Fehler. Diesmal entfernen es die Hände von dem vertrauten Schatten, führen es zu etwas Fremdem, Furchterweckendem hin. Spontan wendet es sich der Mutter zu, und, wieder in Sicherheit, schaut verwundert oder versteckt sich hinter der Schulter der Mutter, um der Gefahr zu entrinnen.

Endlich ist das Gesicht der Mutter nicht mehr nur ein Schatten, den man mit den Händchen untersucht. Das Kleine hat schon oft nach ihrer Nase gegriffen, das sonderbare Auge berührt, das abwechselnd aufblitzt und dann wieder unter der Hülle des Lides matt schimmert; es hat das Haar betastet. Und wer hat noch nicht gesehen, wie es die Lippen zurückschiebt, die Zähne betrachtet, in den Mund blickt, gesammelt, ernst, mit einer tiefen Stirnfalte. Nur daß es dabei durch törichtes Geplapper, Küsse, allerlei Späße gestört wird – wir sprechen dann vom »Zeitvertreib« des Kindes. Wir aber sind es, die spielen, das Kleine studiert. Es kennt bereits Axiome, Hypothesen und Probleme im Verlauf seiner Forschungen.

29. Das Gehör. Vom Straßenlärm hinter den Fensterscheiben, dem Widerhall weit entfernter Geräusche, dem Ticken der Uhr, Gesprächen und Gepolter bis zu den unmittelbar an das Kind gerichteten Flüsterworten bildet das alles ein Chaos von Reizen, das es unterscheiden und verstehen lernen muß.

Hier seien noch die Laute erwähnt, die das Kleine selbst hervorbringt, der Schrei also, das Plappern und Brummeln.

Bis es begreift, daß es selbst und kein Unsichtbarer vor sich hin lallt und schreit, vergeht viel Zeit. Wenn es daliegt und sein »Aba, abb, ada« sagt, horcht es und prüft die Empfindungen beim Bewegen der Lippen, der Zunge, des Kehlkopfes. Ohne über sich selbst Bescheid zu wissen, stellt es nur die willkürliche Hervorbringung dieser Laute fest.
Wenn ich das Kind in seiner eigenen Sprache anrede, »aba, abb, ada«, betrachtet es mich erstaunt – ein geheimnisvolles Wesen, das ihm wohlbekannte Laute hervorbringt.
Wenn wir uns tiefer in die Art des Bewußtseins eines Kleinkindes hineinversetzten, würden wir weit mehr darin finden, als wir meinen – nur nicht das und nicht so, wie wir es annehmen. Armes Purzelchen, hungriges Kleines, armes, will es Breichen haben, will es Mili. Das Kleine versteht das gut, es wartet darauf, daß seine Ernährerin die Bluse öffnet und ihm ein Tüchlein unters Kinn gelegt wird, es wird unruhig, wenn sich die Erfüllung seiner Erwartung verzögert. Und doch hat die Mutter diese ganze lange Tirade an sich selbst, nicht an das Kind gerichtet. Es würde sich eher die Laute einprägen, mit denen eine Hausfrau das Geflügel herbeilockt: »Tschip, tschip.«
Das Kleine denkt in den Kategorien der Erwartung angenehmer Empfindungen und der Furcht vor unliebsamen Eindrücken; daß es nicht nur in Bildern, sondern auch in Lauten denkt, kann man aus dem alarmierenden Charakter des Schreiens ablesen: Ein Schrei kündet Unheil an oder setzt automatisch den Apparat in Bewegung, der Unzufriedenheit ausdrückt. Betrachtet doch einmal aufmerksam ein Kleinkind, wenn es jemanden weinen hört.

30. Das Kleine gibt sich alle Mühe, die Außenwelt zu beherrschen: Es will die schlechten feindlichen Mächte in seiner Umgebung niederkämpfen und die guten, fürsorglichen Geister dazu zwingen, seinem Wohlbefinden zu dienen. Das Kleinkind kennt zwei Zauberformeln, deren es

sich bedient, bevor es das dritte wunderbare Werkzeug seines Willens erobert: die eigenen Hände. Diese beiden Zauberformeln heißen: schreien und saugen.

Wenn das Kleine anfangs schreit, *weil* ihm etwas weh tut, so lernt es auch bald zu schreien, *damit* ihm nichts weh tun soll. Alleingelassen, weint es, aber es beruhigt sich wieder, wenn es die Schritte der Mutter hört; es will trinken und weint, aber es hört auf zu weinen, wenn es bemerkt, daß die Mutter sich anschickt, es zu stillen.

Es disponiert im Bereich seiner Kenntnisse (es sind nur wenige) und der verfügbaren Mittel (sie sind erst schwach entwickelt). Es begeht Fehler, indem es einzelne Erscheinungen verallgemeinert und aufeinanderfolgende Vorgänge als Ursache und Wirkung miteinander verbindet (post hoc, propter hoc[1]). Ob die Aufmerksamkeit und Sympathie für seine Schuhe nicht darauf zurückzuführen sind, daß es den Schuhen seine Fähigkeit zu gehen zuschreibt? Ebenso ist das Mäntelchen jener Zauberteppich aus dem Märchen, der es in die Welt der Wunder hineinführt, zum Spazierengehen.

Auch ich habe das Recht, so etwas anzunehmen. Wenn ein Literaturhistoriker das Recht hat, Spekulationen darüber anzustellen, was Shakespeare beabsichtigte, als er seinen Hamlet schuf, so darf ein Pädagoge Vermutungen wagen, die sogar fehlerhaft sein können, ihm aber doch praktische Ergebnisse vermitteln.

Das sieht so aus:

Im Zimmer ist es schwül. Das Kind hat trockene Lippen, nur wenig und obendrein dickschleimigen Speichel, es ist mißmutig. Milch ist ein Nahrungsmittel, aber es ist durstig, also muß man ihm Wasser geben. Doch »es will nicht

[1] Post hoc (ergo) propter hoc (lat.) – wörtlich: »danach, also infolgedessen«. Eine philosophische Formel, die den Trugschluß bezeichnet, daß von zwei wahrgenommenen Ereignissen das erste zwingend die Ursache des zweiten ist.

trinken«: Es wendet das Köpfchen weg und schlägt den Löffel aus der Hand. Es möchte wohl trinken, kann es aber noch nicht. Wenn es die erwünschte Flüssigkeit auf seinen Lippen spürt, wirft es seinen Kopf herum und sucht nach der Brustwarze. Ich halte sein Köpfchen mit der linken Hand fest und halte den Löffel an seine Oberlippe.

Es trinkt nicht, sondern es saugt das Wasser ein, gierig hat es fünf Löffelchen Wasser zu sich genommen und ist dann eingeschlafen. Wenn ich ihm aber ein- oder zweimal Flüssigkeit ungeschickt mit dem Löffel gebe, verschluckt es sich und wird verdrießlich, und dann will es wirklich nicht mehr von dem Löffel trinken.

Ein anderes Beispiel:

Ein ständig mißmutiger, unzufriedener Säugling beruhigt sich an der Brust, beim Wickeln und Baden und bei einer öfteren Änderung seiner Lage. Dieser Säugling hat einen juckenden Ausschlag. Man sagt mir, davon sei nichts zu sehen. Aber er wird mit Sicherheit in Erscheinung treten. Und tatsächlich – nach zwei Monaten ist der Ausschlag da.

Ein drittes Beispiel:

Das Kind lutscht an seinen Händen, wenn ihm etwas wehtut, alle unangenehmen Empfindungen, also auch die Unruhe ungeduldiger Erwartung, möchte es mit dem wohltätigen, vertrauten Lutschen befriedigen. Es saugt an seinen Fäustchen, wenn es hungrig oder durstig ist, wenn es überfüttert ist, wenn es einen üblen Geschmack im Mund verspürt, wenn es Schmerzen hat, wenn ihm zu warm ist oder wenn Haut oder Gaumen jucken. Wo liegt der Grund, daß der Arzt ankündigt, es werde nun zahnen, weil das Kleine schon einen lästigen Druck im Kiefer oder im Gaumen verspürt, obwohl die Zähne noch wochenlang auf sich warten lassen? Reizt nicht ein durchbrechender Zahn die kleinen Nervenverästelungen schon im Knochen selbst? Hier sei bemerkt, daß ein Kalb ähnliche Schmerzen leidet, bevor ihm die Hörner wachsen. Auch hier die gleiche

Erscheinung: der Sauginstinkt, die Saugbewegungen, um den Schmerz zu mindern, und das Saugen als Vergnügen und Gewohnheit.

31. Ich betone: Grundton und Inhalt des psychischen Lebens eines Kleinkindes ist das Bestreben, die unbekannten Elemente, die Geheimnisse seiner Umwelt zu beherrschen, aus denen Gutes und Böses hervorgeht.
Mit der Betätigung dieses Willens ist ein starker Wissensdrang verbunden.
Ich betone: Ein ausgewogenes Wohlbefinden erleichtert ein objektives Erkennen, alle unangenehmen Empfindungen, die aus seiner inneren Verfassung kommen, also in erster Linie Schmerzen, beeinträchtigen sein noch ungefestigtes Bewußtsein. Um sich davon zu überzeugen, muß man es im gesunden Zustand, bei Schmerzen und in Krankheitszeiten beobachten.
Wenn es Schmerzen empfindet, schreit das Kleine nicht nur, sondern es hört auch den Schrei, verspürt ihn in der Kehle, erblickt ihn durch die halbgeschlossenen Lider hindurch in verschwommenen Bildern. Das alles ist mächtig, feindselig, bedrohlich, unfaßbar. Es muß sich dieser Augenblicke wohl gut erinnern und sie fürchten; und weil es sich selbst noch nicht kennt, verbindet es sie mit jenen Zufallsbildern. Hier liegt gewiß die Ursache für manche unverständlichen Sympathien, Antipathien, Befürchtungen und Wunderlichkeiten in den Reaktionen eines Kleinkindes.
Die intellektuelle Entwicklung eines Kleinkindes zu ergründen, ist unendlich schwierig, denn es lernt immer Neues und vergißt das Gelernte: Es ist eine Entwicklung in vielen Phasen, die mit Stillständen und Rückschritten verbunden ist. Vielleicht spielt das nicht genug entwickelte Selbstgefühl dabei eine wichtige Rolle – vielleicht sogar die wichtigste.
Das Kleine untersucht seine Hände. Es streckt sie aus, be-

wegt sie nach rechts und nach links, von sich fort und wieder zurück, spreizt die Finger, ballt sie zur Faust, spricht zu ihnen und wartet auf eine Antwort, ergreift mit der rechten die linke Hand und zieht, nimmt die Klapper und betrachtet das sonderbar veränderte Aussehen der Hand, legt das Spielzeug aus einer Hand in die andere, steckt es prüfend in den Mund, nimmt es sofort wieder heraus und besieht es sich, gemächlich und aufmerksam. Es wirft die Klapper weg, zieht an einem Knopf der Bettdecke und untersucht die Ursache des soeben erfahrenen Widerstandes. Es spielt nicht etwa, seht doch einmal richtig hin und gebt auf die Willensanstrengung acht, etwas zu erkennen! Das ist ein Gelehrter in seinem Laboratorium, in eine sehr wichtige Frage vertieft, deren Lösung sich seinem Verständnis entzieht. Das kleine Kind tut anfangs seinen Willen durch Schreien kund, später durch das Mienenspiel seines Gesichtes und durch Gesten seiner Hände und endlich durch die Sprache.

32. Früher Morgen, sagen wir fünf Uhr.
Das Kleine ist fröhlich aufgewacht, plappert, greift mit seinen Händchen hierhin und dorthin, richtet sich auf, stellt sich hin. Die Mutter will noch schlafen.
Ein Konflikt zwischen zwei Wünschen, zwei Bedürfnissen, zwei widerstreitenden Egoismen; die dritte Phase desselben Prozesses: Die Mutter leidet Schmerzen, und das Kind wird zur Welt gebracht; die Mutter möchte sich nach der Geburt ausruhen, das Kind fordert Nahrung; die Mutter will schlafen, das Kind möchte wach sein; so wird das weitergehen. Das ist keine Bagatelle, sondern ein Problem; steh doch zu deinen eigenen Gefühlen und sag, wenn du dein Kind einer bezahlten Pflegerin übergibst, eindeutig: »Ich will nicht« – auch wenn dir der Arzt bestätigt hat, daß du nicht kannst. Das sagt er nämlich immer in der Beletage, niemals aber im Dachgeschoß.

Es kann auch so sein: Die Mutter opfert dem Kind ihren Schlaf, aber sie fordert dafür ihren Lohn; sie küßt und liebkost das warme, rosige, zarte kleine Wesen und drückt es an sich. Nimm dich in acht: Das ist ein zweifelhafter Akt exaltierter Sinnlichkeit, verdeckt, aber auf der Lauer liegend in der Mutterliebe, nicht des Herzens, sondern des Leibes. Wisse, das Kind wird sich gern an dich schmiegen, errötet von hundert Küssen, mit freudig glänzenden Augen, und das bedeutet, daß deine Erotik einen Widerhall in ihm gefunden hat.

Also sollte man darauf verzichten? Das kann ich nicht verlangen, weil ich vernünftig dosierte Liebkosungen für einen wertvollen Erziehungsfaktor halte; ein Kuß lindert den Schmerz, er nimmt einem Wort der Ermahnung die Schärfe, er weckt Reue und belohnt für Bemühungen – er ist ebenso ein Symbol der Liebe, wie das Kreuz ein Symbol des Glaubens ist, und er wirkt auch so; ich meine, er ist es, und nicht, daß er es sein sollte. Im übrigen jedoch, wenn dieser seltsame Wunsch, das Kind an sich zu drücken, zu streicheln, seinen Atem zu spüren und ganz in sich aufzunehmen, keinen Einwand in dir hervorruft, dann gib ihm nach. Ich verbiete nichts, noch schreibe ich etwas vor.

33. Wenn ich einem Kind zuschaue, wie es eine Schachtel öffnet und schließt, ein Steinchen hineinlegt und wieder herausnimmt, sie schüttelt und dem Geräusch nachlauscht; wenn ein Einjähriges sein Tischchen hinter sich her zieht oder unter einer Last auf unsicheren Beinchen schwankt; wenn ein Zweijähriges, dem man bedeutet, eine Kuh sei eine »muu«, dem hinzufügt: »ada-muu«, und »ada« der Name des Haushundes ist – dann begeht es sprachliche Fehler von höchster Logik, die man sich merken und veröffentlichen sollte.

Wenn ich unter dem Kram eines Kindes Nägel, Schnüre, Läppchen, Glasscherben bemerke, weil man das brauchen

kann, um hundert Vorhaben auszuführen; wenn man ausprobiert, wer weiter springt, arbeitet, sich tummelt, um ein gemeinsames Spiel zu organisieren, wenn eins fragt, »ob ich wohl im Kopf ein ganz kleines Bäumchen habe, wenn ich an einen Baum denke«; wenn es einem alten Manne nicht einen Dreier gibt, um dafür gelobt zu werden, sondern sechsundzwanzig Groschen, sein ganzes Vermögen, »denn der Mann ist schon so alt und arm und wird bald sterben«. Wenn ein Halbwüchsiger seinen Schopf mit Spucke glättet, weil die Freundin seiner Schwester kommt; wenn mir ein Mädchen schreibt, die Welt sei nichtswürdig, und die Menschen glichen Tieren, und sie verschweigt das Warum; wenn ein Jüngling stolz einen aufrührerischen, reichlich abgedroschenen und überholten Gedanken wie eine Herausforderung von sich gibt . . .
Oh, ich liebkose diese Kinder mit meinen Blicken, mit meinen Gedanken und der Frage: Wer seid ihr, wunderbares Geheimnis, und was ist in euch verborgen? Ich komme ihnen entgegen: Womit kann ich euch helfen? Ich küsse sie so, wie ein Astronom einen Stern küßt, der war, der ist und der sein wird. Dieser Kuß sollte die Mitte halten zwischen der Ekstase des Gelehrten und einem demütigen Gebet; wer auf der Suche nach der Freiheit im Getümmel Gott verloren hat, der wird dessen Zauber nie erfahren.

34. Das Kind spricht noch nicht. Wann wird es damit beginnen?
Das Sprechen ist zwar ein Maßstab für die Entwicklung des Kindes, aber weder der einzige noch der wichtigste. Das ungeduldige Warten auf das erste Wort ist ein Fehler, ein Beweis für mangelnde erzieherische Reife der Eltern.
Wenn ein Neugeborenes im Badewasser zusammenzuckt und mit den Händchen herumfährt, weil es das Gleichgewicht verloren hat, dann sagt es: »Ich habe Angst.« Und diese Reflexbewegung der Furcht bei einem Wesen, das

von Gefahr noch nichts weiß, ist höchst bemerkenswert. Du gibst ihm die Brust – es nimmt sie nicht und sagt dir damit: »Ich will nicht.« Es streckt die Hände aus nach einem begehrten Gegenstand: »Gib mir's.« Mit weinerlichem Mund und abwehrenden Bewegungen sagt es zu einem Fremden: »Ich trau' dir nicht«, und manchmal fragt es die Mutter: »Kann man ihm wohl trauen?«

Was besagt der forschende Blick eines Kindes anderes als die Frage: »Was ist das?« Es langt nach einem Gegenstand, bekommt ihn mit großer Mühe zu fassen, seufzt tief auf, und mit diesem Seufzer der Erleichterung sagt es: »Endlich!« Versuch einmal, diesen ihm wieder wegzunehmen. Auf mancherlei Weise wird es dir sagen: »Ich gebe ihn nicht wieder her.« Es hebt das Köpfchen, setzt sich hin, steht auf: »Ich hab' zu tun.« Was bedeuten seine lachenden Augen und der lachende Mund anderes als dies: »Ach, wie geht's mir gut!«

Es spricht in der Sprache des Mienenspiels, in der Sprache von Bildern und von Gefühlserinnerungen.

Die Mutter zieht ihm das Mäntelchen an, es freut sich, wendet sich zur Tür, wird ungeduldig und drängt zur Eile. Es denkt in den Bildern des Spaziergangs und in der Erinnerung dabei erlebter Gefühle. Das Kind ist dem Arzt freundlich gesonnen; sobald es aber den Löffel in seiner Hand erblickt, erkennt es in ihm den Feind.

Es versteht nicht die Sprache der Worte, sondern die des Mienenspiels und die der Klangfarbe einer Stimme.

»Wo hast du dein Näschen?«

Ohne einen dieser drei Ausdrücke zu verstehen, weiß es aus der Stimmlage, der Bewegung der Lippen und dem Gesichtsausdruck zu entnehmen, daß man von ihm eine ganz bestimmte Antwort erwartet.

Das Kind weiß ein sehr kompliziertes Gespräch zu führen, ohne sprechen zu können.

»Laß das«, sagt die Mutter.

Trotzdem langt es nach dem verbotenen Gegenstand, neigt anmutig das Köpfchen, lächelt, wartet ab, ob die Mutter das Verbot in strengerem Ton wiederholt oder ob sie – durch die raffinierte Koketterie entwaffnet – nachgibt.
Ohne ein einziges Wort zu sagen, vermag es zu lügen, schamlos zu lügen. Um eine unerwünschte Person loszuwerden, gibt es das verabredete Zeichen, das Warnsignal, und wenn es auf dem bewußten Topf Platz genommen hat, blickt es triumphierend und spöttisch auf seine Umgebung.
Wenn du versuchst, es zu necken, indem du ihm einen Gegenstand, den es haben will, gibst und wieder wegnimmst, so wird es nicht immer ärgerlich werden und nur manchmal beleidigt sein.
Das Kleine kann auch ohne Worte ein Despot sein, einem aufdringlich zusetzen und seine Umgebung tyrannisieren.

35. Wenn der Arzt fragt, wann das Kind zu sprechen und zu laufen angefangen hat, gibt die verlegene Mutter sehr häufig schüchtern die ungenaue Antwort:
Zeitig, spät, normal.
Sie meint, das Datum einer so wichtigen Tatsache müsse genau sein, und jeder Zweifel werfe in den Augen des Arztes ein schlechtes Licht auf sie. Ich erwähne das zum Beweis, wie unpopulär im allgemeinen das Bewußtsein ist, daß selbst eine streng wissenschaftliche Beobachtung nur mit Mühe eine annähernd richtige Entwicklungslinie des Kindes anzugeben vermag, und wie allgemein verbreitet der törichte Wunsch ist, diese Unkenntnis zu verbergen.
Wie kann man erkennen, wann das Kind anstatt »am, an und ama« zum erstenmal »mama«, anstatt »abba« »baba« (Großmutter) gesagt hat? Wie läßt sich bestimmen, wann die Bezeichnung »mama« in seiner Vorstellung mit dem Bilde der Mutter und nicht einem anderen eng verbunden ist?
Das Kind rutscht auf den Knien, es steht, wenn man es festhält oder es sich selbst auf die Bettkante stützt, es hält

sich aufrecht ohne fremde Hilfe, es hat ein paar Schritte auf dem Fußboden und viele in der Luft gemacht, es schiebt sich vorwärts, kriecht, robbt, schiebt einen Stuhl vor sich her, ohne das Gleichgewicht zu verlieren, es wird immer sicherer, bis es richtig laufen kann. Und urplötzlich – gestern noch, die ganze Woche, ist es gelaufen, und nun kann es das nicht mehr. Es mag nicht mehr, hat die Lust verloren. Es ist hingefallen und hat sich erschreckt, nun ist es ängstlich – zwei Wochen Pause.

Wenn das Köpfchen kraftlos auf die Arme der Mutter sinkt, so ist das kein Zeichen für ein schweres Leiden, sondern für jede Art von Unpäßlichkeit.

Das Kind ähnelt in jeder neuen Phase seiner Bewegungen einem Pianisten, der ein gutes Selbstgefühl haben und vollkommen ausgeglichen sein muß, um eine schwierige Komposition spielen zu können. Manchmal »fühlte sich das Kind schon nicht wohl, aber es gab nicht nach und lief vielleicht noch mehr herum, spielte und sprach«; hier folgt nun die Selbstanklage: »Ich dachte also, daß ich mir nur eingebildet hatte, ihm sei nicht gut; also ging ich mit ihm spazieren«; als Rechtfertigung: »es war so schönes Wetter«, und die Frage: »hat ihm das wohl schaden können?«

36. Wann sollte ein Kind laufen und sprechen? Dann, wenn es läuft und spricht. Wann sollten die Zähnchen durchbrechen? Eben dann, wenn sie sich zeigen. Auch die Fontanelle sollte dann zuwachsen, wenn sie sich von selbst schließt. Und das Kind sollte so lange schlafen, bis es ausgeschlafen ist. Wir wissen doch, wann das der Fall ist. In jeder populärwissenschaftlichen Broschüre sind, aus dickleibigen Handbüchern übertragen, diese kleinen Wahrheiten enthalten, die für Kinder im allgemeinen gelten, für ein Kleinkind jedoch sich gerade als falsch erweisen können.

Denn es gibt Kleinkinder, die mehr, und andere, die weniger Schlaf brauchen, es gibt ein frühzeitiges Zahnen, bei

dem die Zähnchen schon beim Durchbrechen schlecht sind, und gesunde, kräftige, intakte, aber spät durchbrechende Zähne gesunder Kinder; die Fontanelle wächst bei gesunden Kindern schon im neunten oder auch erst im vierzehnten Monat ihres Lebens zu; Dummerchen fangen manchmal früher zu babbeln an, kluge Kinder sprechen bisweilen erst sehr spät.
Droschkennummern, Sitzreihen im Theater, Mietzahlungstermine, alles, was Menschen zur Aufrechterhaltung ihrer Ordnungen erdacht haben, kann beachtet und eingehalten werden; wer aber mit seinem nach Polizeiverordnungen erzogenen Verstand zu dem lebendigen Buch der Natur greifen wollte, auf den stürzt eine ganze Last von Beunruhigungen, Enttäuschungen und Überraschungen herein. Ich rechne es mir als Verdienst an, daß ich auf die zuvor gestellten Fragen nicht mit einer Reihe von Klischees, die ich als kleine Wahrheiten bezeichnete, geantwortet habe. Denn es ist unwichtig, ob die oberen oder die unteren, die Schneide- oder die Backenzähne zuerst durchbrechen. Das kann jeder beobachten, der einen Kalender und Augen im Kopf hat; was aber ein lebendiger Organismus ist und wessen er bedarf, das ist eine große Wahrheit, die sich erst im Laufe der Zeit, aus Beobachtungen ergibt.
Selbst untadelige Ärzte müssen ihr Verhalten variieren: Verständigen Eltern gegenüber sind sie Naturwissenschaftler, haben ihre Zweifel, Vermutungen, schwierigen Probleme und interessanten Fragen; unvernünftigen Eltern treten sie als wortkarge Vorgesetzte entgegen: So und nicht anders und genau nach dem Buchstaben muß es geschehen. »Alle zwei Stunden einen Teelöffel. Ein Ei, ein halbes Glas Milch und zwei Biskuits.«

37. Achtung! Entweder wir verständigen uns jetzt oder wir trennen uns für immer. Jeder Gedanke, der sich heimlich davonstehlen und verbergen will, jedes sich selbst überlas-

sene, ungebundene Gefühl sollte zur Ordnung gerufen und durch den gebietenden Willen gezügelt werden.
Ich fordere die Magna Charta Libertatis[1] als ein Grundgesetz für das Kind. Vielleicht gibt es noch andere – aber diese drei Grundrechte habe ich herausgefunden:
1. Das Recht des Kindes auf seinen Tod.
2. Das Recht des Kindes auf den heutigen Tag.
3. Das Recht des Kindes, so zu sein, wie es ist.
Man muß die Kinder kennen, um bei der Gewährung dieser Rechte möglichst wenig falsch zu machen. Irrtümer müssen sein. Seien wir nicht ängstlich: Das Kind selbst wird sie mit erstaunlicher Wachsamkeit korrigieren, wenn wir seine unschätzbaren Fähigkeiten und mächtigen Abwehrkräfte nicht schwächen.
Wir haben ihm zuviel oder Ungeeignetes zu essen gegeben: zuviel Milch – ein nicht mehr frisches Ei – es hat erbrochen. Wir haben ihm ein unverdauliches Wissen zu vermitteln versucht – es hat es nicht begriffen; einen nutzlosen Rat gegeben – es hat ihn nicht verstanden und ihn nicht befolgt. Es ist keine leere Phrase, wenn ich sage: Zum Glück für die Menschheit können wir Kinder nicht dazu zwingen, erzieherischen Einflüssen und didaktischen Anschlägen auf ihren gesunden Menschenverstand und ihren Willen nachzugeben.
Es hatte sich bei mir noch nicht die Einsicht herausgebildet und bestätigt, daß es das erste und unbestreitbare Recht des Kindes ist, seine Gedanken auszusprechen und aktiven Anteil an unseren Überlegungen und Urteilen über seine Person zu nehmen. Wenn wir ihm Achtung und Vertrauen entgegenbringen und wenn es selbst Vertrauen hat und sich ausspricht, wozu es das Recht hat – wird es weniger Zweifel und Fehler geben.

[1] Magna Charta Libertatum (lat.) – Große Charta der Freiheiten; Privilegium, das vom Schwertadel und der Geistlichkeit Johann ohne Land 1215 abgenötigt wurde; Grundlage des englischen Parlamentarismus.

38. Die heiße, einsichtige und ausgeglichene Liebe der Mutter zu ihrem Kinde muß diesem das Recht auf einen frühzeitigen Tod zugestehen, das Recht zur Beendigung seines Lebenslaufes nicht nach sechzig Umdrehungen der Erde um die Sonne, sondern nach einem oder auch nur drei Frühjahren. Ein grausames Ansinnen an jene, die Mühen und Kosten eines Kindbettes nicht öfter als ein- oder zweimal auf sich nehmen wollen.

»Der Herr hat's gegeben – der Herr hat's genommen«, sagt das natürlich empfindende, einfache Volk, das weiß, daß nicht jedes Samenkorn eine Ähre hervorbringt, nicht jedes Küken lebensfähig zur Welt kommt, nicht jeder Setzling zu einem Baum heranwächst.

Die Meinung besteht, daß eine um so kräftigere Generation am Leben bleibt und heranwächst, je größer die Kindersterblichkeit unter dem Proletariat ist. Nein, die schlechten Lebensbedingungen, die schwachen Kindern den Tod bringen, schwächen auch die kräftigen und gesunden. Wahr scheint mir dagegen zu sein, daß ein Kind um so ungünstigere Bedingungen für seine körperliche und geistige Entwicklung vorfindet, je mehr eine Mutter aus vermögenden Kreisen durch den Gedanken an einen möglichen Tod des Kindes erschreckt wird. Wie oft habe ich in einem mit weißer Ölfarbe gestrichenem Zimmer inmitten von weißlackierten Möbeln, weiß gekleidet und von weißem Spielzeug umgeben ein blasses Kind gesehen, und ich habe dabei quälend empfunden: In diesem unkindlichen Zimmer, das eher einem Operationssaal gleicht, muß ja eine blutleere Seele in einem blutarmen Körper heranwachsen.

»In diesem weißen Salon mit elektrischen Lampen in jeder Ecke muß man ja epileptisch werden«, sagt Claudine[1]. Vielleicht weisen exaktere Untersuchungen nach, daß ein zuviel an hellem Licht für Nerven und Gewebe ebenso schäd-

[1] Claudine: Titelheldin von Erzählungen der französischen Schriftstellerin Sidonie-Gabrielle Colette.

lich wie der Lichtmangel in einem düsteren Souterrain ist. Wir verfügen (in der polnischen Sprache) über zwei Ausdrücke für den Begriff »Freiheit«: »swoboda« (Ungebundenheit) und »wolność« (Autonomie). »Swoboda«, so meine ich, bezeichnet ein Besitzverhältnis: Ich verfüge über meine Person. In »wolność« aber ist als Wurzel »wola« (der Wille) enthalten, also die aus Willensdrang geborene Tat. Unsere Kinderzimmer mit ihren symmetrisch gestellten Möbeln, unsere blankgefegten städtischen Gärten sind weder der Ort, wo sich die »swoboda« offenbaren könnte, noch die Werkstatt, in welcher der aktive Wille des Kindes die Mittel zu seiner Verwirklichung fände.

Das Zimmer für das Kleinkind hat sich aus der Entbindungsklinik entwickelt, und diese ist nach den Vorschriften der Hygiene eingerichtet. Achten wir darauf, daß wir das Kind in dem Bestreben, es vor Diphtheriebakterien zu schützen, nicht in die muffige Atmosphäre von Langeweile und Willenlosigkeit versetzen. Der üble Geruch von getrockneten Windeln ist heute kaum noch anzutreffen; aber der Geruch des Jodoforms ist oft zu verspüren.

Vieles hat sich hier verändert. Nicht allein weißlackierte Möbel, sondern auch Badestrand, Ausflüge, Sport, Scouting. Es ist erst ein Anfang. Etwas weniger Bindung, aber das Kinderleben ist immer noch bedrückt und bedrängt.

39. Kuku, armes Pummelchen, wo hast du dein Wehweh? Das Kind sucht angestrengt nach den kleinsten Spuren von alten Kratzern, zeigt auf die Stelle, wo ein blauer Fleck sein könnte, wenn es sich stärker gestoßen hätte; es bringt es zu einer gewissen Meisterschaft, wenn es darum geht, Pickel, Hautflecke und Narben aufzufinden.

Wenn jedes »Wehweh« im Ton, in der Gebärde und dem Mienenspiel hilfloser Ratlosigkeit und hoffnungsloser Resignation begleitet wird, so verbindet sich das »Pfui, wie häßlich« mit dem Ausdruck des Abscheus und des Ekels.

Man muß nur einmal zuschauen, wie ein Kind seine mit Schokolade beschmierten Händchen von sich streckt, seinen ganzen Widerwillen und seine Ratlosigkeit mit ansehen, bis die Mutter sie mit ihrem Batisttüchlein wieder sauber wischt – und man wird die Frage stellen:
»Wäre es nicht besser, das Kind würde dem Stuhl eine Ohrfeige geben, wenn es sich an ihm gestoßen hat; und wenn es beim Waschen Seife in die Augen bekommt, spucken und nach dem Kindermädchen mit den Füßen stoßen? . . .«
Die Tür – es quetscht sich den Daumen; das Fenster – es lehnt sich hinaus und fällt; ein Obstkern – es bekommt keine Luft mehr; ein Stuhl – es kippt ihn um und gerät unter ihn; ein Messer – es verletzt sich schwer; ein Stock – es sticht sich ein Auge aus; es hat eine Schachtel aufgehoben – es infiziert sich; ein Streichholz – Feuer, es verbrennt sich.
»Du wirst dir die Hand brechen, man wird dich überfahren, der Hund wird dich beißen. Iß keine Pflaumen, trink kein kaltes Wasser, geh nicht barfuß, lauf nicht in der brennenden Sonne herum, knöpf den Mantel zu, bind den Schal um. Siehst du, warum hast du nicht gefolgt. Nun mußt du hinken, nun tun dir die Augen weh. Um Gottes willen! Du blutest ja! Wer hat dir denn die Schere gegeben?«
Ein Schlag verursacht nicht nur eine Beule, sondern läßt auch eine Gehirnentzündung befürchten, Erbrechen zeugt nicht von der Unverdaulichkeit einer Mahlzeit, sondern weist auch auf eine nahende Scharlacherkrankung hin. Überall lauern Fallen und Gefahren, alles ist bedrohlich und unheilverkündend.
Und wenn nun ein Kind das alles glaubt und nicht heimlich ein Pfund unreife Pflaumen ißt oder irgendwo in einem Winkel – mit klopfendem Herzen – mit Streichhölzern spielt, nachdem es die Wachsamkeit der Erwachsenen eingeschläfert hat, wenn es gehorsam, passiv und vertrauensvoll sich der Forderung unterwirft, jeder Erfahrung aus

dem Wege zu gehen, jedem Wagnis zu entsagen und die Mühen jeder Willensregung zu vermeiden, was wird es dann tun, wenn es in seinem Inneren etwas verspürt, was verwundet, brennt und beißt?
Habt ihr eine feste Vorstellung davon, wie man ein Kind vom ersten Lebensjahr an über die verschiedenen Zwischenstadien bis in die Reifezeit hinein geleiten kann, wenn das Mädchen blitzartig von der ersten Menstruation, der Junge von Erektionen und Pollutionen überfallen wird?
So ist das; noch liegt es an der Mutterbrust, und ich frage bereits, wie es zeugen und gebären wird. Das ist nämlich eine Frage, über die nachzudenken zwei Jahrzehnte nicht zu lang sind.

40. Aus Furcht, der Tod könnte uns das Kind entreißen, entziehen wir es dem Leben; um seinen Tod zu verhindern, lassen wir es nicht richtig leben. Selbst in der verderblichen Atmosphäre lähmenden Wartens auf das, was kommen soll, aufgewachsen, eilen wir ständig einer Zukunft voller Wunder entgegen. Träge, wie wir sind, wollen wir das Schöne nicht heute und hier suchen, um uns zum würdigen Empfang des morgigen Tages zu rüsten, sondern erwarten den Aufschwung ausschließlich vom Morgen. Bedeutet denn jenes: »Ach, wenn es doch schon laufen und sprechen könnte« etwas anderes als hysterisches Warten?
Es wird laufen, es wird sich an den harten Kanten von Eichenholzstühlen stoßen. Es wird sprechen, es wird mit seiner Sprache das Stroh des grauen Alltags dreschen. Warum sollte denn das »Heute« des Kindes schlechter und wertloser als sein »Morgen« sein? Wenn es um die Mühen geht – das Morgen wird ihre Zahl noch vermehren.
Und wenn dieses Morgen endlich da ist, warten wir erneut; denn die grundsätzliche Meinung, das Kind sei noch nichts, sondern es werde erst etwas, es wisse noch nichts, sondern es werde erst etwas wissen, es könne noch nichts, sondern

werde erst etwas können, zwingt uns ja zu ständigem Warten.

Die Hälfte der Menschheit ist nicht im vollen Sinne existent; ihr Leben ist ein Geschwätz, ihre Bestrebungen sind naiv, ihre Gefühle vergänglich, ihre Ansichten lächerlich. Kinder unterscheiden sich von den Erwachsenen; es fehlt etwas in ihrem Leben, und doch ist in ihrem Dasein ein unbestimmbares »Mehr« als in unserem, aber dieses von unserem Dasein unterschiedene Leben ist Wirklichkeit, nicht Einbildung. Was haben wir denn dafür getan, um es zu erkennen und die Bedingungen zu schaffen, unter denen es bestehen und reifen kann?

Das Bangen um das Leben des Kindes verbindet sich mit der Furcht, es könnte sich verletzen. Und diese Furcht wiederum ist mit der Sorge um die zur Aufrechterhaltung der Gesundheit notwendige Sauberkeit verknüpft. Hier nun wird die Laufkette der Verbote auf ein neues Schwungrad übertragen: Sauberkeit und Unversehrtheit des Kleides, der Strümpfe, der Krawatte, der Handschuhe und der Schuhe; schon geht es nicht mehr um das Loch in der Stirn, sondern um das in der Hose. Nicht Gesundheit und Wohl des Kindes, sondern unser Ehrgeiz und unser Geldbeutel spielen die Hauptrolle. Eine neue Laufkette von Verboten und Geboten setzt das Rad unserer eigenen Bequemlichkeit in Gang.

»Lauf nicht so, du gerätst noch unter die Pferde. Lauf nicht, denn du kommst ins Schwitzen. Lauf nicht, denn du machst dich schmutzig. Lauf nicht, denn mir tut der Kopf weh!«

(Und doch gestatten wir den Kindern grundsätzlich das Laufen: Es ist die einzige Lebensäußerung, die wir zulassen.)

Diese ganze monströse Maschine ist Jahr für Jahr in Gang, um den Willen zu zerstören, die Energie zu zermahlen und die Lebenskraft des Kindes in Rauch aufgehen zu lassen.

Um der Zukunft willen wird gering geachtet, was es heute erfreut, traurig macht, in Erstaunen versetzt, ärgert und interessiert. Für dieses Morgen, das es weder versteht noch zu verstehen braucht, betrügt man es um viele Lebensjahre. »Kinder und Fische haben keine Stimme. – Du hast Zeit, warte, bis du groß wirst. – Oho, hast ja lange Hosen an, du hast ja schon eine Uhr. Laß mal sehen, dir wächst ja schon der Bart.«

Und das Kind denkt:

»Ich bin nichts – aber was sind die Erwachsenen! Nun bin ich schon ein bißchen älter und immer noch nichts. Wieviel Jahre soll ich noch warten? Wenn ich nur erst erwachsen wäre . . .«

Es wartet und lebt so vor sich hin, es wartet und kann nicht frei atmen, es wartet und erwartet etwas, es wartet und schluckt seinen Speichel herunter. Die schöne Kindheit – nein, sie ist nur langweilig; und wenn es ein paar schöne Augenblicke gibt, dann sind sie ertrotzt und öfter noch erlistet.

Kein Wort vom allgemeinen Unterricht, von Dorfschulen, von Gartenstädten, von den Pfadfindern. Das war alles noch so unwirklich und hoffnungslos fern. Ein Buch lebt davon, in welchen Kategorien von Erlebnissen und Erfahrungen der Autor sich bewegt, wie sein geistiger Bereich und seine Werkstatt aussehen und wie der Nährboden seines Geistes beschaffen ist. Deshalb stoßen wir so oft auf die naiven Ansichten von Autoritäten, insbesondere der ausländischen.

41. Also sollte man alles erlauben? Durchaus nicht: Wir würden aus einem sich langweilenden Sklaven nur einen blasierten Tyrannen machen. Durch Verbote stärken wir immerhin seinen Willen, wenn auch nur in der Selbstbeherrschung und Entsagung, wir entwickeln seine Phantasie, auf engem Raume tätig zu sein, seine Fähigkeit, sich einer Kontrolle zu entziehen; und wir wecken seine Fähigkeiten zur Kritik. Auch das hat seinen Wert als eine – allerdings einseitige – Vorbereitung auf das Leben. Geben wir acht,

daß wir, indem wir alles erlauben, nicht um so nachdrücklicher die Willenskraft drosseln, je mehr wir den Gelüsten nachgeben. Hier schwächen wir den Willen, dort vergiften wir ihn.

Damit ist es nicht getan, mit diesem: »Mach, was du willst« und dem »Ich tue, ich kaufe, ich gebe dir alles, was du magst, aber fordere nur das, was ich dir geben, kaufen und für dich tun kann. Ich zahle, damit du selbst nichts unternimmst, ich zahle, damit du mir gehorchst.«

»Wenn du das Kotelett ißt, kauft dir die Mama ein Büchlein. Geh nicht hinaus, dann geb' ich dir auch Schokolade.«

Das kindliche »Gib her« und sogar die nur wortlos ausgestreckte Hand müssen auf unser »Nein« stoßen; und von diesem ersten »Du bekommst es nicht«, »das kann man nicht«, »das ist verboten« hängt ein sehr großes Stück Erziehung ab.

Die Mutter will diese Frage beiseiteschieben; sie möchte das alles – bequem und nachgiebig – lieber auf die lange Bank schieben, auf später vertagen. Sie möchte nicht wahrhaben, daß sich in der Erziehung der tragische Zusammenstoß von unbilligen, nicht realisierbaren und unreifen Wünschen mit einem auf Erfahrung beruhenden Verbot nicht vermeiden läßt; und ebensowenig kann der noch weit tragischere Zusammenprall von zwei verschiedenen Wünschen, von zwei Rechten auf einem gemeinsamen Aktionsfeld vermieden werden. Das Kind möchte eine brennende Kerze in den Mund nehmen – ich darf das nicht zulassen; es will ein Messer haben – ich fürchte, es könnte sich verletzen; es streckt die Hände nach einer Vase aus, um die es mir leid täte; es möchte mit mir Ball spielen – aber ich will ein Buch lesen. Wir müssen die Grenzen seiner und unserer Rechte abstecken.

Das Kleinkind langt nach einem Glas, die Mutter küßt die ausgestreckte Hand. Das nützt nichts, sie gibt ihm die Klapper. Und als auch das nicht weiterhilft, läßt sie das

verführerische Objekt verschwinden. Wenn nun das Kleine die Hand wegzieht, die Klapper fortwirft, mit seinen Blicken nach dem versteckten Gegenstand sucht und die Mutter ärgerlich ansieht, dann frage ich mich, wer nun recht hat: die Mutter, die ihr Kind überlistet, oder das Kind, das ihr trotzt?
Wer die Frage von Verboten und Geboten nicht gründlich durchdenkt, solange es nur wenige sind, ist verloren, sobald ihre Zahl größer wird.

42. Jędrek, das Dorfkind, kann schon laufen. Es hält sich am Türrahmen fest und steigt vorsichtig über die Schwelle aus dem Zimmer in den Hausflur. Von dort krabbelt es auf allen vieren über zwei Steinstufen ins Freie. Vor der Hütte begegnet ihm die Katze: Sie starren einander ein Weilchen an und wenden sich dann wieder ab. Jędrek stolpert über eine kleine Unebenheit, hält inne, schaut sich um. Er findet ein Stöckchen, hockt sich hin und stochert im Sand herum. Da liegt ein Stück Kartoffelschale, er steckt es zwischen die Zähne, verzieht das Mäulchen, spuckt und wirft das erdige Zeug fort. Wieder auf seinen Beinen, stößt er im Laufen mit dem Hund zusammen, der ihn rücksichtslos umwirft. Schon will er losheulen, aber nein, es fällt ihm etwas ein, und er schluchzt bloß. Die Mutter geht Wasser holen; er hält sich an ihrem Rock fest und läuft nun schon sicherer. Ein paar ältere Kinder mit einem Wägelchen; er guckt: Sie jagen ihn weg, er bleibt abseits stehen und schaut wieder hin. Zwei Hähne kämpfen miteinander, er schaut zu: Die Kinder setzen ihn in das Wägelchen, ziehen los und werfen es um. Die Mutter ruft. Das ist die erste halbe Stunde von den insgesamt sechzehn Stunden des Tages.
Niemand sagt ihm, daß er ein Kind ist; er fühlt selbst, was über seine Kräfte geht. Niemand sagt ihm, daß die Katze kratzt und daß er die Stufen noch nicht aufrecht hinabsteigen kann. Niemand erklärt ihm sein Verhältnis zu älteren

Kindern. »Je größer Jędrek wurde, desto weiter führten ihn seine Streifzüge von der Hütte weg« (Witkiewicz)[1].
Er irrt sich, macht oft Fehler; die Folge: eine Beule, eine noch größere Beule, eine Wunde.
Nun, ich will keineswegs ein Übermaß an Fürsorge durch gänzlichen Mangel an Aufsicht ersetzen. Ich weise nur darauf hin, daß ein einjähriges Dorfkind bereits lebt, während bei uns erst der herangereifte Jüngling zu leben beginnt. Aber wann denn, um Gottes willen, ist er soweit?

43. Bronek möchte die Tür öffnen. Er rückt einen Stuhl heran. Er bleibt stehen und ruht sich aus, bittet aber nicht um Hilfe. Der Stuhl ist schwer, er hat sich sehr geplagt. Jetzt zerrt er abwechselnd an dem einen und dann wieder an dem anderen Stuhlbein. Das geht langsamer, ist aber leichter. Schon steht der Stuhl ganz nahe an der Tür, Bronek meint, nun wird er die Türklinke packen können, er krabbelt hinauf und steht. Er schwankt unsicher, erschrickt, steigt herunter, schieb den Stuhl ganz dicht an die Tür, aber seitlich von der Türklinke. Der zweite mißlungene Versuch. Keine Spur von Ungeduld. Er müht sich weiter ab, nur die Ruhepausen sind länger. Zum drittenmal klettert Bronek hinauf; ein Bein hoch, ein Handgriff, und, auf sein abgewinkeltes Knie gestützt, versucht er, das Gleichgewicht zu halten; eine neue Anstrengung, die Hand umklammert die Kante, er liegt auf dem Bauch; wieder eine Pause, er wirft den Körper vor, kniet, verfängt sich mit den Beinen in seinem Kittelchen, befreit sie und steht wieder. Wie arm sind diese Liliputs im Lande der Riesen. Immer den Kopf hoch, um etwas zu sehen. Das Fenster irgendwo, ganz da oben, wie im Gefängnis. Um sich auf einen Stuhl zu setzen, muß man ein Akrobat sein. Alle Muskelkraft und die ganze Intelligenz müssen aufgeboten werden, um

[1] Zitat aus der Novellensammlung »Aus der Tatra« von Stanisław Witkiewicz (1851-1915).

endlich die Türklinke packen und bewegen zu können. Nun ist die Tür offen – er seufzt tief. Dieses tiefe Aufseufzen der Erleichterung beobachten wir schon bei Kleinkindern nach jeder Willensanstrengung und nach anhaltender Konzentration. Wenn du ein spannendes Märchen beendet hast, seufzt das Kind ebenso auf. Es geht nur darum, dies richtig zu verstehen.

Dieses tiefe, einmalige Aufseufzen zeigt an, daß das Atmen zuvor verlangsamt, flach und nicht ausreichend war. Das Kind guckt mit angehaltenem Atem, wartet, beobachtet, strengt sich an, bis der Sauerstoffvorrat erschöpft ist und im Gewebe Vergiftungserscheinungen auftreten. Der Organismus alarmiert unverzüglich das Atemzentrum; ein tiefer Seufzer folgt, der das Gleichgewicht wiederherstellt.

Wenn ihr die Freude des Kindes und seinen Eifer zu deuten versteht, dann kann euch nicht verborgen bleiben, daß das Vergnügen über eine bezwungene Schwierigkeit, ein erreichtes Ziel, ein entdecktes Geheimnis die größte Freude darstellen, die Freude des Triumphes und das Glücksgefühl der Selbständigkeit, der Beherrschung der Umwelt und des Umgangs mit den Dingen.

»Wo ist die Mama? Sie ist nicht mehr da! Nun, such sie doch!« Es hat sie gefunden. Warum freut es sich so?

»Lauf weg, Mama hascht dich! O je, sie kann dich nicht fangen!«

Ach, wie ist es glücklich! Warum nur?

Warum will es plötzlich auf allen vieren kriechen oder allein gehen und reißt sich los? Eine Szene, wie man sie jeden Tag beobachten kann: Es reißt sich los, rennt weg von dem Kindermädchen, bemerkt, daß es hinter ihm herläuft; es läuft weiter, verliert das Gefühl für die Gefahr und eilt blindlings in einem überschäumenden Freiheitsgefühl davon – oder es legt sich lang auf die Erde oder reißt sich, endlich eingefangen, wieder los, stößt mit den Füßen und brüllt.

Ihr werdet sagen: ein Übermaß an Energie; das wäre die physiologische Seite, aber ich suche nach dem psychophysiologischen Faktor.
Ich frage, warum will es beim Trinken das Glas selbst halten, während die Mutter das Glas nicht einmal berühren darf; warum will es nicht mehr essen, ißt aber gleich weiter, wenn man ihm erlaubt, den Löffel selbst zu halten? Warum bläst es fröhlich ein Streichholz aus, schleppt Vaters Pantoffeln herbei, bringt der Großmutter den Fußschemel? Ist das bloßer Nachahmungstrieb? Nein, es ist viel mehr, das ist etwas sehr Kostbares.
»Ich allein!« – ruft es tausendmal mit Gebärden und Blicken, mit seinem Lachen und seinem Flehen, zornig und unter Tränen.

44. »Kannst du die Tür allein aufmachen?« fragte ich einen kleinen Patienten, dessen Mutter mir zuvor gesagt hatte, daß er sich vor Ärzten fürchte.
»Sogar im Klo« – antwortete er schnell.
Ich mußte lachen. Der Junge schämte sich, aber ich schämte mich noch mehr. Ich hatte ihm das Bekenntnis eines heimlichen Triumphes entlockt und ihn dann ausgelacht.
Es läßt sich unschwer ahnen, daß es eine Zeit gegeben hatte, da er schon alle Türen öffnen konnte, die Toilettentür seinen Anstrengungen jedoch noch widerstand und darum das Ziel seines Ehrgeizes war; darin ähnelte er einem jungen Chirurgen, der von der Durchführung einer schwierigen Operation träumt.
Er hatte sich keinem Menschen anvertraut, denn er wußte, daß er bei der Umwelt kein Verständnis für die Belange seiner Innenwelt erwarten konnte.
Vielleicht hatte man ihn manchmal hart angefahren oder mit einer mißtrauischen Frage zurückgewiesen.
»Warum drückst du dich da herum, was machst du dir ständig da zu schaffen? Laß das, du richtest nur Schaden an.

Geh sofort rüber in dein Kinderzimmer!«
So hatte er also heimlich und verstohlen herumprobiert, bis die Tür endlich offen war.
Habt ihr schon einmal darauf geachtet, wie oft ein Kind, wenn im Vorflur die Klingel geht, bittend ruft: »Ich mach' schon auf!«
Zum einen ist das Schnappschloß der Eingangstür nicht ganz leicht zu öffnen, zum anderen ist es das Gefühl, daß dort vor der Tür ein Erwachsener steht, der sich nicht zu helfen weiß und darauf wartet, daß er – der Kleine – ihm hilft. Solche kleinen Triumphe feiert ein Kind, das schon von weiten Reisen träumt und sich in seinen Träumen in die Rolle des Robinson auf einer menschenleeren Insel hineinversetzt, in Wirklichkeit jedoch schon glücklich ist, wenn man ihm nur erlaubt, aus dem Fenster zu schauen.
»Kannst du schon selbst auf einen Stuhl steigen? Kannst du auf einem Bein hüpfen? Kannst du mit der linken Hand einen Ball auffangen?«
Und das Kind vergißt, daß es mich nicht kennt, daß ich ihm in den Hals schauen und ihm Arznei verschreiben werde. Ich spreche von Dingen, die stärker sind als das Gefühl der Verlegenheit, der Angst, der Unlust, und so antwortet es fröhlich:
»Das kann ich.«
Habt ihr schon einmal gesehen, wie ein kleines Kind lange, geduldig, mit unbewegtem Gesicht, halboffenem Mund und gesammeltem Blick seine Strümpfe oder die Pantoffeln anzieht und wieder abstreift? Das ist weder gedankenlose Spielerei noch bloße Nachahmung, sondern Arbeit.
Welche Nahrung werdet ihr seinem Willen bieten, wenn es drei, fünf, zehn Jahre alt ist?

45. Ich!

Wenn ein Neugeborenes sich mit dem eigenen Fingernagel kratzt; wenn ein Kleinkind im Sitzen sein Beinchen zum

Mund führt, sich überschlägt und ärgerlich ringsherum nach dem Schuldigen sucht; wenn es sich an den Haaren zupft, vor Schmerz das Gesicht verzieht, aber den Versuch wiederholt; wenn es sich mit dem Löffel auf den Kopf schlägt, nach oben guckt, was es denn dort gibt, was es nicht wahrnimmt, aber doch fühlt – dann kennt es sich noch nicht.

Wenn es die Bewegungen seiner Hände untersucht; wenn es an seinen geballten Händchen lutscht und sie aufmerksam betrachtet; wenn es an der Brust plötzlich zu saugen aufhört und sein Beinchen mit der Mutterbrust vergleicht; wenn es vor sich hinkrabbelt, unter sich guckt und Ausschau hält nach dem, was es – ganz anders als die Hände der Mutter – hebt und trägt; wenn es das rechte bestrumpfte Bein mit dem linken vergleicht – dann will es erkennen und Bescheid wissen.

Wenn es beim Baden das Wasser untersucht und dabei in vielen unbewußten Tropfen sich, den seiner selbst bewußten Tropfen, wiederfindet, dann ahnt es die große Wahrheit, die das kleine Wort enthält: ich.

Nur das Bild eines Futuristen kann uns deutlich machen, was dem Kind für sein Selbstverständnis wichtig ist: die Finger, die kleine Faust, undeutlicher schon die Beine, vielleicht der Bauch oder sogar der Kopf, aber das alles nur in schwachen Konturen, wie eine Landkarte von den Polargebieten. Noch ist die Arbeit nicht beendet, noch dreht und wendet es sich, um zu sehen, was sich hinter ihm verbirgt, vor dem Spiegel und auf Fotografien betrachtet es sich, entdeckt die Vertiefung des Nabels und die Erhebung der eigenen Brustwarzen; aber schon gibt es neue Arbeit: sich selbst in seiner Umwelt wiederzufinden. Die Mutter, der Vater, ein Mann, eine Frau; die einen erscheinen oft, die anderen selten, alles ist voll von geheimnisvollen Gestalten, deren Bestimmung dunkel und deren Taten zweifelhaft sind.

Kaum hat es erfahren, daß die Mutter dazu da ist, seine Wünsche zu erfüllen oder ihnen zu widersprechen, daß der Vater Geld heimbringt und die Tanten Schokoladenplätzchen – da entdeckt es auch schon in den eigenen Gedanken, irgendwo in seinem Inneren, eine neue, noch wunderlichere unsichtbare Welt. Ferner geht es darum, sich selbst in der Gesellschaft, der Menschheit und im All wiederzufinden. Ach, man könnte graue Haare darüber bekommen – eine endlose Arbeit.

46. Mein.
Wo ist der Ursprung dieses Gedankens und Gefühls verborgen? Vielleicht wächst er zusammen mit dem Begriff »ich«? Dann vielleicht, wenn das Kleinkind dagegen protestiert, wenn man es am Gebrauch seiner Hände hindert, wenn es um sie kämpft als um »seine« Hände und nicht um sein »Ich«. Wenn du ihm den Löffel wegnimmst, mit dem es auf die Tischplatte schlägt, beraubst du es nicht eines Besitzes, sondern eines Vermögens, mit dem seine Hand Energie umsetzt, sich auf andere Weise, durch Geräusche, äußert.
Diese Hand, nicht seine Hand im vollen Sinne, sondern eher ein dienstbarer Geist Aladins, hält ein Biskuit und gewinnt dabei eine neue, wertvolle Eigenschaft, die das Kind sich zu bewahren trachtet.
In welchem Maße nun verbindet sich in ihm der Begriff des Eigentums mit der Vorstellung von zunehmender Kraft?
Der Bogen war für den Wilden nicht nur Eigentum, sondern eine verbesserte Hand, die entferntere Ziele zu treffen vermag. Das Kind will eine zerrissene Zeitung nicht hergeben, denn es untersucht sie, es übt sich daran; die Zeitung ist ein Werkstoff, so wie die Hand ein Werkzeug ist, das keine Töne hervorbringt und keinen Geschmack hat, das aber mit einer Glocke zusammen seine Sprache spricht und – zusammen mit einer Semmel – einen zusätzlichen angenehmen Eindruck beim Lutschen vermittelt.

Erst später kommen Nachahmung, Wetteifer und der Wunsch, sich auszuzeichnen, hinzu. Denn Besitz erweckt Achtung, hebt den Eigenwert und verleiht Macht. Ohne Ball stände das Kind unbeachtet im Schatten, aber im Besitz eines Balles kann es unabhängig von eigenen Verdiensten im Spiel einen besonderen Platz einnehmen; besitzt es einen Säbel, so wird es Offizier, nennt es einen Zügel sein eigen, so ist es der Kutscher; gemeiner Soldat, Wagenpferd jedoch ist, wer nichts besitzt.
»Gib mir, laß mal«, das ist eine Bitte, die den Ehrgeiz anreizt. »Hier hast du« oder auch »das kriegst du nicht« – ganz nach Laune, denn das ist »meins«.

47. »Ich will haben, ich habe; ich will wissen, ich weiß; ich will können, ich kann«; drei Zweige eines gemeinsamen Willensstammes, dessen Wurzeln zwei Empfindungen sind: Zufriedenheit und Unzufriedenheit.
Das kleine Kind gibt sich alle Mühe, sich selbst und seine lebendige und tote Umwelt zu erkennen, denn damit ist sein Wohlergehen eng verbunden. Wenn es fragt: »Was ist das?«, ob nun mit Worten oder Blicken, so will es keinen Namen, sondern etwas über die Bedeutung erfahren.
»Was ist das?«
»Pfui, wirf das weg! Pfui, das kann man nicht in die Hand nehmen.«
»Was ist das?«
»Ein Blümchen« – ein Lächeln, ein freundliches Gesicht und die Erlaubnis, es zu pflücken.
Wenn ein Kind nach einem beliebigen Gegenstand fragt und ihm nur eine Bezeichnung ohne deren gefühlsmäßige Bewertung genannt wird, so kann es sein, daß es die Mutter verwundert und gleichsam enttäuscht ansieht und das Wort langgezogen wiederholt, unsicher, was es mit dieser Antwort anfangen soll. Es muß Erfahrungen sammeln, um zu begreifen, daß es neben einer wünschenswerten und

einer unerwünschten auch noch eine wertfreie Welt gibt.
»Was ist das?«
»Watte.«
»Waattee?« und es sieht die Mutter gespannt an und wartet auf einen Hinweis, was es davon halten soll.
Wenn ich in Gesellschaft eines Eingeborenen durch Äquatorialwälder reiste und eine Pflanze mit mir unbekannten Früchten bemerkte, so würde ich ebenso fragen: Was ist das? Und er würde, diese Frage erratend, mit einem Ausruf, einer Gebärde des Abscheus oder mit einem Lächeln darauf antworten, das sei Gift, ein wohlschmeckendes Nahrungsmittel oder ein wertloses Gebilde, das mitzunehmen sich nicht lohnt.
Das kindliche »Was ist das?« bedeutet: »Wie ist es beschaffen? Wozu dient es? Was nützt es mir?«

48. Ein oft gesehenes, aber doch interessantes Bild: Zwei Kinder, noch nicht ganz sicher auf ihren Beinchen; das eine hat einen Ball oder einen Pfefferkuchen, das andere will ihm den wegnehmen.
Der Mutter ist es peinlich, wenn ihr Kind einem anderen etwas entreißt, es nicht geben oder nicht mit ihm teilen oder es ihm nicht »borgen« will. Es paßt ihr nicht, daß ihr Kind sich nicht in der üblichen Weise freundlich verhält.
Die geschilderte Szene birgt folgende drei möglichen Abläufe in sich: Das eine Kind nimmt dem anderen etwas weg. Das schaut zunächst erstaunt drein, blickt dann die Mutter an und erwartet von ihr eine Erklärung des unverständlichen Geschehens.
Oder: Das eine versucht, dem anderen etwas wegzunehmen, aber es trifft plötzlich auf erbitterten Widerstand: Das betroffene Kind versteckt das begehrte Objekt hinter seinem eigenen Rücken, stößt den Angreifer zurück und wirft ihn um. Die Mutter eilt zur Hilfe herbei.
Oder: Beide sehen einander lange an, nähern sich dann, das

eine faßt mit unsicherem Griff zu, das andere setzt sich wenig überzeugend zur Wehr. Erst nach einem umständlichen Vorgeplänkel entzündet sich ein Konflikt.
Hier spielen das Alter der beiden und das Maß ihrer Lebenserfahrung eine Rolle. Ein Kind aus einer Schar älterer Geschwister hat schon oft sein Recht und sein Eigentum verteidigen müssen und ist manchmal auch selbst der Angreifer gewesen. Aber wenn wir einmal alles Zufällige beiseite lassen, dann bemerken wir zwei unterschiedliche Veranlagungen, zwei verschiedene Menschentypen: den aktiven und den passiven. »Das Kind ist so gutmütig, es gibt alles her.«
Oder: »Ein Dummerle, es läßt sich alles wegnehmen.« Das alles hat weder mit Güte noch mit Dummheit etwas zu tun.

49. Gutartigkeit bedeutet: schwächere Lebensimpulse, mangelnder Willensaufschwung und Ängstlichkeit bei jedem Tun. Jähe Bewegungen, lebendige Erfahrungen und schwierige Vorhaben werden vermieden.
Bei geringerer Aktivität macht sich das Kind nur wenige handfeste Wahrheiten zu eigen, ist also gezwungen, seiner Umwelt mehr zu vertrauen und öfter nachzugeben.
Ist sein Intellekt nicht soviel wert? Durchaus nicht – aber er ist von anderer Art. Das sich passiv verhaltende Kind hat weniger blaue Flecken und begeht nicht so viele ärgerliche Irrtümer; und so fehlt ihm die durch sie gewonnene schmerzhafte Erfahrung; aber vielleicht erinnert es sich dieser wenigen Erfahrungen besser. Das aktive Kind sammelt mehr Beulen und Enttäuschungen ein, aber es vergißt sie vielleicht schneller. Das erstere erlebt das alles in nicht so großer Vielfalt und nicht so schneller Folge, vielleicht aber gründlicher. Die passiven sind bequemer. Alleingelassen, fallen sie nicht aus dem Kinderwagen und alarmieren nicht gleich bei geringfügigen Anlässen das ganze Haus. Aufgeregt und verweint, beruhigen sie sich schnell, fordern nicht

allzu hartnäckig, zerschlagen, zerreißen und ruinieren nicht soviel.

»Gib her!« – es protestiert nicht. »Leg hin, nimm, iß!« – es fügt sich.

Zwei Szenen:

Das Kind hat keinen Hunger mehr, aber es ist noch ein Löffel Grütze übrig. Also muß es die aufessen, denn der Arzt hat diese Menge bestimmt. Unlustig öffnet es den Mund, kaut lange und träge und schluckt mit einiger Anstrengung den Bissen herunter. Das andere ist ebenso satt; aber es beißt die Zähne zusammen, wirft energisch den Kopf zurück, verweigert das Essen, spuckt und wehrt sich.

Und die Erziehung?

Wollte man sich von zwei vollkommen entgegengesetzten Kindertypen her eine Meinung über das Kind an sich bilden, könnte man ebensogut aus den Eigenschaften von siedendem Wasser und Eis zusammen auf das Wesen des Wassers schließen. Die Skala umfaßt einhundert Grad. Wo sollen wir unser Kind nun einordnen? Aber die Mutter kann wissen, was angeboren und was mühsam erworben ist – und sie sollte daran denken, daß alles durch Dressur, Druck und Gewalt Erreichte nicht von Dauer, ungewiß und trügerisch ist. Und wenn das nachgiebige, »gute« Kind plötzlich schwierig und aufsässig wird, sollte man sich nicht darüber ärgern, daß das Kind so ist, wie es ist.

50. Der Landwirt, der Himmel und Erde, Früchte und Kreaturen dieser Erde eingehend beobachtet, kennt die Grenzen menschlicher Macht. Dies Pferd hat eine flotte Gangart, jenes ist schwerfällig, furchtsam, störrisch; die Henne legt gut, die Kuh gibt reichlich Milch, der Acker ist fruchtbar oder trocken, der Sommer regnerisch, der Winter ohne Schnee – überall begegnet ihm etwas, was er durch Pflege, Mühe ein bißchen verändern, ein wenig verbessern kann; aber es kommt auch vor, daß er nichts erreicht.

Der Stadtmensch hat eine übertrieben hohe Vorstellung von der Macht der Menschen. Die Kartoffeln sind nicht gut geraten, aber sie sind da, man muß sie nur teuer bezahlen. Es ist Winter – er zieht seinen Pelz an; es regnet – er nimmt die Galoschen aus dem Schrank; bei anhaltender Trockenheit werden eben die Straßen gesprengt, damit es nicht soviel Staub gibt. Alles kann man kaufen, für alle Zwischenfälle gibt es einen Rat. Das Kind ist krank – da muß ein Arzt gerufen werden, es lernt schlecht – ein Hauslehrer wird schon helfen. Und ein Buch, das vorschreibt, was zu tun sei, vermittelt die Illusion, daß sich alle Schwierigkeiten beheben lassen.

Wie sollte man unter diesen Voraussetzungen einsehen, daß ein Kind das sein müsse, was es ist, daß man, wie die Franzosen sagen, einem Ekzematiker wohl künstlich eine gesunde Hautfarbe anmalen, ihn aber nicht heilen kann.

Ich möchte ein mageres Kind aufpäppeln. Ich gehe dabei langsam, vorsichtig zu Werk, und es ist mir gelungen: Es hat ein Kilogramm zugenommen. Aber eine geringfügige Unpäßlichkeit genügt, ein Schnupfen, eine zur Unzeit verabfolgte Birne, und der Patient verliert die mühsam erworbenen zwei Pfunde wieder.

Sommerkolonien für arme Kinder. Sonne, Wald, Wasser, sie atmen Freude, Ausgeglichenheit, Güte. Gestern noch ein kleiner Wildfang, heute ein lieber Spielgefährte.

Verschüchtert, furchtsam und abgestumpft, eine Woche später keck, lebhaft, voller Initiative und zum Singen aufgelegt.

Hier ein Wandel von einer Stunde zur anderen, dort geht eine ganze Woche darüber hin, im dritten Fall ändert sich nichts. Das ist weder ein Wunder noch das Ausbleiben eines Wunders; es ist nur das, was vorhanden war und gewartet hat, bis es sich entwickeln konnte, und im anderen Fall kann sich nichts zeigen, weil es nicht vorgegeben war.

Ich unterrichte ein geistig zurückgebliebenes Kind: zwei Finger, zwei Knöpfe, zwei Streichhölzer, zwei Geldstücke – zwei. Schon kann es bis fünf zählen. Aber man braucht nur die Reihenfolge der Fragen, die Intonation, die Gebärde zu ändern, und wieder weiß und kann es nichts.
Ein Kind mit einem Herzfehler: sanftmütig, langsam in seinen Bewegungen, beim Sprechen wie in seinen Freudenbekundungen. Sein Atem ist kurz, jede lebhaftere Bewegung löst einen Hustenanfall aus, bedeutet Leiden und Schmerz. Dieses Kind muß so sein.
Die Mutterschaft vermag eine Frau zu adeln, wenn sie Opfer bringt, sich Entsagungen auferlegt und auf manches verzichtet; die Mutterschaft kann auch demoralisierend wirken, wenn das angebliche Wohl des Kindes dazu benutzt wird, das Kleine den Ambitionen, Neigungen und Gewohnheiten der Mutter auszusetzen.
Mein Kind ist mein Eigentum, mein Sklave, mein Schoßhündchen. Ich kraule es hinter den Ohren, streichle ihm den Nacken, führe es mit Schleifchen verziert spazieren, dressiere es, damit es aufgeweckt und manierlich ist; und wenn es mir lästig wird, dann heißt es:
»Geh spielen. Nimm dir die Schulbücher vor. Geh endlich schlafen!«
Angeblich wird so die Hysterie kuriert:
»Sie meinen, Sie seien ein Hahn. Bleiben Sie es nur, aber krähen Sie nicht!«
»Du bist jähzornig«, sage ich zu einem Jungen. »Nun ja, dann schlag nur zu, aber nicht zu fest; braus ruhig auf, aber nur einmal am Tag.«
Wenn ihr so wollt, habe ich in diesem einen Satz meine ganze Erziehungsmethode zusammengefaßt.

51. Siehst du diesen kleinen Kerl, wie er rennt, schreit und sich im Sand herumwälzt? Er wird einmal ein bekannter Chemiker werden und Erfindungen machen, die ihm An-

sehen, eine bedeutende Stellung und ein beträchtliches Vermögen einbringen werden. Jawohl, zwischen einem Trinkgelage und einem Ball wird sich der Plagegeist plötzlich besinnen, sich in sein Labor einschließen und als Gelehrter wieder herauskommen. Wer hätte das gedacht?
Siehst du jenen anderen da, wie er mit schläfrigen Blicken gleichgültig dem Spiel seiner Altersgenossen zusieht? Er gähnt, erhebt sich – vielleicht nähert er sich der spielenden Kinderschar? Nein, er hat sich schon wieder hingesetzt. Auch er wird einmal ein bekannter Chemiker werden, dem manche Erfindung glückt.
Ein Wunder: Wer hätte das geglaubt?
Nein, weder aus dem kleinen Windbeutel noch aus der gleichaltrigen Schlafmütze werden Forscher und Gelehrte werden. Der eine wird Turnlehrer, der andere Postbeamter. Es ist eine zeitbedingte Mode, ein Fehler, eine unvernünftige Meinung, daß uns alles, was nicht hervorragend ist, als verfehlt und wertlos erscheint. Wir kranken an dem Hang zur Unsterblichkeit. Wer es nicht bis zur Denkmalswürdigkeit bringt, möchte wenigstens eine Gasse nach sich benannt wissen, ein ewiges Andenken hinterlassen. Wenn schon kein vierspaltiger Nekrolog erscheinen kann, so doch wenigstens eine kurze Erwähnung im Text:
»Er nahm aktiv Teil an . . ., in weiten Kreisen wird sein Hinscheiden betrauert.«
Früher wurden Straßen, Krankenhäuser, Altersheime nach heiligen Schutzpatronen benannt, und das hatte seinen Sinn; später traten Herrschernamen an ihre Stelle, das war ein Zeichen der Zeit; und heute müssen Gelehrte und Künstler ihre Namen dafür hergeben, und das ist sinnlos. Schon werden Denkmäler für Ideen errichtet, für die namenlosen Helden, für alle jene, die noch kein Denkmal haben.
Ein Kind ist kein Lotterielos, auf das der Gewinn eines Porträts im Sitzungssaal eines Magistrats oder einer Mar-

morbüste im Vestibül eines Theaters fallen kann. In jedem ist ein eigener Funke enthalten, der die Flamme des Glücks und der Wahrheit entzünden kann und vielleicht in der zehnten Generation zur feurigen Eruption eines Genies führt, das den eigenen Stamm verzehrt und der Menschheit dabei das Licht einer neuen Sonne schenkt.
Ein Kind ist kein durch die Erbmasse für die Aussaat des Lebens vorbereiteter Acker; wir können nur daran mitwirken, damit das auch aufwächst, was mit starken Trieben zu wachsen beginnt, noch bevor es den ersten Atemzug tut.
Neue Tabak- oder Weinsorten bedürfen der Werbung, um sie durchzusetzen, nicht aber der Mensch.

52. Also doch das Fatum der Erblichkeit, die kategorische Vorherbestimmung, die Bankrotterklärung der Medizin und der Pädagogik? Diese Phrase klingt wie ein Donnerschlag. Ich habe das Kind ein dicht beschriebenes Pergament genannt, einen bereits bestellten Acker – aber lassen wir Vergleiche, die nur in die Irre führen.
Es gibt Fragen, auf die wir beim gegenwärtigen Stand unseres Wissens die Antwort schuldig bleiben müssen. Sie sind nicht mehr so zahlreich wie früher, aber sie sind vorhanden. Es gibt Probleme, denen wir unter den heutigen Lebensbedingungen ratlos gegenüberstehen. Auch ihre Anzahl ist zurückgegangen.
Da ist ein Kind, dem man mit dem besten Willen und den größten Bemühungen kaum zu helfen vermag. Da ist ein anderes, dem man auf eben diese Weise wohl helfen könnte; aber die Bedingungen dafür sind ungünstig. Dem einen würde ein Aufenthalt auf dem Lande, im Gebirge, an der See wenig nützen, dem anderen würde man damit helfen können, aber es läßt sich nicht einrichten.
Wenn wir einem Kind begegnen, das aus Mangel an Fürsorge, frischer Luft und ausreichender Kleidung verkümmert, dann geben wir den Eltern keine Schuld. Sehen wir

ein Kind, das durch ein Übermaß an betulichen Bemühungen verzogen, das überfüttert, zu warm gekleidet und ständig vor eingebildeten Gefahren geschützt wird, dann sind wir geneigt, die Mutter zu beschuldigen; wir meinen, es sei leicht, dem Übel abzuhelfen, wenn nur der Wille zur Einsicht vorhanden wäre.

Nein, man muß schon sehr mutig sein, will man sich nicht mit unfruchtbarer Kritik, sondern aktiv den verpflichtenden Normen jener Klasse oder jener Gesellschaftsschicht widersetzen, der man angehört. Wenn dort die Mutter ihr Kind nicht sauberhalten, ihm nicht die Nase putzen kann, so ist es ihr hier einfach unmöglich, es mit zerrissenen Schuhen und schmutzigem Gesicht herumlaufen zu lassen. Wenn man es dort unter Tränen von der Schule nimmt und in eine Lehre steckt, dann fühlt man sich hier mit ebenso schmerzlichen Gefühlen dazu verpflichtet, es in die Schule zu schicken.

»Der Bengel verwahrlost ohne Schule«, sagt die eine Mutter und nimmt ihrem Jungen das Buch weg.

»Das Kind wird in der Schule ganz verdorben«, sagt die andere – aber sie kauft einen Stapel neuer Schulbücher.

53. Für die breite Masse ist die Erblichkeit eine Tatsache, die alle auftretenden Ausnahmefälle überdeckt; für die Wissenschaft ist sie ein Problem, ein Gegenstand der Forschung. Es gibt eine umfangreiche Literatur, die sich auf die Lösung einer einzigen Frage beschränkt: Kommt ein Kind tuberkulöser Eltern bereits krank zur Welt, ist es nur prädisponiert oder infiziert es sich nach der Geburt? Habt ihr bei euren Überlegungen über die Erblichkeit auch einmal die Tatsache bedacht, daß es außer der Vererbung von Krankheiten auch eine Erblichkeit der Gesundheit gibt, daß eine Familie sich nicht nach überkommenem »Plus« und »Minus«, nach Vorzügen und Fehlern, nach Soll und Haben bestimmen läßt? Gesunde Eltern zeugen ihr erstes Kind; das zweite

wird das Kind von Syphilitikern sein, wenn die Eltern inzwischen von dieser Krankheit befallen sind; das dritte hat tuberkulöse Syphilitiker als Eltern, wenn diese sich zusätzlich Tuberkulose zugezogen haben. Diese drei Kinder sind einander gänzlich unähnlich: ohne Belastung, mit Belastung und mit doppelter Belastung. Umgekehrt, der kranke Vater ist inzwischen geheilt, von zwei Geschwistern ist das erste das Kind eines kranken, das zweite das Kind eines gesunden Erzeugers.

Ist ein nervöses Kind nervlich belastet, weil es von nervösen Eltern stammt oder weil es von ihnen aufgezogen wurde? Wo ist die Grenze zwischen Nervosität und besonders subtiler Nervenstruktur, einer seelischen Prädisposition? Zeugt ein Lebemann-Vater von vornherein einen Verschwender-Sohn oder steckt er ihn erst durch sein Beispiel an?

»Sag mir, wer deine Erzeuger sind, und ich sage dir, wer du bist«; doch das trifft nicht immer zu.

»Sag mir, wer dich erzogen hat, und ich sage dir, wer du bist« – auch das stimmt nicht.

Warum haben gesunde Eltern manchmal eine schwächliche Nachkommenschaft? Warum wächst in einer ehrbaren Familie ein Lump auf? Weshalb geht aus einer mittelmäßig begabten Familie manchmal ein hochbegabtes Kind hervor?

Man sollte neben der Vererbungsforschung gleichzeitig auch Untersuchungen des Erziehungsmilieus betreiben; dann würde vielleicht manches Rätsel gelöst werden können.

Als Erziehungsmilieu bezeichne ich den Geist, der in einer Familie herrscht; ihre einzelnen Glieder können ihm gegenüber keinen beliebigen Standpunkt einnehmen. Dieser lenkende Geist ist zwingend, er duldet keinen Widerstand.

54. Ein streng dogmatisches Milieu.

Tradition, Autorität, festgefügte Bräuche, Befehl als ab-

solutes Gesetz, Zwang als Lebensimperativ. Disziplin, Ordnung und Redlichkeit. Gemessene Haltung, seelisches Gleichgewicht, Heiterkeit, die ihren Ursprung in Seelenstärke hat, im Gefühl der Beständigkeit, der Widerstandsfähigkeit, der Selbstsicherheit oder auch in dem Bewußtsein, daß die zugeteilten Aufgaben rechtens sind. Selbstbeschränkungen, Selbstüberwindung, Arbeit als Recht, Moralität als Gewohnheit. Bedachtsamkeit bis zur Passivität, zur einseitigen Nichtachtung von Rechten und Wahrheiten, die keine Tradition überliefert, keine Autorität sanktioniert und keine Tätigkeitsschablone fixiert hat.
Wenn diese Selbstsicherheit nicht in Willkür, diese Schlichtheit nicht in Borniertheit umschlägt, dann wird dieses fruchtbare Erziehungsmilieu ein ihm geistig fremdes Kind entweder zerbrechen oder aber einen wahrhaft wohlgestalteten Menschen heranbilden, der seinen gestrengen Erziehern mit Ehrerbietung begegnet, weil sie ihn nicht als Spielzeug betrachtet, sondern auf den mühseligen Weg zu einem klar umrissenen Ziel geführt haben.
Ungünstige Bedingungen und der Druck physischer Bedürfnisse verändern die geistige Wirklichkeit dieses Milieus nicht. Emsige Arbeit kann in Plackerei übergehen, Ruhe in Resignation, und die bis zur Verbohrtheit gehende Selbstverleugnung kann zum Durchhaltewillen führen; manchmal treten auch Schüchternheit und Demut auf – aber immer bleibt das Gefühl der Billigkeit und das Vertrauen. Apathie oder Energie sind keine Schwäche, sondern eine Stärke dieses Milieus, gegen die ein fremder böser Wille vergeblich angeht.
Grund und Boden, Kirche, Vaterland, Tugend und Sünde können Dogmen sein; dies trifft auch für die Wissenschaft, für soziale und politische Arbeit, Vermögen, Auseinandersetzungen aller Art, Gott, Heldentum, Götzendienst und Narretei zu. Nicht woran du glaubst, ist entscheidend, sondern wie du glaubst.

55. Das idealistische Milieu.
Sein Vorzug liegt nicht in einer durch Abhärtung erreichten seelischen Standfestigkeit, sondern in der Rührigkeit, im Engagement, im Schwung. Hier wird nicht gearbeitet, sondern fröhlich gewirkt. Man ist schöpferisch tätig und verharrt nicht in einer abwartenden Haltung. Es gibt keinen Zwang, sondern allein bereitwilliges Mittun. Es gibt keine starren Dogmen, aber es gibt mancherlei Probleme. An die Stelle von Besonnenheit treten Begeisterung und Enthusiasmus. Diese wiederum werden in Schranken gehalten durch den Abscheu vor schmutzigen Dingen, durch einen moralischen Ästhetizismus. Es kommt wohl vor, daß für kurze Zeit ein Gefühl der Abneigung wirksam wird, niemals aber Verachtung. Toleranz bedeutet hier keine Halbherzigkeit der eigenen Überzeugungen, sondern Achtung vor dem menschlichen Denken und Freude darüber, daß der Geist sich frei entfaltet, in verschiedenen Höhenlagen, in verschiedene Richtungen, in der Begegnung mit anderen, absteigend und sich wieder aufschwingend und den Raum erfüllend. Mutig im eigenen Tun, wird der Widerhall fremder Hammerschläge begierig aufgenommen, und das Morgen neuer Verwunderungen mit seinen Erkenntnissen, Verfehlungen, Kämpfen, Zweifeln, Behauptungen und Verneinungen wird voller Spannung erwartet.
Wenn ein dogmatisch-strenges Milieu die Erziehung eines passiv angelegten Kindes begünstigt, so eignet sich ein idealistisches Milieu als Nährboden für Kinder mit Anlagen zur Aktivität. Ich glaube, daß viele schmerzliche Überraschungen hier ihren Ursprung haben. Für das eine Kind geben die zehn in Stein gehauenen Gebote Weisungen, die es doch aus der Glut des eigenen Herzens hervorbringen möchte; das andere Kind wird durch diese Gebote zur Suche nach Wahrheiten gezwungen, die es als fertige Wahrheiten annehmen muß. Das vermag man nicht zu erkennen, wenn man sich einem Kind mit dem Anspruch nähert: »Ich

werde aus dir einen Menschen machen«, anstatt die forschende Frage zu stellen: »Was könnte wohl aus dir werden, Mensch?«

56. Das Milieu eines heiteren Lebensgenusses.
Ich habe alles, was ich brauche; also wenig, wenn ich ein Handwerker oder ein Beamter bin, oder viel als Besitzer umfangreicher Ländereien. Ich will sein, was ich bin, also Meister, Stationsvorsteher, Rechtsanwalt oder Romanschriftsteller. Die Arbeit ist kein Dienst, kein auszufüllender Posten, kein Zweck, sondern ein Mittel, um ein bequemes Leben unter erwünschten Bedingungen führen zu können. Heiterkeit, Sorglosigkeit, sanfte Gemütsbewegungen, Wohlwollen, Güte, soviel Nüchternheit wie erforderlich, soviel Selbsterkenntnis, wie man ohne viel Mühe erwerben kann. Hartnäckigkeit bildet sich weder in der Bewahrung des Überkommenen noch in forschendem Suchen und Streben aus.
Das Kind lebt in der Atmosphäre einer inneren Ausgeglichenheit, einer trägen Gewöhnung, die das Vergangene bewahrt, einer Nachsichtigkeit modernen Strömungen gegenüber; und es lebt unter dem reizvollen Eindruck der Einfalt, die es umgibt. Hier kann es alles sein: Mit Hilfe von Büchern, Gesprächen, Begegnungen und Lebenserfahrungen wirkt es selbst am Gewebe der eigenen Weltanschauung mit und wählt selbständig seinen Weg.
Ich erwähne noch die Liebe der Eltern zueinander: Selten empfindet ein Kind, wenn es an ihr mangelt; aber es kostet sie voll aus, wenn sie vorhanden ist.
»Der Papa ist böse auf die Mama, die Mama redet nicht mehr mit dem Vater; Mama hat geweint, und Papa hat die Tür zugeknallt.« Das ist eine Wolke, die den blauen Himmel verdeckt und das muntere Geplapper im Kinderzimmer zu frostiger Stille gefrieren läßt.
Eingangs habe ich gesagt:

»Jemandem zu befehlen, er solle fertige Gedanken von sich geben – das bedeutet, einer fremden Frau zu empfehlen, sie solle dein eigenes Kind zur Welt bringen.«
Vielleicht hat mancher dabei gedacht:
»Und ein Mann? Gebiert nicht eine fremde Frau sein Kind?«
Nein: keine fremde, sondern die geliebte Frau.

57. Das Milieu des Scheins und des Karrieremachens.
Wieder ist zähe Hartnäckigkeit im Spiel, aber nicht als Ergebnis einer inneren Notwendigkeit, sondern aus kühler Berechnung. Hier ist kein Platz für die Fülle innerer Werte; es gibt nur eine äußerliche Gewieftheit, eine geschickte Ausnutzung fremder Werte und ein künstliches Aufputzen hohler Formeln. Phrasen, mit denen man Geld verdienen kann, Überkommenes, dem man sich unterwirft. Nicht der Wert entscheidet, sondern geschickte Reklame. Das Leben ist kein Wechselspiel von Arbeit und Entspannung, sondern witternde Geschäftigkeit. Unbefriedigte Eitelkeiten, Raubgier, Fäulnis, Überheblichkeit und unterwürfiges Wesen, Neid, Wut und Bösartigkeit.
Hier werden Kinder weder geliebt noch erzogen, hier taxiert man nur, rechnet mit Verlust und Gewinn, kauft und verkauft. Jede Verbeugung, jedes Lächeln, jeder Händedruck – alles ist berechnet – es versteht sich fast von selbst, auch Ehe und Fruchtbarkeit. Man macht seine Geschäfte mit Geld, Beförderungen, Auszeichnungen und Beziehungen in »hochgestellten Kreisen«.
Wenn aus einem solchen Milieu etwas Positives hervorgeht, so handelt es sich oft nur um einen schönen Schein, ein gewandtes Spiel, eine noch besser angepaßte Maske. Es kommt aber auch vor, daß in einem Milieu der Zersetzung und der Fäulnis unter Qualen und in geistiger Zerrissenheit die sprichwörtliche »Rose auf dem Misthaufen« erblüht.
Solche Fälle liefern den Beweis, daß es neben dem aner-

kannten Gesetz von der erzieherischen Beeinflussung auch noch das Gesetz von der Antithese gibt. Wir sehen es wirksam werden an den Beispielen, in denen ein Geizhals einen Verschwender, ein Gottloser einen Gottesfürchtigen, ein Feigling einen Helden aufzieht, was sich allein mit der »Erblichkeit« wohl kaum erklären ließe.

58. Das Gesetz von der Antithese gründet sich auf eine Kraft, die sich Beeinflussungen zu widersetzen vermag. Diese Beeinflussungen können verschiedenen Ursprungs sein, und sie bedienen sich unterschiedlicher Mittel. Es ist ein Verteidigungsmechanismus des Widerstandes, der Gegenwirkung, der Selbstverteidigung, gleichsam der Selbsterhaltungstrieb des geistigen Organismus, wachsam, automatisch funktionierend.
Wenn das Moralisieren in der Erziehung auch abgewertet ist, so genieß doch die Beeinflussung durch das Beispiel, durch die unmittelbare Umwelt in der Erziehung unbedingtes Vertrauen. Warum versagt diese Beeinflussung so oft?
Ich frage, warum ein Kind, das einen Fluch gehört hat, ihn entgegen allen Verboten nachsprechen will, und wenn es auf Drohungen hin endlich nachgibt, den Fluch doch im Gedächtnis behält?
Wo ist der Ursprung dieses allem Anschein nach bösen Willens, wenn das Kind trotzt, wo es leicht nachgeben könnte?
»Zieh doch den Mantel an.«
Nein, es will ohne Mantel gehen.
»Zieh das rosa Kleid an.«
Das Kind hat aber gerade Lust, das blaue zu tragen.
Wenn du nicht darauf bestehst, wird das Kind gehorchen; wenn du aber unbedingt darauf beharrst, bittend oder drohend, wird es nichts mehr sagen und nur unter Zwang nachgeben.

Warum stößt in der Pubertätszeit unser banales »Ja« am häufigsten auf das »Nein«? Ist dies nicht ein Anzeichen jenes tiefverwurzelten Widerstandes gegen Versuchungen, die aus dem Inneren kommen und die von außen an den Heranwachsenden herantreten können?

»Traurige Ironie, die der Tugend befiehlt, die Sünde zu wollen, und dem Verbrecher, unbefleckte Träume zu träumen.« (Mirbeau[1])

Ein Glaube, der verfolgt wird, findet um so eher Gehör. Der Wille, die nationale Selbsterkenntnis einzuschläfern, erweckt sie um so nachhaltiger.

Vielleicht habe ich hier Dinge aus verschiedenen Bereichen zusammengebracht; aber mir persönlich genügt es, wenn die Hypothese vom Gesetz der Antithese viele paradoxe Reaktionen auf pädagogische Anstöße hin erklärt und von allzu zahlreichen, häufigen und nachdrücklichen Einflußnahmen selbst in noch so erwünschten Richtungen abhält.

Familiengeist? Einverstanden. Aber wo bleibt der Geist der Epoche; er hat an den Grenzen der niedergedrückten Freiheit Halt gemacht; feige haben wir das Kind vor ihm verborgen gehalten. Die »Legende des jungen Polen« von Brzozowski[2] hat mich nicht vor einer engstirnigen Weltsicht bewahrt.

59. Was ist ein Kind? Was ist es, wenn man es physisch betrachtet? Ein sich entfaltender Organismus. Das ist richtig. Aber die Zunahme von Gewicht und Größe ist nur eine Erscheinung unter vielen. Die Wissenschaft kennt bereits verschiedene Phasen dieses Wachstums: Es ist ungleichmäßig; es gibt Zeitabschnitte eines schnellen und eines langsa-

1 Octave Mirbeau (1848-1917), französischer Erzähler und Kunstkritiker.

2 Stanisław Leopold Brzozowski (1878-1911), Kritiker, Publizist, Literat und Soziologe, Schöpfer einer »Philosophie der Arbeit«; sein heute kaum noch bekanntes Buch »Legende des jungen Polen« übte auf seine Zeitgenossen bedeutenden Einfluß aus.

men Wachsens. Außerdem wissen wir, daß ein Kind nicht nur wächst, sondern auch seine Proportionen ändert.
Das breite Publikum weiß selbst das nicht. Wie oft ruft eine Mutter den Arzt herbei und klagt, ihr Kind sei erkrankt, habe erschreckend abgenommen, sein Leib sei erschlafft, Gesichtchen und Köpfchen seien sichtlich kleiner geworden. Sie weiß nicht, daß ein Kleinkind, das in das Kindesalter eintritt, seine Fettpölsterchen verliert, daß mit der Entwicklung des Brustkastens der Kopf zwischen den breiter werdenden Schultern kleiner wirkt, daß sowohl die Glieder als auch die Organe sich unterschiedlich entwickeln, daß Gehirn, Herz, Magen, Schädel, Augen, die Knochen der Extremitäten ein unterschiedliches Wachstum haben, daß, wenn dies nicht so wäre, der erwachsene Mensch einem Ungeheuer ähnelte mit einem riesenhaften Kopf auf einem gedrungenen, fettleibigen Rumpf, daß er sich auf den beiden feisten Walzen seiner Beine nicht rühren könnte, daß eine Veränderung der Proportionen mit dem Wachstum Hand in Hand geht.
Wir besitzen einige zehntausend Meßergebnisse, einige nicht gänzlich übereinstimmende Kurven des durchschnittlichen Wachstums; aber wir wissen nichts darüber, welchen Wert die vorkommenden Beschleunigungen, die Verlangsamungen und die Abweichungen von der normalen Entwicklung haben. Denn bei unserer bescheidenen Kenntnis der Wachstumsanatomie wissen wir nichts von seiner Physiologie. Wir haben wohl gewissenhaft das kranke Kind untersucht, aber erst vor kurzem haben wir damit begonnen, auch das gesunde zu beobachten. Denn seit hundert Jahren ist das Krankenhaus unser Untersuchungsfeld, und das Erziehungsinstitut ist noch weit davon entfernt, die gleiche Aufgabe zu übernehmen.

60. Das Kind hat sich verändert. Es ist irgend etwas mit ihm geschehen. Nicht immer vermag die Mutter zu sagen,

worauf die Veränderung beruht; sie hat jedoch eine fertige Antwort auf die Frage, welchen Umständen dieser Wandel zuzuschreiben ist.
Das Kind hat sich verändert nach dem Zahnen, nach der Pockenimpfung, nach dem Abstillen, nachdem es aus dem Bett gefallen war.
Es lief bereits, plötzlich hat es aufgehört zu laufen; es meldete sich, wenn es abgehalten werden wollte, jetzt macht es sich wieder naß; es ißt »nichts«, schläft unruhig, wenig oder allzu viel, es ist launisch geworden, übertrieben lebhaft oder träge – es ist abgemagert.
Eine andere Phase:
Nach dem Eintritt in die Schule, nach der Rückkehr vom Lande, nach den Masern, nach den verordneten Bädern, nach einem Schrecken bei einem Brand. Andere Gewohnheiten beim Schlafen und beim Essen, Veränderungen in seinem Charakter: früher gehorsam, jetzt eigenwillig, früher fleißig, jetzt zerstreut und faul. Es ist blaß, hat eine schlechte Haltung, häßliche Angewohnheiten. Vielleicht der Einfluß schlecht erzogener Kameraden, vielleicht der Unterricht, vielleicht ist es krank?
Zwei Jahre Aufenthalt im Waisenhaus, die eher mit intensiver Beobachtung der Kinder als mit Studien an ihnen ausgefüllt sind, erlauben die Feststellung, daß ein Kind alles, was uns als mangelndes Gleichmaß der Pubertätszeit bekannt ist, mehrmals – wenn auch nicht in so krasser Form – als kleine Umbrüche durchlebt. Es sind ebenso »kritische« Jahre, die aber weniger ins Auge fallen und darum von der Wissenschaft noch nicht bemerkt worden sind.
Manche, denen es um das Kind als Individuum geht, wollen es als einen Organismus im Zustand überhöhter Beanspruchung betrachten. Daher das größere Schlafbedürfnis, die geschwächte Widerstandsfähigkeit gegen Krankheiten, die Empfindlichkeit der Organe, die geringe seelische Ausdauer. Eine zutreffende Ansicht, aber sie gilt nicht für alle

Entwicklungsstufen. Das Kind ist abwechselnd vital und munter, dann wieder schwach, erschöpft und unlustig. Wenn es in der kritischen Phase erkrankt, sind wir geneigt anzunehmen, die Krankheit habe schon vorher in ihm gesteckt. Ich glaube, daß sich die Krankheit in dem geschwächten Organismus bei passender Gelegenheit entwickelt hat, sei es, daß sie im Hinterhalt darauf wartete, wann die Bedingungen für einen Überfall am günstigsten sein würden, sei es, daß sie, zufällig von außen eingeschleppt, sich ausgebreitet hat, weil sie keinen Widerstand vorfand. Wenn wir in Zukunft davon abkommen, die Lebenszyklen künstlich einzuteilen nach Säuglingsalter, Kindheit, Jugend-, Mannes- und Greisenalter, so werden Wachstum und äußere Entwicklung nicht mehr das Einteilungsprinzip sein, sondern die uns noch weitgehend unbekannte tiefgreifende Umwandlung des Organismus als Ganzes, die Charcot[1] in seiner Vorlesung über die Evolution der Arthritis – von der Wiege bis zum Grabe, zwei Generationen hindurch – dargestellt hat.

61. Zwischen dem ersten und zweiten Lebensjahr des Kindes wird oft der Hausarzt gewechselt. Da bekam ich neue kleine Patienten, deren Mütter sich über meinen Vorgänger beklagten, der das Kind angeblich höchst unzulänglich betreut hatte; andere Mütter wiederum haben mich mit dem Vorwurf abgelehnt, daß dieses oder jenes unerwünschte Symptom auf meine Nachlässigkeit zurückzuführen sei. Die einen wie die anderen hatten insofern recht, als der Arzt das Kind für gesund gehalten hatte und plötzlich ein zuvor nicht wahrnehmbarer Mangel in Erscheinung getreten war. Es genügt jedoch, die kritische Phase geduldig abzuwarten, und ein Kind mit einer nur geringen erblichen Belastung wird bald das vorübergehend gestörte Gleichge-

[1] Jean Martin Charcot (1825-1893), frz. Neurologe, der vor allem Nervenerkrankungen und deren Merkmale beschrieben hat.

wicht zurückgewinnen; sollte es jedoch stärker belastet sein, so tritt bestimmt eine Besserung ein, und die weitere Entwicklung des jungen Lebens fließt wieder ruhig dahin.
Wenn man in diesem ersten Abschnitt, in dem sich ebenso wie in der zweiten Phase des Schulalters Funktionsstörungen zeigen, bestimmte Maßnahmen trifft, so schreibt man gerade ihnen eine Besserung des Zustandes zu. Und wenn heute bereits bekannt ist, daß eine Besserung bei Lungenentzündung oder bei Typhus nach Beendigung eines bestimmten Zyklus der Krankheit eintritt, so wird in dieser Frage so lange Ungewißheit herrschen, bis wir in den Entwicklungsstufen des Kindes eine gewisse Ordnung entdeckt und von einander abweichende Entwicklungsprofile für Kinder von verschiedenem Typus entworfen haben.
Die Entwicklungskurve eines Kindes hat ihre jahreszeitlichen Intervalle, Phasen intensiver Arbeit und der Ruhe zum Zwecke der inneren Vervollkommnung, der Beendigung eines eilig ausgeführten Vorhabens und der vorbereitenden Ansammlung von Reserven für den weiteren Aufbau. Eine sieben Monate alte Leibesfrucht ist bereits lebensfähig, und doch reift sie zwei Monate (fast den vierten Teil der Schwangerschaft) im Schoß der Mutter weiter.
Ein Kleinkind, das sein Anfangsgewicht im Laufe eines Jahres verdreifacht, hat ein Recht darauf, sich auszuruhen. Seine stürmische seelische Entwicklung berechtigt es gleichfalls dazu, manches von dem zu vergessen, was es bereits gekonnt hat und was wir vorschnell als eine Errungenschaft von Dauer angesehen haben.

62. Das Kind will nicht essen.
Eine kleine arithmetische Aufgabe.
Das Kind ist mit einem Geburtsgewicht von über acht Pfund zur Welt gekommen, nach Ablauf eines Jahres wiegt es fünfundzwanzig Pfund und hat damit sein Gewicht verdreifacht. Wenn es in demselben Tempo weiterwachsen

würde, wöge es am Ende des zweiten Lebensjahres fünfundsiebzig Pfund.

Am Ende des dritten Jahres 75 Pfd. × 3 = 225 Pfund.

Am Ende des vierten Jahres 225 Pfd. × 3 = 675 Pfund.

Am Ende des fünften Jahres 675 Pfd. × 3 = 2025 Pfund.

Dieses fünfjährige Ungeheuer mit seinen 2000 Pfund Gewicht, das täglich $^1/_6$ bis $^1/_7$ seines Gewichts verzehrte, wie das für Kleinkinder zutrifft, erforderte täglich 300 Pfund Nahrungsmittel.

Ein Kind ißt wenig, sehr wenig, oder viel, sehr viel, entsprechend seinem Wachstumsmechanismus. Die Gewichtskurve zeigt langsame oder plötzliche Zunahmen an, manchmal ändert sie sich monatelang nicht. In ihrer Konsequenz ist sie erbarmungslos: Das Kind nimmt in wenigen Tagen genausoviel zu, wie es zuvor, während einer Indisposition, abgenommen hat, und zwar einer inneren Weisung gemäß, die besagt: »So viel und nicht mehr.« Wenn ein gesundes, aber im Elend unterernährtes Kind normal ernährt wird, ergänzt es innerhalb einer Woche das Fehlgewicht und erreicht sein normales Gewicht. Wenn man ein Kind jede Woche einmal wiegt, dann beginnt es zu erraten, ob es an Gewicht zu- oder abgenommen hat:

»In der vergangenen Woche habe ich dreihundert Gramm abgenommen, sicherlich sind es heute fünfhundert Gramm mehr. – Heute werde ich abnehmen, weil ich kein Abendbrot gegessen habe. Wieder ein Pfund weniger, danke . . .«

Das Kind will es den Eltern recht machen; einerseits ist es ihm peinlich, die Mutter zu kränken, zum anderen hat es große Vorteile, dem Willen der Eltern zu folgen. Wenn es also ein Kotelett nicht aufißt und seine Milch nicht austrinkt, so deshalb, weil es nicht mehr kann. Wollten wir es zwingen, würden sich von Zeit zu Zeit Magenverstimmungen einstellen und die darauf folgende Diät den normalen Gewichtszuwachs regulieren.

Grundsätzlich also sollte das Kind so viel essen, wie es will, nicht weniger und nicht mehr. Selbst wenn es notwendig ist, ein krankes Kind kräftiger zu ernähren, sollte man es bei der Zusammenstellung der Speisekarte befragen und die Kur mit ihm zusammen durchführen.

63. Kinder zum Schlafen zu zwingen, wenn sie nicht schlafen wollen, ist ein Vergehen. Es ist absurd, in einer Tabelle festzuhalten, wann und wieviel Stunden Schlaf ein Kind braucht. Die für ein bestimmtes Kind notwendige Stundenzahl festzustellen ist leicht, wenn man eine Uhr zu Rate zieht: Wie viele Stunden schläft es ohne Unterbrechung, bis es ausgeschlafen erwacht – ausgeschlafen und nicht munter. Es gibt Zeiten, in denen das Kind mehr Schlaf braucht, und solche, in denen es, auch ohne zu schlafen, länger im Bett bleiben möchte, weil es erschöpft und nicht, weil es schlafbedürftig ist.
Zeiten der Ermattung: Abends geht das Kind nicht gern zu Bett, weil es noch nicht schlafen will, morgens verläßt es nur ungern das Bett, weil es noch keine Lust hat, aufzustehen. Abends gibt es vor, noch nicht müde zu sein, weil man ihm nicht erlaubt, im Liegen Bilder auszuschneiden, mit Bauklötzen oder mit seiner Puppe zu spielen, weil man das Licht löscht und das Sprechen verbietet. Am Morgen tut es so, als schlafe es noch, weil man ihm sonst befiehlt, sofort aufzustehen und sich kalt zu waschen. Wie fröhlich begrüßt es jeden Husten, jede erhöhte Temperatur, die es ihm ermöglichen, ohne zu schlafen im Bett zu bleiben.
Zeiten der inneren Ausgeglichenheit: Das Kind schläft schnell ein, aber es erwacht noch vor dem Morgengrauen voller Energie, Bewegungsfreude und übermütiger Initiative. Weder ein bewölkter Himmel noch ein kaltes Zimmer können es schrecken. Barfuß, im Nachthemd wärmt es sich, indem es über Tisch und Stühle hüpft. Was soll man tun? Spät zu Bett bringen, sogar erst, o Graus, um elf Uhr? Ihm erlauben, im Bett zu spielen? Ich frage, warum ein

Gespräch vor dem Einschlafen »den Schlaf rauben« soll und ob nicht die Aufregung darüber, daß man, ohne es zu wollen, ungehorsam sein muß, viel eher »den Schlaf raubt«. Die Maxime, früh schlafen zu gehen und früh wieder aufzustehen, haben Eltern – unabhängig davon, ob sie richtig ist – aus Bequemlichkeit bewußt zu einem anderen Grundsatz verfälscht: Je mehr Schlaf, desto gesünder. Der öden Langeweile des Tages fügen sie die quälende Eintönigkeit des abendlichen Wartens auf das Einschlafen hinzu. Schwerlich läßt sich ein Befehl denken, der despotischer und bereits einer Tortur ähnlicher wäre, als der:
»Schlaf ein!«
Menschen, die spät schlafen gehen, pflegen nur dann krank zu werden, wenn sie die Nächte mit Trinken und Ausschweifungen verbringen und dann, durch ihre berufliche Tätigkeit zum frühen Aufstehen gezwungen, wenig Schlaf finden.
Ein Neurastheniker, der einmal bei Morgengrauen aufgestanden ist, fühlt sich ausgezeichnet, weil er sich das einredet. Daß ein Kind, das zeitig zu Bett geht, nicht so lange dem künstlichen Licht ausgesetzt ist, ist eigentlich kein so großer Vorteil bei einem Leben in der Stadt, wo man bei Morgengrauen nicht aufs Feld gehen kann, sondern bei herabgelassenen Vorhängen träge, unlustig und schlecht gelaunt daliegt – ein böses Vorzeichen für den beginnenden Tag . . .
Mit diesen wenigen Zeilen, wie in allen Fragen, die dieses Buch berührt, vermag ich das Thema nicht auszuschöpfen. Meine Aufgabe ist es, die Wachsamkeit zu wecken . . .

64. Wodurch unterscheidet sich der geistige Organismus des Kindes von dem unsrigen? Wie ist er geartet, wessen bedarf er, und welche nicht wahrnehmbaren Möglichkeiten sind in ihm enthalten? Wie steht es um jene Hälfte der Menschheit, die mit uns und neben uns in tragischem Zwie-

spalt lebt? Wir belasten sie mit den Pflichten des Menschen von morgen, ohne ihr die Rechte des Menschen von heute zuzugestehen.

Wollte man die Menschheit in Erwachsene und Kinder teilen und das Leben in Kindheit und Reife, so gibt es hier wie dort unzählige Kinder. Wir nehmen sie – von unseren eigenen Auseinandersetzungen und Sorgen in Anspruch genommen – nur nicht wahr, so wie wir früher für Frauenfragen, Belange der Bauern oder Probleme der unterdrückten Bevölkerungsschichten und Nationen blind waren. Wir haben uns so eingerichtet, daß uns die Kinder möglichst wenig stören und daß sie nicht ahnen, wer wir wirklich sind und was wir wirklich tun.

In einem Kinderheim in Paris sah ich zwei verschiedene Treppengeländer: ein normal hohes für die Erwachsenen, ein niedrigeres für die Kleinen. Darüber hinaus ist dem Erfindergeist einzig und allein die Schulbank eingefallen. Das ist wenig, sehr wenig. Seht euch nur die bettlerischen Kinderplätze mit ihren verbeulten Emaillebechern an verrosteten Brunnenketten in den Gärten der hochherrschaftlichen Hauptstädte Europas an.

Wo sind die Häuser und Gärten, die Werkstätten und Versuchsfelder, das Werkzeug und das Experimentiergerät für die Kinder, die Menschen von morgen? Noch ein Fenster, noch ein Vorraum, der die Klasse vom Abort trennt, nur soviel hatte die Architektur übrig; noch ein Wachstuchpferdchen und einen Blechsäbel, soviel leistete die Industrie; ein paar Bildchen für die Wand und Handarbeitsmuster – nicht gerade viel; die Märchenwelt der Kinder – gerade die haben wir nicht erdacht.

Vor unseren Augen ist aus dem »Weib« eine menschenwürdige Frau geworden. Jahrhundertelang hatte sie die ihr aufgezwungene Rolle gespielt und einen durch Willkür und Egoismus des Mannes geschaffenen Typ dargestellt, des Mannes, der nicht die berufstätige Frau inmitten des Volkes sehen wollte, ebenso wie er heute immer noch nicht das Kind in seiner Vorbereitung auf den »homo faber« wahrnimmt.

Das Kind hat sich noch nicht artikuliert, es hört immer noch zu.

Das Kind – hundert Masken, hundert Rollen eines fähigen Schauspielers. Anders gegenüber der Mutter als in Anwesenheit des Vaters, der Großmutter, des Großvaters, anders gegenüber einem strengen als gegenüber einem milden Lehrer, anders in der Küche oder inmitten von Altersgenossen, wieder anders gegenüber Reichen als gegenüber Armen, anders in Alltagskleidung als im Festtagsgewand. Naiv und durchtrieben, demütig und erhaben, sanftmütig und rachsüchtig, guter Laune und eigenwillig vermag es sich eine Zeitlang so zu verbergen, so in sich selbst zu verschließen, daß es uns täuscht und ausnutzt.

Im Bereich der Instinkte fehlt ihm scheinbar nur ein einziger; dieser ist an sich vorhanden, aber noch unausgeprägt, gleichsam ein Nebel erotischer Vorahnungen.

Seine Gefühlswelt ist mächtiger als die unsrige, weil sie durch keine Hemmungen eingeschränkt ist. An intellektuellen Kräften kommt es uns gleich; es fehlt ihm nur noch die Erfahrung.

Daher ist der Erwachsene so oft ein Kind und das Kind wiederum ein erwachsener Mensch.

Der ganze Unterschied beruht im übrigen darauf, daß es kein Geld verdient und daß es zum Nachgeben gezwungen ist, weil wir für seinen Unterhalt sorgen.

Nun gibt es bereits Kinderheime, die Kasernen und Klöstern nicht mehr in so fataler Weise ähneln; fast gleichen sie Spitälern. Hygiene wird großgeschrieben, aber selten hört man ein Lachen, gibt es eine Überraschung, ist Ausgelassenheit zu verspüren; gemessener Ernst, wenn nicht Strenge, macht sich hier nur auf eine andere Weise bemerkbar. Die Architektur hat dieses Feld noch nicht entdeckt; es gibt noch keinen »Stil des Kindes«. Fassaden wie an den Häusern der Erwachsenen und ebensolche Proportionen, eine greisenhafte Kälte in den Details. Ein Franzose hat einmal gesagt, Napoleon habe die Klosterglocke des Erziehungswesens gegen eine Trommel ausgewechselt – das ist richtig; ich füge hinzu: Der Geist der mordernen Erziehung wird durch Fabriksirenen übertönt.

65. Das unerfahrene Kind.
Ein Beispiel dafür und der Versuch seiner Interpretation:
»Mama, ich sag' dir was ins Ohr.«
Das Kind fällt der Mutter um den Hals und sagt geheimnisvoll:
»Mama, frag doch mal den Doktor, ob ich eine Semmel (ein Stück Schokolade, Kompott) essen darf.«
Es sieht dabei den Arzt an und möchte ihn durch ein Lächeln bestechen, um seine Zustimmung zu erreichen.
Ältere Kinder flüstern ins Ohr, jüngere sprechen mit normaler Stimme . . .
Es kommt der Augenblick, da die Umgebung das Kind für reif genug hält, um ihm Lehren zu erteilen.
»Es gibt Wünsche, die man nicht äußern darf. Sie sind von zweierlei Art: Die einen darf man überhaupt nicht haben, und wenn man sie schon hat, muß man sich ihrer schämen; die anderen sind wohl zulässig, aber nur unter Gleichaltrigen.«
Es ist häßlich, aufdringlich zu sein und – wenn man gerade einen Bonbon gelutscht hat – um einen zweiten zu bitten. Manchmal ist es auch unartig, überhaupt um etwas Süßes zu bitten: Man muß warten, bis man es bekommt.
Es ist häßlich, in die Hosen zu machen; aber man darf ebensowenig sagen »ich muß mal«, weil darüber gelacht wird. Damit nicht gelacht wird, muß man's jemandem ins Ohr sagen.
Manchmal ist es häßlich, laut zu fragen:
»Warum hat dieser Herr keine Haare?«

Der Herr lacht, alle lachen. Man darf wohl fragen, aber nur leise ins Ohr.
Das Kind begreift nicht gleich, daß es deshalb etwas ins Ohr sagen soll, damit nur eine vertraute Person es hört; es sagt also etwas ins Ohr, aber laut:
»Ich muß mal. Ich möchte einen Keks.«
Wenn es auch leise spricht, so begreift es nicht, warum. Warum soll es denn geheimhalten, was die Anwesenden sowieso von der Mutter erfahren?
Es schickt sich nicht, Fremde um etwas zu bitten; warum ist es jedoch erlaubt, den Doktor mit lauter Stimme um etwas zu bitten?
»Warum hat das Hündchen da so lange Ohren?« – fragt das Kind im leisesten Flüsterton.
Wieder Gelächter. So etwas darf man laut fragen; denn das Hündchen nimmt das nicht übel. Aber es ist verboten, zu fragen, warum dieses Mädchen hier ein so häßliches Kleid trägt. Das Kleid kann doch auch nichts übelnehmen.
Wie soll man es dem Kind erklären, wieviel niederträchtige Erwachsenenfalschheit in all dem steckt?
Wie kann man ihm später deutlich machen, warum es überhaupt häßlich ist, jemandem etwas ins Ohr zu sagen?

66. Das unerfahrene Kind.
Es schaut neugierig in die Welt, hört eifrig zu und glaubt, was man ihm sagt.
»Ein Äpfelchen, die Tante, ein Blümchen, eine Kuh« – es hält das alles für zutreffend.
»Das ist häßlich, rühr das nicht an, das darf man nicht, das ist nicht erlaubt« – daran glaubt es wirklich. »Gib ein Küßchen, mach eine Verbeugung, bedank dich« – es tut das ohne Zögern.
»Hat sich das Kind gestoßen; zeig mal her, Mama drückt einen Kuß darauf; schon tut es nicht mehr weh.«
Es lacht unter Tränen, denn die Mama hat es ja geküßt;

schon ist der Schmerz weg. Es hat sich gestoßen, läuft also, um sich eine Arznei zu holen: den Kuß.
Es glaubt daran.
»Hast du mich lieb?«
»Und wie . . .«
»Mama schläft, ihr tut der Kopf weh, man darf sie nicht wecken.« Also geht das Kind ganz leise auf Zehenspitzen zur Mutter hin, zupft sie vorsichtig am Ärmel und fragt sie flüsternd etwas. Es weckt die Mama nicht, oh nein, es fragt sie nur, und dann: »Schlaf nur, Mama, dir tut ja der Kopf weh.«
»Da oben ist der liebe Gott. Der ärgert sich über unartige Kinder, aber den artigen gibt er Semmeln und Kuchen. Wo ist der liebe Gott?«
»Da oben, ganz weit oben.«
Die Straße herauf kommt ein sonderbarer Herr, ganz weiß gekleidet.
»Wer ist das?«
»Das ist der Bäcker, er backt Semmeln und Kuchen.«
»Ja? Also ist das der liebe Gott?«
Großvater ist gestorben und in der Erde begraben worden.
»In der Erde begraben?« – verwundere ich mich. »Wie gibt man ihm denn etwas zu essen?«
»Sie graben ihn aus«, sagt das Kind, »mit der Hacke.«
Die Kuh gibt Milch.
»Die Kuh?« frage ich zweifelnd. »Aber woher nimmt sie die Milch?«
»Aus dem Brunnen«, antwortet das Kind.
Das Kind glaubt bedenkenlos; denn sooft es sich selbst etwas ausdenken will, geht es fehl; es ist darauf angewiesen, zu glauben.

67. Das unerfahrene Kind.
Es hat ein Glas zu Boden fallen lassen. Etwas sehr Verwunderliches ist geschehen. Das Glas ist verschwunden, dafür

sind ganz andere Gegenstände da. Es bückt sich, nimmt Glasscherben auf, verletzt sich, es tut weh, Blut tropft vom Finger. Alles ist so voller Geheimnisse und Überraschungen.
Es schiebt einen Stuhl vor sich her. Plötzlich flimmert es ihm vor den Augen, es erschrickt, und dann gibt es einen Krach. Der Stuhl hat sein Aussehen verändert, und das Kind selbst sitzt auf dem Fußboden. Wieder tut es weh, und der Schreck ist groß. Die Welt ist voll von wunderlichen Dingen und Gefahren.
Es zieht an der Bettdecke, um darunter hervorzukriechen. Da es dabei das Gleichgewicht verliert, hält es sich am Kleid der Mutter fest. Es greift nach dem Bettrand, um sich aufzurichten. Um diese Erfahrung bereichert, zieht es die Tischdecke herunter. Wieder gibt es eine Katastrophe.
Es sucht nach Hilfe; denn es vermag sich selbst noch nicht zu helfen. Bei seinen Selbständigkeitsversuchen erleidet es Niederlagen. Es empfindet seine Abhängigkeit und wird ungeduldig.
Auch dann, wenn es nicht oder nur bedingt vertraut, weil man es oftmals getäuscht hat, ist es gezwungen, sich an die Weisungen der Erwachsenen zu halten – ebenso wie ein unerfahrener Arbeitgeber einen unredlichen Arbeiter dulden muß, weil er ohne ihn nicht auskommen kann, und wie ein Gelähmter die Hilfe eines barschen Pflegers annehmen und dessen Launen ertragen muß.
Mit allem Nachdruck sei es gesagt: Jede Ratlosigkeit, jedes unwissende Staunen, jede fehlerhafte Umsetzung von Erfahrungen, jeder verunglückte Versuch der Nachahmung und jede Abhängigkeit erinnern an das Verhalten des Kindes – unabhängig vom Lebensalter der betreffenden Person. Mühelos können wir kindliche Züge bei einem Kranken, einem Greis, einem Soldaten oder einem Gefangenen entdecken. Ein Landbewohner in der Stadt und ein Städter auf dem Land staunen auf kindliche Weise. Ein Laie stellt

kindliche Fragen, ein Parvenu begeht die gleichen Taktlosigkeiten wie ein Kind.

68. Das Kind ahmt Erwachsene nach.
Nur durch Nachahmung lernt es sprechen und den meisten Umgangsformen zu genügen, und nur dadurch erweckt es den Anschein, sich in die Erwachsenenwelt eingelebt zu haben, die es nicht verstehen kann und die ihm fremd und unbegreiflich ist.
Die schwerwiegendsten Fehlurteile über das Kind kommen deshalb zustande, weil seine wirklichen Gedanken und Gefühle in überkommene Begriffe gekleidet sind und in Formen, deren es sich bedient und die sie mit einem gänzlich anderen Inhalt füllen.
Zukunft, Liebe, Vaterland, Gott, Ehrerbietung, Pflicht – in Worten erstarrte Begriffe, die doch lebendig sind, sich erneuern, an Bedeutung gewinnen, sich wandeln, feste Formen annehmen, an Gewicht verlieren und in jeder Lebensphase etwas anderes bedeuten. Es bedarf großer Mühe, um einen Sandhaufen, den das Kind einen Berg nennt, nicht mit den schneebedeckten Felshöhen der Alpen zu verwechseln. Wer sich in den Geist der menschlichen Begriffe hineinversetzt, für den verwischt der Unterschied zwischen dem Kind, dem Jugendlichen, dem gereiften Menschen, dem schlichten Gemüt und dem Denker, und dem enthüllt sich der kluge Mensch unabhängig von seinem Lebensalter, von seiner Gesellschaftsschicht, von seinem Bildungsgrad und dem Kulturfirnis seines Äußeren als ein Wesen, das im Rahmen seiner geringeren oder größeren Erfahrung vernünftig urteilt. Menschen verschiedener Überzeugung (ich rede nicht von politischen Losungen, die manchmal unaufrichtig sind und mit Gewalt aufgezwungen werden) haben voneinander abweichende Grunderfahrungen gemacht.
Ein Kind begreift die Zukunft noch nicht, es liebt die Eltern nicht, es hat noch keine Ahnung vom Vaterland, es vermag

Gott nicht zu erfassen, es »achtet« keinen Menschen und es kennt keine Pflichten. Es sagt: »Wenn ich erst groß bin«, aber es glaubt nicht daran; es nennt die Mutter die »allerliebste«, aber es empfindet das nicht so; sein Vaterland ist der Garten oder der Hof, und Gott ist ihm ein biederer, bisweilen auch lästiger Onkel; es heuchelt Ehrerbietung und unterwirft sich Pflichten, die derjenige verkörpert, der befiehlt und es beaufsichtigt. Man sollte nur daran denken, daß man nicht allein mit Prügeln, sondern auch durch Bitten und freundliche Blicke etwas befehlen kann. Das Kind ahnt manchmal etwas, aber das sind seltene, hellsichtige Augenblicke.
Das Kind ahmt nach? Und was tut ein Reisender, der von einem Mandarin eingeladen wird, an einer rituellen Zeremonie teilzunehmen? Er schaut zu, bemüht sich, nicht aufzufallen und keine Verwirrung zu stiften, er versucht, Wesen und Verbindung der einzelnen Handlungen zu erfassen, und er ist stolz darauf, daß er seine Rolle so gut spielt. Was macht ein ungeschliffener Kerl, der zu einem Festmahl von hochgestellten Persönlichkeiten zugelassen ist? Er ahmt nach. Und der Angestellte, der Bürobeamte, der Offizier – ahmen sie nicht in Sprache, Bewegungen, Lachen, Anzug und Haartracht ihren Vorgesetzten nach?
Es gibt noch eine Form der Nachahmung: Wenn ein kleines Mädchen durch den Schmutz watet und ihr kurzes Kleidchen hochhebt, dann bedeutet das, daß es jetzt gerade eine Erwachsene ist. Wenn ein Junge die Unterschrift des Lehrers nachahmt, dann überprüft er gleichsam seine eigene Befähigung für ein hohes Amt. Auch diese Form der Nachahmung ist bei Erwachsenen zu finden.

69. Die Egozentrik der kindlichen Weltsicht ist ebenfalls ein Mangel an Erfahrung.
Von der persönlichen Egozentrik, in der sein Bewußtsein Mittelpunkt aller Dinge und aller Erscheinungen ist, geht

das Kind zur familiären Egozentrik über, die – abhängig von den Bedingungen, unter denen es aufwächst – kürzer oder länger dauern kann. Wir selbst bestärken es in diesem Fehler, indem wir den Wert des Elternhauses übertrieben hoch ansetzen und erdachte oder tatsächliche Gefahren, die außerhalb der Reichweite unserer Hilfe und Fürsorge drohen, nachdrücklich hervorheben.

»Bleib bei mir«, sagt die Tante.

Das Kind schmiegt sich mit Tränen in den Augen an die Mutter und will um keinen Preis dableiben.

»Es hängt so an mir«, sagt die Mutter stolz.

Das Kind betrachtet erstaunt und furchtsam fremde Mütter, die ja noch nicht einmal seine Tanten sind.

Aber es kommt der Augenblick, da es das, was es in anderen Häusern sieht, mit dem zu vergleichen beginnt, was es selbst besitzt. Zunächst möchte es auch solch eine Puppe, einen Garten, einen Kanarienvogel haben, aber für sich daheim.

Später bemerkt es, daß es auch andere Väter und Mütter gibt, ebenfalls gute – vielleicht sogar bessere?

»Wenn das meine Mutter wäre . . .«

Ein Kind vom Lande macht die entsprechenden Erfahrungen früher, kennt Traurigkeiten, die niemand mit ihm teilt, und Freuden, an denen nur die nächsten Menschen teilnehmen; es begreift, daß sein Namenstag nur ihm als Feiertag gehört.

»Mein Vater, bei uns, meine Mutter« – dieses Herausstreichen der eigenen Eltern, dem man so häufig begegnet, wenn Kinder miteinander streiten, ist eher eine polemische Formel; manchmal ist es auch die tragische Verteidigung einer Illusion, an die man glauben möchte, an der man aber schon zu zweifeln beginnt.

»Wart nur, das sag' ich meinem Vater . . .«

»Vor deinem Vater werde ich gerade Angst haben!«

Das stimmt schon: Mein Vater ist nur für mich so bedrohlich . . . Ich würde es als eine egozentrische Sicht des Kindes auf die unmittelbare Gegenwart bezeichnen, daß es aus Mangel an Erfahrung nur für den Augenblick lebt. Ein auf die nächste Woche verschobenes Vergnügen verliert seine Wirklichkeit. Der Winter wird im Sommer zur Legende. Wenn das Kind ein Stück Kuchen »für morgen« übrigläßt, so verzichtet es unter Zwang darauf. Es fällt ihm schwer, zu verstehen, daß Gegenstände durch Beschädigungen nicht sogleich unbrauchbar werden, wohl aber weniger dauerhaft und schneller abgenützt. Es klingt wie ein Märchen, daß Mama einmal ein Mädchen gewesen sein soll. Erstaunt, fast furchtsam blickt das Kind den Fremden an, den der Vater beim Vornamen nennt, weil er in der Kindheit sein Spielgefährte war.

»Ich war damals noch nicht auf der Welt . . .«

Besagt denn der jugendliche Egozentrismus nicht: Mit uns beginnt die Welt?

Ist es jedoch um die Egozentrik von Parteien, Klassen und Nationen anders bestellt? Wem wird denn die Stellung des einzelnen innerhalb der Menschheit und des Universums bewußt? Wie mühselig hat man sich mit dem Gedanken abgefunden, daß sich die Erde bewegt, daß sie nur ein Planet ist? Und stand nicht die feste Überzeugung der Massen, daß die Schrecken eines Krieges im 20. Jahrhundert unmöglich seien, im Gegensatz zur Wirklichkeit?

Unser Verhältnis zu Kindern – ist es nicht Ausdruck der Egozentrik der Erwachsenen?

Ich habe nicht gewußt, wie gut ein Kind sich zu erinnern vermag und wie geduldig es warten kann. Viele Fehler werden gemacht, weil wir Kindern begegnen, die aus dem Zwang, der Unfreiheit, dem Frondienst kommen und die verdorben, traurig gestimmt oder rebellisch sind; man muß mühsam erraten, wie sie in ihrem Wesen beschaffen sind und was sie sein könnten.

70. Die Beobachtungsgabe des Kindes.
Auf der Kinoleinwand ein erschütterndes Drama. Plötzlich eine durchdringende Kinderstimme: »Oh, ein Hund!« Niemand hat ihn bemerkt, nur das Kind hat ihn gesehen. Ähnliche Ausrufe hört man manchmal im Theater, in der Kirche, bei vielen Feierlichkeiten; peinliches Erschrecken der nächsten Angehörigen, Anlaß zum Gelächter für die Allgemeinheit.
Ohne das Ganze zu erfassen, ohne von dessen ohnehin unverständlichem Inhalt voll beansprucht zu sein, begrüßt das Kind glückstrahlend jedes bekannte, ihm vertraute Detail. Aber ebenso freudig begrüßen auch wir ein bekanntes Gesicht, dem wir zufällig in einer großen Gesellschaft begegnen, die uns gleichgültig ist und deren Gegenwart uns bedrückt . . .
Das Kind, das nicht untätig sein kann, kriecht in jeden Winkel, guckt in jede Ritze, kramt herum und stellt tausend Fragen; das bewegliche Pünktchen einer Ameise, eine blitzende Glasperle, ein Ausdruck, ein Satz, den es aufgeschnappt hat, erregen sein Interesse. Wie sehr ähneln wir doch Kindern, wenn wir uns in einer fremden Stadt, in einer ungewohnten Umwelt befinden . . .
Das Kind kennt seine Umgebung, ihre Launen, ihre Gewohnheiten und Schwächen; es kennt sie und vermag sie geschickt auszunutzen. Es spürt, wenn man ihm Wohlwollen entgegenbringt, errät Heuchelei, erfaßt im Flug lächerliche Situationen. Es liest in einem Gesicht, wie der Bauer vom Himmel abliest, wie das Wetter wird. Denn auch das Kind beobachtet und forscht jahrelang, namentlich in Schulen und Internaten; diese angestrengte Arbeit, uns zu durchschauen, geschieht mit vereinten Kräften und in gemeinschaftlichem Bemühen. Wir wollen das nur nicht sehen; solange die Kinder nicht unseren Frieden stören, ziehen wir es vor, uns in der Illusion zu wiegen, sie seien naiv, unwissend und unvernünftig und ließen sich leicht durch

den Schein täuschen. Eine andere Auffassung brächte das Dilemma mit sich, daß wir entweder dem Vorrecht einer angeblichen Vollkommenheit offen zu entsagen oder das, was uns in ihren Augen erniedrigt, lächerlich und arm macht, auszumerzen hätten.

71. Allem Anschein nach vermag sich ein Kind auf der Suche nach immer neuen Erlebnissen und Eindrücken nicht lange mit einer Sache zu beschäftigen, und sogar am Spiel verliert es bald die Lust; wer noch vor einer Stunde sein Freund war, ist nun sein Feind, um einen Augenblick später wieder sein herzlicher Spielgefährte zu sein.
Eine im allgemeinen zutreffende Beobachtung: Ein Kind in einem Eisenbahnwagen pflegt launisch zu sein, es wird ungeduldig, wenn man es auf eine Bank im Garten setzt; nimmt man es mit zu einem Besuch, so wird es einen ärgern; bald schon fliegt das Spielzeug in die Ecke; im Unterricht ist es unruhig; nicht einmal im Theater kann es stillsitzen.
Wir sollten jedoch bedenken, daß ein Kind auf der Reise aufgeregt und müde sein kann, daß es ungefragt auf eine Bank gesetzt worden ist, daß es sich bei einem Besuch gehemmt fühlt, daß es Spielzeug und Spielgefährten nicht selbst ausgewählt hat, daß es zum Unterricht genötigt worden ist und daß es ins Theater unbedingt mitgehen wollte, weil es glaubte, dort auf angenehme Weise seine Zeit verbringen zu können.
Wie oft sind wir einem Kind ähnlich, das der Katze ein Schleifchen umbindet, ihr eine Birne anbietet und Bilder zum Ansehen gibt – sich dann aber wundert, daß die nichtsnutzige Katze taktvoll zu entweichen trachtet oder in der Verzweiflung die Krallen gebraucht.
Bei einem Besuch möchte das Kind ausprobieren, ob sich die Dose auf der Konsole öffnen läßt oder was dort in der Ecke so schimmert; es will nachschauen, ob es in dem

dicken Buch Bilder gibt; es möchte das Goldfischchen aus dem Aquarium herausholen und es möchte viel Schokolade essen. Aber mit keiner Regung gibt es seine Wünsche kund; denn das tut man nicht.

»Wir wollen nach Hause«, sagt es ungezogen . . .

Man hatte ihm einen schönen Nachmittag versprochen: Fähnchen, bengalische Feuer, eine Vorführung – darauf hat es gewartet, und jetzt ist es enttäuscht.

»Nun, gefällt es dir?«

»Sehr gut«, antwortet es gähnend oder sein Gähnen unterdrückend, um ja niemanden zu kränken . . .

In einer Ferienkolonie. – Ich erzähle auf einer Waldwiese ein Märchen. Während des Erzählens geht ein Junge fort, später ein zweiter und ein dritter. Das wundert mich, und daher frage ich am nächsten Tag nach dem Grund: Der eine hatte einen Stock unter einem Strauch versteckt – das war ihm beim Märchenerzählen eingefallen, und er schaute nach, ob ihn auch keiner weggenommen hatte; dem anderen tat ein gequetschter Finger weh, und der dritte mochte keine ausgedachten Erzählungen. Verläßt ein Erwachsener nicht auch eine Vorstellung, wenn sie ihn nicht interessiert, wenn ihm etwas wehtut oder wenn er in der Manteltasche sein Portemonnaie vergessen hat?

Ich kenne zahlreiche Beispiele dafür, daß ein Kind sich viele Wochen und Monate mit ein und demselben Gegenstand beschäftigen kann und gar keine Abwechslung wünscht. Ein Lieblingspielzeug verliert dann nie seinen Zauber. Dasselbe Märchen hört es viele Male mit stets gleichem Interesse an. Und umgekehrt: Ich kenne Mütter, die wegen der Eintönigkeit der Interessen ihrer Kinder ungeduldig werden. Wie oft wenden sie sich an einen Arzt, damit er »eine andere Ernährung« verordnet, weil Brei und Kompott dem Kind zum Halse heraushängen.

»Ihnen ist das lästig, verehrte Dame, nicht Ihrem Kind«, mußte ich in solchen Fällen erklären.

72. Die Langeweile, ein Thema für gründliche Studien.
Langeweile – das ist Einsamkeit, Mangel an Eindrücken; Langeweile – ein Übermaß davon führt zu Lärm und wildem Durcheinander. Langeweile – das bedeutet: Das darf man nicht, wart nur, Vorsicht, das ist nicht schön! Das ist der Widerwille, den ein neues Kleidchen mit sich bringen kann, das sind Hemmungen, Verlegenheiten, Weisungen, Verbote und Pflichten.

Das ist der Überdruß des Spielens auf dem Balkon, des Aus-dem-Fenster-Guckens, des Spazierengehens, des Besuche-Machens und des Spiels mit zufälligen, nicht selbst gewählten Spielgefährten.

Die Langeweile ist ebenso gefährlich wie eine Erkrankung, die fiebrig, langwierig, schwärend ist und schlimmer wird. Die Langeweile ist ein Unlustgefühl des Kindes; von daher kann übertriebene Empfindlichkeit gegenüber Wärme und Kälte, gegenüber Hunger und Durst kommen sowie ein Übermaß beim Essen, ferner Schläfrigkeit und allzu langer Schlaf, Schmerzempfindlichkeit und rasche Ermüdung.

Langeweile – das ist Apathie, Unempfänglichkeit gegen Reize, verminderte Beweglichkeit, Wortkargheit und Schwächung aller Lebensimpulse. Das Kind steht träge auf, geht gebückt, mit schlurfenden Schritten, rekelt sich; es antwortet entweder nur mit Gesten oder einsilbig, mit leiser Stimme, unlustig und verdrießlich. Es äußert keine Wünsche, verhält sich jedoch ablehnend und feindlich, wenn man etwas von ihm fordert. Es kommt zu vereinzelten, plötzlichen Ausbrüchen, die unverständlich und kaum begründet sind.

Langeweile bedeutet gesteigerte Betriebsamkeit. Das Kind sitzt keinen Augenblick still, beschäftigt sich immer nur kurze Zeit mit einer Sache, ist launisch, undiszipliniert, boshaft, angriffslustig, aufdringlich, oft beleidigt, weinerlich und leicht verärgert. Manchmal bricht es absichtlich einen Streit vom Zaun, um in der erwarteten Bestrafung den starken Eindruck zu erleben, nach dem es verlangt. Oft können wir dem Starrsinn einer bewußten Böswilligkeit gerade dort begegnen, wo der kindliche Wille vollkommen am Ende ist; und auf ein Übermaß an Energie stoßen wir dort, wo Verzweiflung über das eigene Versagen herrscht.

Die Langeweile wird manchmal zur kollektiven Psychose. Wenn Kinder unfähig sind, ein gemeinsames Spiel zu organisieren, wenn sie gehemmt sind oder nach Alter und Veranlagung nicht zueinander passen oder wenn sie unter außergewöhnlichen Bedingungen stehen, können sie in besinnungsloses Randalieren verfallen.

Sie schreien, stoßen sich herum, reißen einander die Beine weg, überschlagen sich, drehen sich bis zur Bewußtlosigkeit im Kreise und stürzen schließlich zu Boden; sie putschen sich gegenseitig auf, wobei sie krampfhaft lachen. Meistens macht eine Katastrophe diesem »Spiel« ein Ende, bevor es zum Umschwung kommt: Prügelei, zerrissene Sachen, zerbrochene Stühle, ein allzu hartes Zuschlagen – damit kommt es zu allgemeiner Verwirrung und zu gegenseitigen Beschuldigungen. Manchmal beendet auch ein Zuruf wie »Hört doch auf mit dieser Verrücktheit« oder »Schämt euch, was stellt ihr nur an« den Tumult; dann geht die Initiative in energische Hände über – und man erzählt Märchen, singt im Chor oder unterhält sich.

Ich fürchte, daß manche Erzieher geneigt sind, diese nicht allzu häufigen pathologischen Zustände einer kollektiven Langeweile für ein normales Spiel von Kindern zu halten, die »sich selbst überlassen sind«.

73. Bisher sind nicht einmal Kinderspiele, die bereits aus der Literatur bekannt sind, in gründlichen klinischen Studien behandelt worden. Man sollte daran denken, daß nicht nur Kinder spielen, sondern auch Erwachsene, daß Kinder nicht immer gern spielen, daß keineswegs alles, was wir als Spiel

bezeichnen, auch wirklich Spiel ist, daß viele Kinderspiele Nachahmungen ernsthaften Tuns von erwachsenen Menschen sind, daß Spiele im freien Gelände vollkommen anders sind als Spiele innerhalb der Mauern einer Stadt oder der Wände eines Zimmers und daß Kinderspiele allein unter dem Gesichtspunkt der Stellung untersucht werden dürfen, welche die Kinder in unserer gegenwärtigen Gesellschaft einnehmen.

Ein Ball.

Schau dir einmal die mühseligen Versuche des Jüngsten an, den Ball aufzuheben, um ihn in der gewünschten Richtung über den Fußboden rollen zu lassen.

Betrachte die unermüdlichen Übungen der Älteren, den Ball mit der rechten oder der linken Hand zu fangen, ihn immer wieder vom Boden oder von der Wand abzuschlagen, ihn mit dem Schlagstock zu treffen und ihn ins Ziel zu werfen. Wer schafft es am weitesten, am höchsten, am treffsichersten, am häufigsten? Da gibt es Wetteifer, Erkenntnis des eigenen Könnens durch Vergleich, da gibt es Triumphe, Niederlagen und Vervollkommnung.

Da erlebt man oft sehr komische Überraschungen. Schon hatte jemand den Ball gefangen, da ist er ihm wieder entglitten; er ist von dem einen abgeprallt und dem anderen direkt in die Hände gefallen; beim Fangen sind zwei mit den Köpfen zusammengestoßen; der Ball ist unter den Schrank gerollt, aber er kommt gutwillig von selbst wieder hervor.

Große Erregung! Der Ball ist auf den Rasen gefallen, und es ist ein Wagnis, ihn zurückzuholen. Er ist verschwunden, man muß lange nach ihm suchen. Um ein Haar hätte er eine Fensterscheibe zertrümmert. Auf den Schrank ist er geflogen, wie soll man ihn herunterbekommen? – lange Beratungen. Hat der da den Ball abgeschlagen oder nicht? Wer ist schuld: der, der ihn schräg geworfen hat, oder der, der ihn nicht gefangen hat? Lebhafter Streit.

Individuelle Varianten. Einer versucht zu täuschen, tut so, als wolle er werfen; er zielt auf den einen, schießt aber den anderen an; er verbirgt den Ball geschickt, als ob er nicht wüßte, wo er ist. Er pustet hinter dem fliegenden Ball her, damit er schneller ans Ziel kommt; absichtlich überstürzt er sich beim Fangen; er versucht, den Ball mit dem Mund zu packen; er stellt sich ängstlich, wenn ihm der Ball zugeworfen wird, und gibt vor, hart getroffen zu sein. Er schlägt den Ball: »Dir werd' ich's geben, Ball!« »Da klappert was im Ball«, sie schütteln ihn hin und her und lauschen.
Es gibt Kinder, die selbst nicht spielen, aber gern den Erwachsenen beim Billard oder Schach zusehen. Auch bei diesen Spielen gibt es interessante, falsche und geniale Züge. Die zweckgerichtete Bewegung ist nur eine von vielen Merkmalen, die den Sport den Kindern lieb machen.

74. Das Spiel ist nicht eigentlich das Lebenselement des Kindes, wohl aber das einzige Betätigungsfeld, auf dem wir ihm eine engere oder weitere Initiative erlauben. Beim Spiel fühlt sich das Kind bis zu einem gewissen Grade unabhängig. Alles andere ist ein flüchtiger Gunstbeweis, ein Zugeständnis des Augenblicks; auf das Spiel aber hat das Kind ein Recht.
Wenn ein Kind Pferdchen, Soldat, Räuber und Gendarm oder Feuerwehr spielt, dann entlädt es seine Energie in anscheinend zweckgerichteten Bewegungen; es gibt sich zeitweilig Täuschungen hin oder flieht bewußt aus dem grauen Alltag seines wirklichen Lebens. Deshalb mögen Kinder die Gesellschaft von Gleichaltrigen mit lebhafter Phantasie, vielseitiger Initiative und einem großen Schatz von Motiven aus der Literatur; und sie unterwerfen sich devot der despotischen Macht solcher Altersgenossen, weil ihre eigenen nebelhaften Vorstellungen sich so leichter in eine Scheinwirklichkeit umsetzen lassen. Die Gegenwart von Erwachsenen und Fremden legt Kindern Hemmungen

auf; sie schämen sich ihrer Spiele und sind sich deren Nichtigkeit bewußt.
Wieviel bitteres Wissen um den Mangel an wirklichem Leben und wieviel schmerzliche Sehnsucht danach wirkt doch im Spielen der Kinder fort!
Der Stecken ist kein Pferd für das Kind, es muß nur mangels eines wirklichen Pferdes mit einem hölzernen vorliebnehmen. Wenn es in einem umgekippten Stuhl durchs Zimmer paddelt, so ist das noch keine Kahnfahrt auf einem Teich.
Wenn ein Kind baden darf, so lange es will, wenn es einen Wald voller Beeren, eine Angel, Vogelnester auf hohen Bäumen, einen Taubenschlag, Hühner, Kaninchen, Pflaumen in einem fremden Obstgarten und Blumen vor dem Haus täglich zur Verfügung hat, dann wird das Spiel überflüssig oder ändert seinen Charakter von Grund auf.
Wer wird denn einen lebendigen Hund gegen einen ausgestopften auf Rädern tauschen? Wer wird ein Pony für ein Schaukelpferd hergeben?
Dem Spiel wendet sich das Kind nur notgedrungen zu; hier sucht es Zuflucht vor der bösen Langeweile, hier schützt es sich vor der schrecklichen Öde und hier verbirgt es sich vor der starren Pflichterfüllung. So ist es; das Kind will lieber spielen als grammatische Formeln oder Multiplikationstabellen seinem Gedächtnis einprägen.
Das Kind hängt an seiner Puppe, seinem Stieglitz, an einer Topfblume, weil es noch nicht mehr besitzt; ein Gefangener oder ein Greis hängen an ähnlichen Dingen genauso, weil sie nichts mehr besitzen. Das Kind spielt mit beliebigen Dingen, um die Zeit totzuschlagen; denn es weiß nichts anzufangen und besitzt nichts anderes. Wir hören, wie das kleine Mädchen seiner Puppe Anstandsregeln beibringt, wie es sie belehrt und tadelt; aber wir hören meistens nicht, wie es sich bei ihr über seine Umgebung beklagt und ihr flüsternd seine Sorgen, Mißerfolge und Träume anvertraut. »Ich sag's nur dir, mein Püppchen, aber sag es nicht weiter.«

»Du bist ein gutes Hündchen, ich bin dir nicht böse, du hast mir ja nichts Böses getan.«
Die Einsamkeit des Kindes verleiht der Puppe eine Seele.
Das ist kein Kinderparadies, sondern ein Drama.

75. Ein Hirtenjunge zieht die Karten dem Ballspiel vor: Er muß schon genug hinter den Kühen herlaufen. Ein kleiner Zeitungsverkäufer oder ein Laufbursche rennen nur anfangs so angestrengt; bald lernen sie, mit ihren Kräften hauszuhalten und sie gleichmäßig über den ganzen Tag zu verteilen. Ein Kind, das ein Kleinkind zu betreuen hat, spielt nicht mit Puppen; im Gegenteil, es sucht der unangenehmen Pflicht zu entgehen.
Das Kind mag also nicht arbeiten? Die Arbeit eines Kindes armer Eltern ist durch die Nützlichkeit bedingt und hat keinen erzieherischen Charakter; man rechnet weder mit seinen individuellen Kräften noch mit seinen individuellen Eigenschaften. Es wäre lächerlich, das Leben armer Kinder als vorbildlich hinzustellen; auch hier gibt es Langeweile. Im Winter die Eintönigkeit der engen Stube, im Sommer die Öde eines kahlen Hinterhofes oder eines Straßengrabens; die Langeweile nimmt nur andere Formen an. Weder die Kinder noch wir können einem Kind den Tag sinnvoll ausfüllen, so daß die Phasen seines Ablaufs, folgerichtig aneinandergereiht, sich zu einem bunten Lebensinhalt entfalten würden, vom Gestern über das Heute zum Morgen.
Zahlreiche Kinderspiele sind Arbeit.
Wenn Kinder sich zu viert eine Hütte aus Zweigen bauen, mit einem Stück Blech, einer Glasscherbe oder einem Nagel Löcher graben, Pflöcke einschlagen, sie miteinander verbinden, ein Dach aus Zweigen auflegen, es mit Moos abdichten und dabei schichtweise angestrengt und schweigend arbeiten, dann ist dieses Tun – das zwar spielerisch ist, aber Verbesserungen entwirft, weitere Pläne entwickelt und die Ergebnisse erworbener Erfahrungen weitergibt –

kein Spiel; vielmehr ist es eine unbeholfen ausgeführte Arbeit mit unzureichendem Gerät und ungenügendem Material, die darum wenig ergiebig ist; sie ist aber so organisiert, daß jedes Kind entsprechend seinem Alter, seinen Kräften und seinen Fähigkeiten sich so viel Mühe gibt, wie es aufzubringen vermag.

Wenn ein Kinderzimmer gegen unser ausdrückliches Verbot so oft zur Werkstatt und zu einem Magazin von Gerümpel – d. h. von Material zur Ausführung beabsichtigter Arbeiten – wird, sollte man dem dann nicht nachgehen? Vielleicht ist es nicht angebracht, das Zimmer eines kleinen Kindes mit Linoleum auszulegen; vielleicht sollte man lieber eine Fuhre gesunden gelben Sandes darin verteilen und ein Bündel Holz und eine Schubkarre Steine hinzugeben? Vielleicht wären Bretter, Dachpappe, ein Pfund Nägel, Säge, Hammer und eine Hobelbank willkommenere Geschenke als »Spielzeug« und ein Werklehrer nützlicher als ein Meister der Gymnastik oder des Pianos. Dann müßte man aber aus dem Kinderzimmer die Ruhe und die sterile Sauberkeit eines Krankenhauses sowie die Furcht vor zerschundenen Fingern vertreiben.

Oft weisen auch verständige Eltern ihr Kind mürrisch an: »Geh spielen!«; und schmerzlich berührt hören sie die Antwort: »Immer nur spielen und spielen.« Was sollen Kinder anfangen, wo sie doch nichts anderes haben?

Hier hat sich inzwischen vieles gewandelt. Spiele und Spielzeug werden heute nicht mehr abschätzig behandelt; sie sind bereits in den Lehrplan aufgenommen, und immer lauter wird der Ruf nach Spielplätzen. Von Stunde zu Stunde wandeln sich die Auffassungen, und das Denken eines durchschnittlichen Familienvaters und Erziehers kommt kaum noch nach.

76. Entgegen all diesen Erfahrungen gibt es Kinder, die weder durch das Alleinsein allzu sehr beeinträchtigt werden noch das Bedürfnis empfinden, aktiv tätig zu sein. Diese

stillen Kinder, die von fremden Müttern oft als Vorbild hingestellt werden, sind im Haus »gar nicht zu hören«. Sie langweilen sich nicht; sie erfinden selbst Spiele, die sie auf Geheiß beginnen und auf Geheiß gehorsam unterbrechen. Das sind passive Kinder, die einen schwach entwickelten Willen haben und deshalb leicht nachgeben. Die Einbildung ersetzt ihnen die Wirklichkeit, und dies um so mehr, als die Erwachsenen das so haben wollen.

In einer Kinderschar verlieren sie sich, sind schmerzlich berührt von der barschen Gleichgültigkeit der anderen und bringen es nicht fertig, aktiv mitzumachen. Anstatt das zu erkennen, möchten Mütter mit Gewalt erzwingen, was sich nur langsam und vorsichtig in langwierigen Bemühungen und auf einem Wege erreichen läßt, der mit der Erfahrung vieler Mißerfolge, nicht gelungener Versuche und schmerzlicher Demütigungen gepflastert ist. Jeder unbedachte Befehl verschlimmert die Sache nur. Ein »Geh, spiel mit den anderen Kindern« tut dem Kind ebenso unrecht wie: »Nun hast du aber genug gespielt.«

Wie leicht kann man sie in einer großen Schar entdecken. Ein Beispiel: Kreisspiele in einem Garten. Viele Kinder fassen einander bei den Händen und singen; die beiden in der Mitte spielen die Hauptrolle.

»Na, geh schon, spiel mit ihnen!«

Die Kleine will nicht, denn sie kennt dieses Spiel und diese Kinder nicht. Als sie einmal mitspielen wollte, hieß es: »Wir brauchen dich nicht mehr, wir sind schon genug« oder: »Du bist ein Tolpatsch!« Vielleicht würde sie es morgen oder in einer Woche wieder versuchen. Aber die Mutter will nicht warten; sie schafft ihr Platz und schubst sie in den Kreis. Schüchtern, zögernd faßt die Kleine ihre Nachbarn bei der Hand; sie möchte nicht beachtet werden, sie wird sich schon hineinfinden, vielleicht wird sie langsam Freude daran gewinnen und den ersten Schritt zur Versöhnung mit dem neuen gemeinschaftlichen Leben tun. Aber die Mutter

begeht eine weitere Taktlosigkeit – sie möchte die Kleine zu einer lebhafteren Anteilnahme ermuntern:
»Hört mal, warum sind immer dieselben im Kreis? Diese hier war überhaupt noch nicht drin; nehmt sie mal!«
Eine Anführerin lehnt ab, die beiden anderen geben nach, aber ungern.
Da steht nun die arme Anfängerin in einer Umgebung, die ihr nicht wohl will.
Diese Szene endete mit einem weinenden Kind, einer verärgerten Mutter und einer irritierten Kinderschar.

77. Die Beobachtung des Kinderkreises im Garten dient auch als praktische Übung für Erzieher: Es geht um die Anzahl der wahrgenommenen Momente. Hier ergibt sich die generelle Beobachtung (sie ist schwierig, betrifft alle am Spiel beteiligten Kinder) und die individuelle (an einem beliebig ausgewählten Kind).
Initiative und Keimzelle des Kreises, sein Aufblühen und sein Verfall. Wer gibt das Stichwort, wer organisiert und führt, und wessen Ausscheiden läßt den Kreis auseinanderfallen? Welche Kinder wählen sich ihre Nachbarn aus, wer reicht zwei zufällig in der Nähe Stehenden die Hände? Wer trennt sich gern wieder, um einem neuen Teilnehmer Platz zu machen, wer protestiert dagegen? Wer wechselt oft seinen Platz, und wer bleibt die ganze Zeit über an derselben Stelle? Wer wartet geduldig in den Spielpausen, und wer wird kribbelig: »Na, macht schneller! Fangen wir doch an!« Wer steht regungslos auf seinem Platz, und wer tritt von einem Bein auf das andere, schlenkert mit den Händen und lacht laut? Wer gähnt, geht aber doch nicht fort, wer verläßt das Spiel, ob er nun nicht interessiert oder beleidigt ist; wer setzt den anderen so lange zu, bis er eine Hauptrolle erhält? Eine Mutter will ein kleines Kind in den Kreis hineinbringen; da sagt das eine Kind: »Nein, es ist zu klein«, und ein anderes antwortet:

»Was macht das aus, soll es doch dabeisein.«
Wenn ein Erwachsener das Spiel leitete, würde er eine Reihenfolge und die anscheinend gerechte Rollenverteilung festlegen und in der Meinung, Hilfestellung zu leisten, Zwang ausüben. Zwei Kinder, fast immer dieselben, laufen um den Kreis herum (Katze und Maus), sind Hauptfiguren beim Käferspielen und beim Körbchenwählen, und die übrigen langweilen sich wohl? Das eine guckt zu, das andere lauscht angespannt, das dritte singt erst leise, dann mit halber Stimme und schließlich aus voller Kehle, das vierte hat wohl Lust mitzuspielen, aber es zögert, und das Herz schlägt ihm bis zum Hals. Aber der zehnjährige Anführer schätzt das alles psychologisch richtig ein, er hat den richtigen Überblick und beherrscht die Situation.
Bei allem gemeinschaftlichen Tun – also auch beim Spielen – unterscheiden sich Kinder, selbst wenn sie dasselbe tun, wenigstens in einer Kleinigkeit voneinander.
Wir vermögen zu erkennen, was das Kind im Leben, mitten unter Menschen und in seinem eigenen Tun darstellt, welches seine nicht verborgenen, ganz offenkundigen Werte sind, was es begierig aufnimmt und was es von sich aus geben kann, wie die Menge es beurteilt, wie es mit seiner Selbständigkeit steht und mit seiner Widerstandskraft gegen eine Massensuggestion. Aus intimen Gesprächen wissen wir, was es gern haben möchte, und aus der Beobachtung innerhalb einer Kinderschar, was es zu verwirklichen vermag; hier ist seine Beziehung zu den Menschen von Bedeutung, dort sind es die verdeckten Motive dieses Verhältnisses. Wenn wir ein Kind immer nur allein sehen, lernen wir es bloß von einer Seite kennen.
Wenn die anderen ihm folgen – wodurch hat es das erreicht und auf welche Weise macht es Gebrauch davon? Ist das nicht der Fall – ob es dann wünscht, daß die anderen ihm gehorchen, ob es leidet, ob es sich ärgert, ob es unzufrieden, passiv, neidisch ist, ob es auf seinen Wünschen beharrt oder

nachgibt? Ob es häufig oder selten opponiert, ob es recht hat oder nicht, ob es sich von seinem Ehrgeiz oder von Launen leiten läßt, ob es taktvoll oder brutal seinen Willen durchsetzt? Meidet es die Anführer oder klammert es sich an sie?
»Hört mal her, machen wir das doch so! Wartet mal, so wird es besser gehen! Ich spiel' nicht mehr mit. Na gut, dann sag doch, wie du es haben willst.«

78. Was sind denn friedliche Kinderspiele anderes als eine Unterhaltung, ein Gedankenaustausch, ein Phantasieren über ein bestimmtes Thema, das durch den Traum von der Macht dramatisiert wird. Beim Spielen geben Kinder ihre eigentlichen Ansichten ebenso kund, wie ein Autor in der Handlung eines Romans oder eines Theaterstückes seinen Grundgedanken entwickelt. Deshalb kann man hier so oft eine unbewußte Satire auf die Erwachsenen wahrnehmen, wenn sie Schule spielen, einen Besuch abstatten, Gäste empfangen, Puppen bewirten, kaufen und verkaufen, sich verdingen und ihren Dienst versehen. Das Schulespielen nehmen passive Kinder ernst, da sie gerne ein Lob ernten möchten, die aktiven spielen sich als Witzbolde auf, deren Unfug oft zu allgemeinen Protestbekundungen gegen sie führt; verraten sie damit nicht unwillkürlich ihr wirkliches Verhältnis zur Schule?
Wenn es einem Kind verwehrt ist, in einen Garten zu gehen, so macht es desto lieber lange Reisen über die Weltmeere zu unbewohnten Inseln; wenn es nicht einmal einen Hund besitzt, der ihm gehorcht, dünkt es sich gern Anführer eines ganzen Regiments – es möchte gerade dann, wenn es nichts zu sagen hat, gerne alles bedeuten. Aber ist das nur bei Kindern so? Geben nicht politische Parteien mit zunehmendem Einfluß auf die öffentlichen Angelegenheiten – ihre Luftschlösser für das Schwarzbrot realer Errungenschaften hin?

Manche Spiele, Nachforschungen und Versuche der Kinder sehen wir gewöhnlich gar nicht gern. Das Kind geht auf allen vieren und bellt, um zu erfahren, wie sich Tiere benehmen; es stellt sich lahm oder spielt einen gebückten Greis, es schielt, stottert, torkelt wie ein Betrunkener, es ahmt einen Verrückten nach, den es einmal auf der Straße gesehen hat, es geht mit geschlossenen Augen (ein Blinder), es hält sich die Ohren zu (ein Tauber), es legt sich flach hin, verharrt regungslos und hält den Atem an (ein Toter); es guckt durch Brillengläser, nimmt einen Zug aus der Zigarette und zieht heimlich die Uhr auf; es reißt einer Fliege die Flügel aus: Wie wird sie nun fliegen? Es angelt mit einem Magneten eine Schreibfeder; es betrachtet seine Ohren (wo sind denn die Trommelfelle), seinen Rachen (was gibt's denn da für Mandeln?); ein Bub schlägt einem kleinen Mädchen vor, Doktor zu spielen, denn er hofft, dadurch zu erfahren, wie es beschaffen ist; das Kind läuft mit einem Brennglas in die Sonne, horcht, was da in der Muschel rauscht und schlägt zwei Steine gegeneinander.
Alles, dessen man sich vergewissern kann, will es sehen, untersuchen, erfahren; es bleibt auch so noch genug, was man einfach glauben muß.
Alle sagen, daß es nur einen Mond gibt – aber er ist doch überall zu sehen.
»Hör mal, ich bleib' hier hinterm Zaun, und du gehst in den Garten.«
Sie schlossen das Gartentor.
»Na und jetzt, ist der Mond im Garten?«
»Ja.«
»Hier ist er auch.«
Sie wechselten die Plätze und überprüften das Ganze noch einmal; jetzt haben sie die Gewißheit, daß es zwei Monde gibt.

79. Einen besonderen Platz nehmen Spiele ein, die der

Erprobung der eigenen Kräfte und der Erkenntnis des eigenen Wertes dienen; aber das läßt sich nur im Vergleich mit anderen bewerkstelligen.

Wer also kann längere Schritte machen, und wie viele Schritte geht einer mit geschlossenen Augen; wer kann länger auf einem Bein stehen, wer muß nicht mit den Augen zwinkern und nicht lachen, wenn er einem anderen in die Augen blickt; wer kann länger den Atem anhalten? Wer schreit lauter, wer spuckt weiter, wer schafft beim Pissen den höchsten Bogen, und wer kann den Stein höher schleudern? Wer springt mehr Stufen hinunter, wer springt höher und weiter, und wer hält den Schmerz eines gequetschten Fingers länger aus? Wer kommt schneller ans Ziel, wer kann wen hochheben, zu sich hinüberziehen, umwerfen?

»Ich kann das. Ich verstehe das. Ich weiß, ich habe.«

»Ich kann es besser. Ich weiß mehr. Meins ist besser.«

Und dann:

»Meine Mama und mein Vater, können . . ., haben . . .« So erwirbt man sich Achtung und nimmt eine entsprechende Stellung in der eigenen Umwelt ein. Man sollte daran denken, daß das Wohlergehen eines Kindes nicht allein davon abhängt, wie es von den Erwachsenen beurteilt wird, sondern ebenso – oder vielleicht in noch höherem Maße – von der Meinung seiner Altersgenossen; diese haben zwar andere, aber nicht weniger feste Grundsätze in ihrem Werturteil und bei der Verleihung von Rechten an die Glieder ihrer Gemeinschaft.

Ein Fünfjähriger kann in die Gesellschaft von Achtjährigen aufgenommen werden, und diese wiederum können von Zehnjährigen toleriert werden, die schon allein durch die Stadt streifen, einen verschließbaren Federkasten und ein Notizbuch besitzen. So kann einer, der bloß um zwei Schulklassen älter ist, manche Unklarheiten beseitigen; für ein halbes Stück Kuchen oder auch ganz umsonst weiht er

einen in Geheimnisse ein und vermittelt Bildungsgüter: Ein Magnet zieht Eisen an, weil er magnetisiert ist. Die arabischen Pferde sind die besten, denn sie haben dünne Beine. Könige haben kein rotes Blut, sondern blaues. Löwe und Adler haben bestimmt auch blaues Blut (man müßte mal jemanden danach fragen). Wenn ein Leichnam jemanden bei der Hand nimmt, dann kann dieser sich nicht mehr losreißen. Im Wald gibt es Frauen, die anstatt der Haare Schlangen auf dem Kopf haben; er hat das selbst auf einem Bild gesehen. Sogar im Wald hat er sie gesehen, aber nur von weitem, denn wenn ein Mensch sie aus der Nähe betrachtet, wird er in einen Stein verwandelt (hier lügt er wohl?). Er hat schon einen Ertrunkenen gesehen, er weiß, wie Kinder geboren werden, und er kann ein Portemonnaie aus Papier machen.
Und das behauptet er nicht nur, sondern er hat wirklich ein Portemonnaie aus Papier gemacht; die Mama kann das nicht.

80. Wenn wir nicht das Kind, seine Gefühle, seine Bestrebungen und folglich auch seine Spiele geringschätzten, würden wir begreifen, daß es ganz recht hat, wenn es mit dem einen gerne umgeht, das andere dagegen meidet, nur aus Zwang mit ihm zusammentrifft und ungern bei ihm bleibt. Mit seinem besten Freund kann man sich prügeln, aber auch bald wieder vertragen; mit einem unleidlichen Kind kann man nicht umgehen, ohne sich mit ihm zu zanken.
Man kann nicht mit ihm spielen, denn es heult wegen jeder Kleinigkeit; es ist schnell beleidigt, es beklagt sich, schreit und spielt verrückt, es prahlt, schlägt blindlings zu, will kommandieren, es petzt und hintergeht einen, es ist falsch, tolpatschig, mickrig, dünn, schmutzig, häßlich.
So ein einziges kleines Kind, das krakeelt und aufdringlich ist, verdirbt das ganze Spiel. Sieh dir einmal an, wie Kinder sich darum bemühen, den Störenfried unschädlich zu ma-

chen! Ältere Kinder lassen gerne auch ein kleines mitspielen, weil es ebenfalls nützlich sein kann – aber es soll sich mit einer zweitrangigen Rolle begnügen und nicht stören.

»Gib ihm das, gib nach, erlaub es doch: Es ist ja noch klein.«
Das stimmt aber nicht: Erwachsene geben Kindern auch nicht nach . . .

Warum mag der Kleine nicht mitgehen, wenn man dort einen Besuch macht?

Da sind Kinder, mit denen er doch gerne spielt.

Er spielt gerne mit ihnen, aber bei sich zu Hause oder im Garten. Dort aber ist ein Herr, der Krach macht, dort wird man zudringlich geküßt, dort hat das Dienstmädchen ihn beleidigt, dort neckt ihn die ältere Schwester, dort gibt es einen Hund, vor dem er Angst hat. Sein Ehrgefühl erlaubt es ihm nicht, die wirklichen Gründe anzugeben; und die Mutter meint, das seien nur Launen.

Er will nicht in den Park gehen. Warum wohl? Weil ihm ein älterer Junge Prügel angedroht hat; weil die Bonne eines Mädchens angekündigt hat, sie werde sich über ihn beschweren; weil der Gärtner mit dem Stock gedroht hat, als er auf den Rasen lief, um seinen Ball zu holen; weil er einem Jungen eine Spielmarke versprochen hat, und nun ist sie irgendwo verschwunden.

Es gibt launische Kinder; ich habe in der Sprechstunde einige Dutzend davon kennengelernt. Diese Kinder wissen, was sie wollen, aber das bekommen sie nicht: Sie haben zuwenig Luft, weil sie unter der Last einer übergroßen Fürsorge ersticken. Wenn die Beziehung der Erwachsenen zu Kindern im allgemeinen kühl ist, so verachten die pathologisch launischen Kinder ihre Umgebung und hassen sie. Mit unverständiger Liebe kann man Kinder martern; die Gesetzgebung sollte sie in ihre Obhut nehmen.

81. Wir haben die Kinder in die Uniform der Kindlichkeit gesteckt; nun glauben wir, sie liebten, achteten und vertrau-

ten uns, sie seien unschuldig, leichtgläubig und dankbar. Wir spielen die Rolle des uneigennützigen Betreuers ohne Fehler; wir sind gerührt bei dem Gedanken an die Opfer, die wir gebracht haben, und man kann sagen, daß wir uns zeitweilig gar nicht schlecht dabei fühlen. Zunächst glauben uns die Kinder; dann aber beginnen sie zu zweifeln, und sie versuchen, Verdächtigungen zurückzuweisen, die sich arglistig einschleichen, und manchmal kämpfen sie auch dagegen an. Wenn sie aber die Fruchtlosigkeit ihres Vorhabens erkennen, beginnen sie, uns zu täuschen, zu bestechen und auszunutzen.

Durch Bitten, anmutiges Lächeln, Küsse, Späße und gehorsames Wesen schmeicheln sie uns ab, was sie haben wollen; sie gewinnen uns durch Nachgiebigkeit; sie geben uns selten und sehr taktvoll zu verstehen, daß sie gewisse Rechte haben; manchmal erzwingen sie etwas durch Aufdringlichkeit; manchmal fragen sie ganz offen: »Und was bekomme ich dafür?«

Es gibt hundert Varianten unter den folgsamen und rebellischen Sklaven.

»Das ist häßlich, ungesund, das ist eine Sünde. Das Fräulein in der Schule hat auch gesagt . . . O je, wenn du wüßtest, Mama.«

»Wenn du nicht willst, kannst du ja gehen. Dein Fräulein ist auch nicht klüger als du. Mag ich manches nicht wissen: Was macht mir das schon aus?«

Wir mögen es nicht, wenn ein Kind auf einen Tadel hin schmollt; denn im Zorn drängen sich ihm offene Worte auf die Lippen, die wir nicht hören wollen.

Das Kind hat ein Gewissen; aber dessen Stimme schweigt bei den kleinen alltäglichen Streitigkeiten. Diesem Gewissen entspringt dagegen die geheime Abneigung gegen die despotische – also ungerechte – Macht der Starken, die dank ihrer Macht niemandem verantwortlich sind.

Wenn das Kind einen fröhlichen Onkel gern hat, dann

deshalb, weil es ihm eine kurze Zeit der Ungebundenheit verdankt, weil Leben ins Haus gekommen ist und weil es von ihm ein Geschenk erhalten hat. Und das Geschenk ist dann besonders wertvoll, wenn es lange gehegte Wünsche erfüllt. Sonst schätzt ein Kind Geschenke viel weniger als wir meinen; denn es nimmt ungern etwas an von Menschen, die es nicht mag: »Er meint wohl, sich gnädig gezeigt zu haben«, denkt es empört und fühlt sich gedemütigt.

82. Die Erwachsenen sind nicht klug: Sie wissen die Freiheit, die sie genießen, nicht zu nutzen. Diese Glücklichen können sich kaufen, was sie wollen; sie dürfen alles, immer aber ärgern sie sich und wegen jeder Kleinigkeit schreien sie herum.

Die Erwachsenen wissen durchaus nicht alles: Oft antworten sie nur, um einen loszuwerden; oder sie antworten mit einem Scherz oder auch so, daß man es nicht versteht; der eine sagt so und der zweite anders, und man weiß überhaupt nicht, wer recht hat. Wie viele Sterne gibt es? Was heißt »Schulheft« in der Mohrensprache? Wie schläft der Mensch ein? Ob das Wasser wohl lebt? Und woher weiß das Wasser, wann der Gefrierpunkt erreicht ist? Wo ist die Hölle? Wie hat es dieser Mann fertiggebracht, daß in seinem Hut aus Taschenuhren Rührei wurde, wo doch die Uhren heil geblieben sind und der Hut nicht kaputtgegangen ist; ist das ein Wunder?

Die Erwachsenen sind nicht gut. Eltern geben ihren Kindern zu essen; aber das müssen sie, sonst würden wir ja sterben. Nichts erlauben sie den Kindern; sie lachen nur, wenn man etwas sagt, und anstatt es einem zu erklären, necken sie einen absichtlich und machen sich über einen lustig. Sie sind ungerecht, und wenn jemand sie hinters Licht führt, so glauben sie ihm. Sie mögen es, wenn man ihnen schmeichelt. Wenn sie guter Laune sind, darf man alles – aber wenn sie böse sind, stört sie alles.

Die Erwachsenen lügen. Es ist doch erlogen, daß man von Bonbons Würmer bekommt, daß man von Zigeunern träumt, wenn man nicht ißt, daß man ins Bett macht, wenn man mit Feuer spielt, und daß man den Teufel wiegt, wenn man mit den Beinen baumelt. Sie halten auch nicht Wort: Erst versprechen sie etwas, dann vergessen sie es oder reden sich heraus oder verbieten es, angeblich zur Strafe: Sie hätten es ja ohnehin nicht erlaubt.
Sie heißen einen die Wahrheit sagen; wenn man sich aber daran hält, sind sie gekränkt. Sie sind falsch: Ins Gesicht hinein sprechen sie anders als hinter dem Rücken. Wenn sie einen nicht mögen, geben sie dennoch vor, daß sie einen gern haben. Immer nur »Bitte, danke, Verzeihung, meine Verehrung« –, man könnte denken, sie meinen es ernst.
Ich bitte euch sehr, seht euch genau den Gesichtsausdruck eines Kindes an, das fröhlich dahergesprungen kommt, in seinem Eifer etwas Unpassendes sagt oder tut und plötzlich brutal angefahren wird.
Der Vater schreibt; das Kind stürzt mit einer Neuigkeit herein und faßt ihn beim Ärmel. Es kann ja nicht ahnen, daß ein Tintenklecks auf einem wichtigen Dokument entsteht. Hart gescholten, schaut es voller Verwunderung drein: Was ist denn nun passiert?
Die Erfahrung einiger unangebrachter Fragen, mißlungener Späße, verratener Geheimnisse oder unvorsichtiger Geständnisse hat das Kind gelehrt, sich zu Erwachsenen wie zu gezähmten, eigentlich aber noch wilden Tieren zu verhalten, deren man niemals ganz sicher sein kann.

83. Außer Geringschätzung und Abneigung, die Kinder Erwachsenen gegenüber haben können, ist manchmal ein gewisser Widerwille spürbar.
Ein stechender Bart, ein rauhes Gesicht oder der Geruch einer Zigarre können ein Kind abstoßen. Nach jedem Kuß wischt es sich gründlich das Gesicht, solange man ihm das

nicht verbietet. Die meisten Kinder wollen nicht auf den Schoß genommen werden; nimmt man sie bei der Hand, so ziehen sie diese langsam und unauffällig weg. Tolstoi hat dieses Verhalten bei Dorfkindern beobachtet; es ist allen Kindern eigen, die unverbildet und nicht durch blinden Gehorsam verschreckt sind.

Von Schweißgeruch oder starkem Parfümduft sagt das Kind angewidert »es stinkt« – bis man ihm sagt, es sei häßlich, so zu sprechen, und Parfüm sei wohlriechend; es kenne sich da nur nicht aus . . .

Diese Herren und Damen da, die an Schluckauf, Gliederreißen und Durchfall leiden, einen bitteren Mundgeruch haben, sich vor Durchzug und Nässe fürchten, die am Abend nichts mehr essen dürfen, die der Stickhusten quält und die keine Zähne mehr haben, die keine Treppen steigen können und die rot anlaufen, dick sind und schnaufen, sind doch insgesamt etwas Scheußliches.

Ihre süßlichen Redewendungen, dieses Streicheln, Schöntun und Geplapper, diese Vertraulichkeiten, sinnlosen Fragen und dieses Lachen, dessen Ursache man nicht kennt . . .

»Wem ähnelt sie wohl? Hoho, wie groß er ist. Schau, wie groß es wird.«

Das Kind wartet verlegen, bis das alles zu Ende ist . . .

Vor allen zu sagen »He, du verlierst ja dein Höschen« oder »Wirst ins Bett machen heute nacht«, macht den Erwachsenen gar nichts aus. Sie sind nun einmal unanständig . . . Das Kind fühlt sich sauberer, besser erzogen und achtenswerter.

»Die haben Angst davor, zuviel zu essen, und sie fürchten sich vor nassen Füßen. Das sind Feiglinge: Ich habe überhaupt keine Angst. Sollen sie doch hinterm Ofen sitzen, wenn sie Angst haben; warum aber verbieten sie uns alles?«

Es regnet: Das Kind läuft hinaus, stellt sich in den Regen, rennt lachend weg und klatscht sich die Haare an den Kopf.

Strenger Frost: Es winkelt seine Unterarme in den Ellenbogen ab, macht sich krumm, zieht die Schultern hoch, hält

den Atem an, spannt seine Muskeln, die Finger werden steif, die Lippen blau; es sieht sich einen Leichenzug an oder eine Schlägerei und läuft dann wieder nach Hause, um sich aufzuwärmen:
»Brr, was hab' ich gefroren, lustig war's.«
Arm sind diese Alten, denen das alles schadet.
Und vielleicht ist Mitleid das einzige gute Gefühl, das Kinder uns entgegenbringen.
Offenbar ist den Erwachsenen immer etwas im Wege, da sie so selten glücklich sind.
Der arme Papa muß arbeiten, die Mama ist so schwach; sie werden sicher bald sterben, die Ärmsten, und deshalb sollte man sie nicht kränken.

84. Ein Vorbehalt.
Neben diesen Gefühlen, die ein Kind zweifellos empfindet, neben den eigenen Reflexionen, die sich ihm aufdrängen, begreift ein Kind, was Pflichterfüllung besagt; es kann sich von aufgezwungenen Ansichten und emotionalen Beeinflussungen nicht ganz befreien. Aktive Kinder machen Konflikte ihres gespaltenen Ichs ausgeprägter und schneller durch, bei passiven vollzieht sich dieser Prozeß später und nicht so deutlich. Ein aktives Kind läßt seiner Phantasie von sich aus freien Lauf, einem passiven »öffnet« ein Schicksalsgefährte »die Augen«; aber keines geht dabei systematisch vor, wie ich das getan habe. Die kindliche Seele ist ebenso kompliziert wie unsere, ebenso voller Widersprüche, und auch sie kämpft in sich den uralten Widerstreit aus: Ich möchte gern, aber ich kann es nicht; ich weiß, was sich gehört, aber ich bringe es nicht fertig.
Ein Erzieher, der nicht einpaukt, sondern etwas freilegt, der nicht ausquetscht, sondern formt, nicht diktiert, sondern lehrt, nicht fordert, sondern anfragt – der erlebt mit dem Kind manchen bewegenden Augenblick; und er wird manchmal mit Tränen in den Augen den Kampf zwischen

Engel und Satan miterleben, bis der lichte Engel den Sieg davonträgt.

Der Junge hat gelogen. Er hat heimlich die Konfitüre von der Torte genascht. Er hat einem kleinen Mädchen den Rock hochgehoben. Er hat mit Steinen nach Fröschen geworfen. Er hat einen Buckligen ausgelacht. Er hat eine Porzellanfigur zerbrochen und sie wieder so zusammengesetzt, daß nichts zu erkennen war. Er hat Zigaretten geraucht. Er war böse und hat seinen Vater verwünscht.

Er hat schlecht gehandelt; nun fühlt er, daß es nicht das letzte Mal war, daß ihn wieder etwas von seinen guten Vorsätzen abbringen und daß er sich wieder überreden lassen wird.

Es kommt vor, daß ein Kind plötzlich still, folgsam und feinfühlig wird. Erwachsene kennen das: »Wahrscheinlich hat es etwas auf dem Gewissen.« Oft geht diesem verwunderlichen Wandel ein Sturm von Gefühlen voraus, erstickte Tränen im Kopfkissen, Vorsätze, feierliche Schwüre. Oft wären wir bereit zu verzeihen, wenn wir die Versicherung erhielten – keineswegs die Garantie, sondern nur die Illusion –, der dumme Streich werde sich nicht wiederholen.

»Ich werde doch kein anderer Mensch. Daher kann ich das nicht versprechen.« Nicht Eigensinn, sondern Ehrlichkeit diktiert diese Worte. »Ich verstehe schon, was Sie sagen, aber ich empfinde das nicht so«, sagte ein zwölfjähriger Junge.

Diese achtenswerte Ehrlichkeit finden wir auch bei Kindern mit schlimmen Neigungen:

»Ich weiß wohl, daß man nicht stehlen darf, daß das eine Schande und eine Sünde ist. Ich will nicht stehlen; aber ich weiß nicht, ob ich nicht doch wieder stehlen werde. Ich bin nicht schuld daran!«

Schmerzliche Augenblicke erlebt der Erzieher, wenn er in der Ratlosigkeit des Kindes seine eigene Ohnmacht wahrnimmt.

[. . .] 115. Die Jugend ist edel.

Wenn ihr es Mut nennt, daß sich ein Kind furchtlos aus einem Fenster im vierten Stockwerk hinauslehnt; wenn ihr es Güte heißt, daß es einem hinkenden Bettler die goldene Uhr gab, welche die Mama auf dem Tisch hatte liegenlassen; wenn ihr es ein Verbrechen heißt, daß es ein Messer nach seinem Bruder warf und ihm ein Auge ausschlug: dann stimmt's. Die Jugend ist edel, solange sie in dem unabsehbaren Bereich der Erwerbstätigkeit, der gesellschaftlichen Hierarchie und der Gesetze des gemeinschaftlichen Lebens noch keine Erfahrungen hat.

Unerfahrene glauben noch, sie könnten Zuneigung und Widerwillen, Achtung und Abscheu offen – ihren Gefühlen entsprechend – zeigen.

Unerfahrene glauben, sie könnten von sich aus Beziehungen anknüpfen oder abbrechen, überkommene Formen beachten oder geringschätzen, mit Gewohnheitsrechten einverstanden sein oder sich ihnen entziehen.

»Ich pfeif' drauf, das kümmert mich nicht, sollen sie doch reden, ich will nicht und damit Schluß, was geht mich das an?«

Kaum atmen sie frei, nachdem sie sich der elterlichen Gewalt teilweise entzogen haben – schon gibt es neue Fesseln, stopp!

Weil jemand reich ist oder »hochwohlgeboren«, weil jemand irgendwo etwas denken oder sagen konnte?

Wer lehrt die Jugend, welche Kompromisse lebensnotwendig sind, welche man und um welchen Preis vermeiden kann, welche zwar schmerzlich sind, aber nicht entehren, und welche verderblich sind? Und wer weist sie schließlich darauf hin, innerhalb welcher Grenzen eine Heuchelei kein Laster ist, sondern schlicht Anstand wie die Beachtung der Regel, nicht auf den Fußboden zu spucken und sich die Nase nicht mit dem Tischtuch zu putzen.

Früher haben wir dem Kind gesagt: Man wird dich ausla-

chen. Jetzt müssen wir hinzufügen: Man wird dich aushungern. Ihr sagt: der Idealismus der Jugend. Eine Illusion, daß man immer überzeugen kann und daß sich alles bessern läßt.
Und was fangt ihr mit diesem Edelmut an? Ihr treibt ihn euren eigenen Kindern gründlich aus und amüsiert euch mit ebenso großem Hochgenuß über den Idealismus, den Frohsinn und die Freiheit der »Jugend« schlechthin, wie ihr euch früher über die Unschuld, die Anmut und die Liebe der eigenen Kinder amüsiert habt. Und so kommt der Irrtum zustande, daß Ideale Krankheiten seien wie Röteln oder Windpocken und eine ebenso harmlose Verpflichtung wie der Besuch einer Gemäldegalerie auf der Hochzeitsreise.
»Auch ich bin Farys.[1] Ich habe Rubens gesehen.«
Edelmut darf nicht dem Frühnebel gleichen, sondern muß wie ein Strahlenbündel sein. Wenn wir uns das noch nicht erlauben können, werden wir einstweilen nur redliche Dutzendmenschen erziehen.

116. Glücklich ist der Verfasser, der bei Beendigung seiner Arbeit gewiß sein kann, ausgesagt und überprüft zu haben, was er weiß nach den von ihm erarbeiteten Normen. Wenn er das Manuskript zum Druck gibt, kann er das beruhigende Gefühl haben, ein lebensfähiges Kind in die Welt gesetzt zu haben. Oft ist es anders: Er hat nicht den Leser im Blick, der einen kurzen Lehrgang mit fertigen Rezepten und einer Gebrauchsanweisung verlangt. Hier besteht der Schaffensprozeß in angespanntem Lauschen auf die eigenen, noch nicht fest umrissenen, noch unbestätigten und plötzlich auftauchenden Gedanken. Und nun ist die Arbeit abgeschlossen; eine nüchterne Bilanz, ein schmerzliches Erwachen aus einem unruhigen Schlaf. Jedes Kapitel schaut

[1] Farys – Gestalt aus dem gleichnamigen Heldengedicht von Adam Mickiewicz.

einen vorwurfsvoll an, weil es verworfen wurde, bevor es entstand. Der letzte Gedanke des Buches ist kein Abschluß des Ganzen, und es verwundert, daß nun nichts mehr folgt. Sollte man also etwas hinzufügen? Das bedeutete, noch einmal zu beginnen, noch einmal zu verwerfen, noch einmal auf neue Fragen zu stoßen, die ich kaum ahne, und ein neues Buch zu schreiben, das ebenso unvollendet bleiben wird.

Ein Kind schenkt dem Leben der Mutter die wunderbare Melodie des Schweigens. Die Zahl der Stunden, welche die Mutter ihm widmet, obwohl es nichts von ihr fordert, sondern nur lebt, die Gedanken, mit denen sie es unermüdlich umgibt, bedeuten für sie Lebensinhalt, Aufgabe, Kraft und Schaffensfreude; in stiller Betrachtung reift sie durch ihr Kind zu jener Inspiration heran, welche die erzieherische Arbeit verlangt. Nicht aus Büchern, sondern aus dir selbst! Dann wird jedes Buch zu einer kleinen Kostbarkeit; auch meine Schrift hat ihre Aufgabe erfüllt, wenn es dich davon überzeugt. Sei wachsam in kluger Einsamkeit . . .

Das Recht des Kindes auf Achtung

Mangelnde Achtung – mangelndes Vertrauen

Von frühester Kindheit an wachsen wir in dem Gefühl auf, daß das Große mehr Bedeutung hat als das Kleine.

»Ich bin groß«, freut sich das Kind, wenn man es auf einen Tisch stellt. – »Ich bin größer als du«, stellt es stolz fest, wenn es neben einem Gleichaltrigen steht und seine Größe an ihm mißt.

Wie beschämend ist es, wenn man sich auf Zehenspitzen hoch emporreckt und doch nicht weit genug hinauflangen kann; wie schwer fällt es, mit kleinen Schritten hinter den Großen herzulaufen, und aus der kleinen Hand rutscht das Glas so leicht. Ungeschickt und mühsam klettert es auf den Stuhl, in das Fahrzeug oder die Treppen hinauf; es kann den Griff nicht erreichen, nicht aus dem Fenster gucken, kein Kleidchen und kein Bild herabnehmen oder wieder aufhängen – das ist ja alles viel zu hoch. In der Menge wird es verdeckt, übersehen, gestoßen. Es ist schon sehr lästig, klein zu sein.

Achtung und Bewunderung erweckt nur, was groß ist und mehr Platz einnimmt. Klein – das bedeutet alltäglich und wenig interessant. Kleine Leute, kleine Bedürfnisse, kleine Freuden und kleine Traurigkeiten.

Das macht Eindruck: eine große Stadt, gewaltige Berge, ein hochgewachsener Baum. Wir sagen:

»Eine große Tat, ein großer Mensch.«

Ein Kind ist klein, sein Gewicht gering, es ist nicht viel von ihm zu sehen. Wir müssen uns schon zu ihm hinunterneigen. Und was noch schlimmer ist, das Kind ist schwach.

Wir können es hochheben, in die Luft werfen, es gegen

seinen Willen irgendwohin setzen, wir können es mit Gewalt im Lauf aufhalten – wir können all sein Bemühen vereiteln. Sooft es nicht gehorcht, bleibt mir immer noch meine größere Kraft. Ich sage: »Bleib hier, lauf nicht weg, mach Platz, gib her.« Das Kind weiß, daß es all dies tun muß; wie oft versucht es vergeblich, dem zu entgehen, bis es begreift, sich geschlagen gibt und resigniert.

Wann und unter welch außergewöhnlichen Umständen wagt man schon einmal, einen Erwachsenen zu stoßen, zu zerren oder gar auf ihn einzuschlagen? Und wie alltäglich und oft unverschuldet ist so ein Klaps, der das Kind trifft, wie oft wird es bei der Hand gepackt und fortgezerrt, und wie weh tut manche stürmische Umarmung dem kleinen Körper.

Dies Gefühl der Ohnmacht erzieht zum Glauben an die physische Kraft; nicht nur der Erwachsene, sondern jeder, der älter und stärker ist, kann seine Unzufriedenheit durch Grobheiten bekunden, seine Forderung mit Gewalt durchsetzen und sich Gehör erzwingen: ungestraft kann er Unrecht tun.

Durch unser eigenes Beispiel lehren wir, geringer zu achten, was schwächer ist. Eine schlechte Schule, eine düstere Prophezeiung.

Das Antlitz der Erde hat sich gewandelt. Schon wird die physische Arbeit und die Abwehr des Feindes nicht mehr allein durch Muskelkraft bewältigt. Physische Kraft allein genügt nicht mehr, um dem Boden, dem Meer und den Wäldern die Güter des Lebens abzuringen, die menschliche Herrschaft und Sicherheit zu gewährleisten. Das tut der unterjochte Sklave, die Maschine. Die Muskeln haben ihren alleinigen Anspruch auf Leistung und ihren Wert eingebüßt. Um so höher werden nunmehr Intellekt und Wissenschaft geachtet.

Unheimliche Gewölbe oder die bescheidene Zelle des Denkers – sie sind zu weiten Hallen und Gebäuden des Forschers geworden. Vielstöckige Bibliotheken werden erbaut, und Bücherborde biegen sich unter der Last der Schriften. In den Tempeln der stolzen Vernunft gehen Menschen aus und ein. Der Mann der Wissenschaft ist schöpferisch und leitend tätig. Rätselhafte Kombinationen von Ziffern und Strichen künden der Menschheit in immer rascherer Folge neue Errungenschaften an und geben Zeugnis von der Macht des Menschen. Das alles müssen Verstand und Gedächtnis aufnehmen.

Die Jahre mühsamen Lernens werden immer länger; es gibt immer mehr Schulen, Prüfungen, und das gedruckte Wort überflutet uns. Und da ist das Kind, klein und schwach, es hat erst so kurze Zeit gelebt und es hat noch nichts gelesen, es versteht noch nichts ...

Es ist ein bedrohliches Problem: Wie soll man die neugewonnenen Bereiche aufteilen, welche Aufgabe soll der einzelne erfüllen, welcher Lohn gebührt ihm, und wie soll man sich auf der von Menschen beherrschten Erde einrichten? Wo sollten Werkstätten errichtet werden und wie viele, um die arbeitshungrigen Hände und Gehirne zufriedenzustellen, wie soll man die Menschenmassen in Ordnung und Gehorsam halten, wie sich vor dem bösen Willen und dem Wahn einzelner schützen? Wie soll man die Stunden des Lebens gleichmäßig mit Arbeit, Ruhe und Zerstreuung erfüllen und sich vor Apathie, Überdruß und Langeweile bewahren? Wie kann man die Menschen zu einer disziplinierten Gemeinschaft zusammenschließen und die Verständigung leichter machen; wann soll man sie wieder zerstreuen und teilen? Hier muß man vorantreiben und ermutigen, dort allzu großen Tätigkeitsdrang dämpfen; hier gilt es anzufeuern, dort zu beschwichtigen. Politiker und Gesetzgeber machen schüchterne Versuche, aber sie irren sich immer wieder.

Aber auch über das Kind beraten und entscheiden sie; wer wird schon so naiv sein, Kinder nach ihrer Meinung zu

fragen oder gar ihre Zustimmung einzuholen; was kann ein Kind denn schon zu sagen haben!
Außer Verstand und Wissen hilft Gewitztheit im Kampf ums Dasein und um einflußreiche Stellungen. Der Betriebsame wittert günstige Gelegenheiten und wird über Gebühr belohnt; allen redlichen Berechnungen zuwider hat er überraschend und leicht Erfolg; er blendet und erscheint beneidenswert. Um diese Durchtriebenheit ganz zu durchschauen, muß man nicht nur die Altäre, sondern auch die Schweinekoben des Lebens kennen.
Aber das ratlose Kind beschäftigt sich derweil mit seinen Schulbüchern, seinen Bällen und Puppen; es spürt, daß über seinen Kopf hinweg wichtige und einschneidende Entscheidungen über sein Wohl und Wehe gefällt werden, die es bestrafen und belohnen oder gar zerbrechen – es hat keinen Einfluß darauf.
Eine Blüte verheißt die künftige Frucht, das Küken wird eine Henne, die Eier legt, das Kalb ist dazu bestimmt, später einmal Milch zu geben. Aber zunächst Mühe, Ausgaben und Sorgen: Wird es am Leben bleiben, wird es uns nicht enttäuschen? Das Junge erweckt Unruhe, man wird viel Geduld haben müssen; vielleicht wird es einmal eine Stütze für alte Tage und vergilt alle Mühe reichlich. Aber das Leben kennt auch Dürrezeiten, Nachtfröste und Hagelschlag, welche die Ernte vernichten. Wir halten nach günstigen Vorzeichen Ausschau, wir möchten in die Zukunft sehen und sichergehen können; das ungeduldige Warten auf das Kommende schmälert den Wert dessen, was ist.
Der »Marktwert« des Jungen ist gering. Nur vor dem Gesetz und vor Gott gilt die Apfelblüte soviel wie der reife Apfel, die grüne Saat soviel wie das reife Feld.
Wir tragen das Kind auf dem Arm, wir beschützen, ernähren und erziehen es. Ohne selbst etwas zu tun, bekommt es alles, was es braucht; was wäre es ohne uns, denen es alles verdankt?

Einzig und allein – alles nur uns!
Wir kennen den Weg zum Glück, wir geben Hinweise und Ratschläge. Wir wecken seine guten Eigenschaften und unterdrücken die schlechten. Wir lenken und korrigieren es, wir üben mit ihm. Das Kind tut nichts, wir tun alles.
Wir befehlen und verlangen Gehorsam.
Wir sind als die moralisch und rechtlich Verantwortlichen, Wissenden und Vorausschauenden die einzigen Richter über alle Taten, Bewegungen, Gedanken und Absichten des Kindes.
Wir geben Aufträge, wir wachen über ihre Ausführung, ganz nach unserem Belieben und unserem Verständnis – es sind unsere Kinder, unser Eigentum – Hände weg davon!
(Gewiß, ein wenig hat sich das geändert. Wille und Autorität der Familie sind nicht mehr allein maßgebend. Eine – wenn auch noch vorsichtige – Kontrolle durch die Gesellschaft gibt es schon. Sie ist freilich kaum spürbar.)
Ein Bettler verfügt immerhin frei über sein Almosen, ein Kind jedoch hat gar kein Eigentum, es muß über jeden Gegenstand, den es zum Gebrauch erhalten hat, Rechenschaft ablegen.
Es darf nichts zerreißen, zerbrechen, schmutzig machen, es darf nichts verschenken oder aus Überdruß wegwerfen. Es muß annehmen, was man ihm gibt, und damit zufrieden sein. Alles am rechten Platz und zur rechten Zeit und gemäß seiner Bestimmung.
(Vielleicht schätzt es darum die wertlosen Kleinigkeiten, die wir verwundert und mitleidig betrachten: wertlosen Kram, sein einziges wirkliches Eigentum: den Reichtum eines Bindfadens, einer Schachtel, einer Handvoll Glasperlen.)
Das Kind muß nachgeben, sich durch gutes Benehmen alles verdienen – bitten soll es oder durch kleine Listen erlangen, was es haben will, aber ja nicht fordern! Es darf keinerlei Ansprüche stellen, es hängt nur von unserem guten Willen

ab, wenn wir ihm etwas geben. (Hier drängt sich ein peinlicher Vergleich auf: die Freundin eines reichen Mannes.)
Das Verhältnis der Erwachsenen zu den Kindern wird durch die Armut des Kindes und durch dessen materielle Abhängigkeit gestört.
Wir achten das Kind gering, weil es noch nicht viel weiß, noch nicht scharfsinnig ist, noch keine Vorahnungen hat.
Es weiß nichts von den Schwierigkeiten und Verwirrungen im Leben der Erwachsenen, es weiß nicht, warum wir manchmal aufgeregt, mutlos und abgespannt sind, warum unser Friede gestört ist und warum wir schlechte Laune haben: Es kennt keine absoluten Niederlagen und Bankrotterklärungen. Es ist nicht schwer, das arglose Kind in Sicherheit zu wiegen, es zu täuschen und ihm zu verheimlichen, was es nicht erfahren soll.
Das Kind glaubt, das Leben sei einfach und leicht. Da sind Vater und Mutter: der Vater verdient, die Mutter kauft ein. Pflichtvergessenheit oder Mittel und Wege der Erwachsenen, um das Ihre und um noch mehr zu erreichen, sind dem Kind fremd. Das Kind selbst ist frei von materiellen Sorgen, von starken Versuchungen und Erschütterungen – daher weiß es auch nichts davon und kann sich darüber keine Meinung bilden. Wir erraten seine Absichten blitzschnell, und mit einem flüchtigen Blick durchschauen wir seine kleinen Listen, so daß wir sie ohne lange Untersuchung aufdecken können.
Aber vielleicht irren wir uns, wenn wir glauben, das Kind wisse und tue nur, was wir wollen.
Vielleicht weicht es vor uns aus und leidet insgeheim?
Wir tragen Berge ab, schlagen Wälder und rotten Tiere aus. Immer zahlreicher werden menschliche Ansiedlungen, wo früher Wälder und Sumpfland waren, jetzt aber Neuland ist.
Wir haben uns die Erde untertan gemacht, das Eisen und die Tierwelt dienen uns; wir haben die farbigen Rassen unter-

jocht und wenigstens in groben Umrissen das Verhältnis der Völker untereinander geordnet und die Massen gezähmt. Eine gerechte Ordnung jedoch liegt in weiter Ferne, noch herrschen Ungerechtigkeit und Mißstände. Kindliche Zweifel und Einwände braucht man nicht ernst zu nehmen. Die offenkundig demokratische Gesinnung des Kindes kennt keine Hierarchie. Das Schicksal eines Tagelöhners in seinem Schweiß, eines hungrigen Altersgenossen, eines gequälten Pferdes und eines geschlachteten Huhnes machen es eine Zeitlang traurig. Hund und Vogel, Schmetterling und Blume stehen ihm nahe, in einem Steinchen oder in der Muschel sieht es seinen Bruder. Vom Hochmut des Emporkömmlings weit entfernt, weiß es nicht, daß der Mensch eine Seele hat. Wir achten das Kind gering, weil es seine Lebenserfahrungen erst noch machen muß.
Uns drückt die Mühsal unserer eigenen Schritte, die Belastung durch unsere eigennützigen Regungen, die Engherzigkeit unserer Wahrnehmungen und Empfindungen. Das Kind läuft und springt herum, ohne erkennbaren Zweck schaut es sich um, ist verwundert und fragt; es ist oft dem Weinen nahe, aber oft ist es auch fröhlich. Ein sonniger Tag im Herbst ist ein richtiges Geschenk, weil die Sonne um diese Jahreszeit selten scheint; im Frühling ist es sowieso grün. So, wie es ist, ist's ihm genug, es braucht nur wenig, um sich zu freuen. Wozu soll man sich also anstrengen? Eilig und ohne uns viel Mühe zu machen, fertigen wir es ab. Wir nehmen die Vielfalt seines Lebens und die Freude, die wir so leicht geben können, nicht ernst.
Uns entfliehen wichtige Viertelstunden und Jahre; das Kind hat Zeit, es wird schon fertig, es kann ja warten.
Das Kind ist kein Soldat, es verteidigt das Vaterland nicht, aber es leidet mit ihm.
Um seine politische Meinung braucht man sich nicht zu bemühen; es ist ja kein Wähler: es droht nicht, es fordert nicht, es sagt nichts.

Schwach, klein, arm, abhängig – zu einem Staatsbürger wird es erst später. Wir behandeln es mit Mitleid, Schroffheit, Grobheit und wenig Achtung. Ein Lümmel, ein Kind nur, erst in Zukunft ein Mensch, jetzt noch nicht. Erst in Zukunft.

Aufpassen, immer im Auge behalten! Aufpassen, nicht sich selbst überlassen, aufpassen, niemals nachlassen. Es kann ja stürzen, sich stoßen, verletzen oder schmutzig machen, etwas verschütten, zerreißen, zerbrechen, verbummeln und verlieren, mit Streichhölzern spielen oder einen Dieb ins Haus lassen. Es kann sich selbst und uns Schaden zufügen und sich, uns und seine Spielgefährten zum Krüppel machen.

Aufpassen, keine selbständigen Unternehmungen, und das volle Recht der Kontrolle und Kritik für uns. Das Kind weiß noch nicht, was und wieviel es essen, wieviel und wann es trinken soll, es kennt die Grenzen seiner Kraft noch nicht. Also gilt es, über Essen, Schlafen und Ausruhen zu wachen.

Wie lange? Von welcher Zeit an? Immer. Mit den Jahren ändert sich das, aber es wird nicht weniger, das Mißtrauen wächst eher noch.

Es kann noch nicht unterscheiden, was wichtig und was nichtig ist. Fremd sind ihm Ordnung und systematische Arbeit. In seiner Zerstreutheit ist es vergeßlich, gibt es nicht acht, wird nachlässig. Es weiß noch nicht, was es bedeutet, in Zukunft Verantwortung zu tragen.

Wir müssen belehren, lenken, den rechten Weg weisen, zügeln, zurückhalten, berichtigen, warnen, vorbeugen, zwingen und bekämpfen.

Wir müssen Grimassen, Launen und Widersetzlichkeit bekämpfen.

Wir müssen dem Kind ein Programm aus Vorsicht, Umsicht, Furcht und Unruhe, aus Vorahnungen und düsterer Voraussicht aufzwingen.

Wir sind ja die Erfahrenen und wissen, wieviel Unheil, wieviel Fallen und Fallstricke, unabwendbare Abenteuer und Katastrophen ringsum lauern.
Wir wissen, daß auch die größte Vorsicht keine vollkommene Garantie ist; aber wir sind um so mißtrauischer: damit wir ein reines Gewissen haben, damit wir uns im Falle eines Unglücks wenigstens nichts vorzuwerfen haben.
Das Kind liebt riskante Zügellosigkeit. Seltsamerweise hat es einen Hang zum Bösen. Gern folgt es schlimmen Einflüsterungen und richtet sich nach dem bösesten Beispiel.
Es verwildert leicht, aber schwer findet es wieder zur Ordnung zurück.
Wir wollen sein Bestes, wir wollen es ihm leicht machen; wir bieten ihm unsere ganze Erfahrung an: Es braucht nur bereit zu sein, sie anzunehmen. Wir wissen, was Kindern schadet, wir erinnern uns, was uns geschadet hat. Dies soll ihm erspart bleiben.
»Denk daran, du weißt doch, begreif doch.«
»Glaub mir, du wirst schon sehen.«
Aber es hört nicht. Scheinbar absichtlich, boshaft.
Man muß darauf achten, daß es gehorcht. Man muß aufpassen, daß es tut, was ihm aufgetragen wurde. Sich selbst überlassen, strebt es offen nach dem Bösen und betritt einen schlimmen, gefährlichen Weg.
Soll man gedankenlose Streiche dulden, alberne Sprünge und unkontrollierte Ausbrüche?
Wie wenig kann man doch einem noch nicht ausgewachsenen Menschen vertrauen?
Er scheint nachgiebig und unschuldig zu sein, in Wirklichkeit aber ist er gerissen und hinterlistig.
Er bringt es fertig, sich der Kontrolle zu entziehen, die Wachsamkeit einzuschläfern und ihr zu entgehen.
Um eine Ausrede oder eine Ausflucht ist er nie verlegen, er ist ein Heimlichtuer und ein Schwindler durch und durch.
Er ist unzuverlässig, und man weiß nicht, woran man bei

ihm ist. Mangelnde Achtung und mangelndes Vertrauen, Verdächtigungen und Anklagen.
Ein schmerzlicher Schluß: Also gleicht er dem Abenteurer, dem Trinker, dem Aufsässigen, dem Wirrkopf. Wie kann man nur mit ihm unter einem Dach leben?

Abneigung

Das alles besagt gar nichts. Wir lieben die Kinder. Trotz allem bedeuten sie Trost, Zuversicht und Hoffnung, Freude und Erholung, das helle Licht des Lebens. Wir schüchtern sie nicht ein, wir bürden ihnen nichts auf und plagen sie nicht. Sie fühlen sich frei und glücklich . . .
Warum ist es jedoch gleichsam eine Last, ein Hindernis, eine unbequeme Zugabe? Woher kommt der Unmut über das geliebte Kind?
Noch bevor es auf diese ungastliche Welt kam, haben sich im Leben der Familie Unruhe und Einschränkungen bemerkbar gemacht. Die kurzen Monate einer so lange erwarteten und genossenen Freude gehen unwiderruflich dahin. Krankheit und Schmerz, unruhige Nächte und unvorhergesehene Ausgaben stehen am Ende einer langen Zeit voll körperlicher Beschwerden. Ruhe und Ordnung sind gestört. Der Haushalt ist aus dem Gleichgewicht gekommen.
Der säuerliche Geruch von Windeln und das durchdringende Geschrei des Neugeborenen verbinden sich mit dem Kettengerassel ehelicher Sklaverei.
Es ist lästig, wenn man sich noch nicht verständigen kann und darauf angewiesen ist, zu erraten und zu vermuten. Also warten wir ab, vielleicht sogar geduldig.
Wenn das Kind dann endlich spricht und läuft, tappt es tolpatschig herum, nichts ist vor ihm sicher, es guckt in jeden Winkel, überall ist es im Wege und stiftet Unordnung, der kleine Schmutzfink, das herrische Kerlchen.

Es richtet Schaden an und widersetzt sich unserem vernünftigen Willen. Nur was ihm Spaß macht, fordert und versteht es. Man darf die Kleinigkeiten nicht unterschätzen: Allzu zeitig aus dem Schlaf gerissen zu werden, eine zerknüllte Zeitung, Flecken auf dem Kleid und auf der Tapete, ein durchnäßtes Sofa, zerbrochene Brillengläser und die Vase, die ein Andenken war, vergossene Milch und verschüttetes Parfüm und nicht zuletzt das Honorar für den Arzt – das alles trägt schon dazu bei, den Kindern böse zu sein.

Es schläft nicht, wann wir wollen, es ißt nicht so, wie wir es für richtig halten; wir hatten uns eingebildet, es werde fröhlich lachen, aber nun ist es verschüchtert und weint. Und so anfällig ist es: Das kleinste Versehen genügt, schon wird es krank, und es gibt neue Schwierigkeiten.

Während der eine verzeiht, ist der andere um so schneller bereit, zu beschuldigen und zu sticheln; nicht nur die Mutter, sondern auch der Vater, das Kindermädchen, das Dienstmädchen und die Nachbarin bilden sich ihre Meinung über das Kind; gegen den Willen der Mutter oder heimlich bestrafen sie es.

Der kleine Unruhestifter ist oft der Anlaß für schlechte Laune und Auseinandersetzungen zwischen den Erwachsenen; einer ist immer erzürnt oder beleidigt. Für die Nachsicht des einen muß sich das Kind bei dem anderen entschuldigen. Oft ist das, was wie Güte aussieht, nur unvernünftige Nachlässigkeit; oft wird das Kind auch für die Fehler anderer verantwortlich gemacht. (Jungen und Mädchen haben es nicht gern, wenn man sie Kinder nennt. Diese Bezeichnung stellt sie auf eine Stufe mit den Jüngsten, sie zwingt sie, die Verantwortung für die Vergangenheit zu übernehmen, sie läßt sie in das gleiche schlechte Ansehen geraten, in dem die Kleinsten stehen, und zudem sind sie wie diese zahlreichen Vorwürfen ausgesetzt.)

Wie selten ist ein Kind grade so, wie wir es haben möchten,

wie oft geht das Gefühl der Enttäuschung Hand in Hand mit dem Größerwerden.
»Es müßte doch längst . . .«
Als Anerkennung für alles, was wir ihm gutwillig geben, sollte es unsere Mühe belohnen, verständig sein, sich fügen und verzichten lernen; vor allem aber sollte es dankbar sein.
Mit den Jahren wachsen die Pflichten und Anforderungen; meistens auf andere Weise und nicht in dem Maße, wie wir es für richtig halten. Einen Teil der Zeit, der Forderungen und der Erziehungsgewalt übertragen wir der Schule. Jetzt ist die Wachsamkeit verdoppelt, die Verantwortlichkeit erhöht, jetzt kommt es zum Zusammenstoß der verschiedenen Zuständigkeiten. Zuvor verborgene Schwächen werden sichtbar.
Eltern verzeihen gern, ihre Nachsicht entspricht offensichtlich einem Schuldgefühl, weil sie das Kind ins Leben gerufen haben, sie entspringt aus dem Eindruck, ihrem hilflosen Kind unrecht getan zu haben. Manchmal sucht eine Mutter auch in der angeblichen Krankheit des Kindes eine Waffe gegen fremde Beschuldigungen und eigene Zweifel.
Im allgemeinen schenkt man der Meinung einer Mutter wenig Glauben. Sie ist, angeblich, befangen und deswegen nicht kompetent. Wir fragen lieber Erzieher, Sachkenner und Gelehrte nach ihrer Meinung, ob ein Kind wirklich unser Wohlwollen verdient.
In einem Privathaus findet ein Erzieher nur selten günstige Bedingungen für ein Zusammenleben mit Kindern. Durch mißtrauische Kontrollen gehemmt, ist der Erzieher gezwungen, zwischen fremden Anweisungen und seinen Auffassungen, zwischen den von außen auf ihn eindringenden Forderungen und der eigenen Ruhe und Bequemlichkeit hindurchzusteuern. Indem er die Verantwortung für das ihm anvertraute Kind übernimmt, muß er auch die Folgen zweifelhafter Entscheidungen der gesetzlichen Vertreter des Kindes und seiner Brotherren auf sich nehmen.

Indem er genötigt ist, Schwierigkeiten zu verheimlichen und zu umgehen, kann er leicht heuchlerisch, verbittert und träge werden.
Mit den Jahren wird der Abstand zwischen den Forderungen der Erwachsenen und den Wünschen des Kindes immer größer; die unlauteren Methoden der Unterdrückung werden immer vertrauter. Klagen über die undankbare Arbeit werden laut: Wen Gott strafen will, den macht er zum Erzieher.
Das regsame, lärmende, des Lebens und seiner Rätsel wißbegierige Kind ermüdet uns, seine Fragen, sein Sich-Wundern, Entdecken und Versuche mit oftmals unglücklichem Ausgang quälen uns.
Immer seltener erscheinen wir als Berater und Tröster, immer häufiger jedoch als die gestrengen Richter. Sofortiges Urteil und unverzügliche Bestrafung haben folgende Wirkung: Es kommt seltener – dafür aber um so heftiger und erbitterter – zu Ausbrüchen des Überdrusses und der Rebellion. Es gilt also, die Aufsicht zu verschärfen, den Widerstand zu brechen und sich vor Überraschungen zu schützen.
Und das kann den Erzieher zu Fall bringen:
Er nimmt etwas nicht ernst genug, er hat kein Vertrauen, er ist argwöhnisch, er untersucht, er ertappt, rügt, beschuldigt und bestraft, er fahndet nach geeigneten Methoden, Schlimmes zu verhüten; immer häufiger greift er zu Verboten und rücksichtslosen Zwangsmaßnahmen, und er sieht nicht, wie das Kind sich bemüht, ein Blatt Papier oder eine Stunde seines Lebens sorgfältig zu beschreiben; mit dürren Worten stellt er fest, das Kind sei schlecht.
Selten zeigt sich der stille blaue Himmel des Verzeihens – oft dagegen bricht der scharlachrote Sturm des Ärgers und der Entrüstung über das Kind herein.
Wieviel mehr Verständnis erfordert dann die Erziehung einer ganzen Kinderschar, wieviel leichter kann man dann in den Fehler verfallen, zu beschuldigen und zu grollen.

Ein einziges kleines und schwaches Kind kann einen schon müde und ein einziges Vergehen ärgerlich machen. Wie lästig, aufdringlich, anspruchsvoll und in ihren spontanen Regungen unberechenbar ist dann erst eine ganze Schar.
Wohlgemerkt: ich meine nicht Kinder, sondern eine Kinderschar. Eine Menge, eine Bande, eine Meute – nicht Kinder.
Du meinst, stark zu sein, aber plötzlich fühlst du dich klein und schwach. Eine Masse, in ihrer Gesamtheit von gewaltigem Gewicht und einer Summe ungeheurer Erfahrungen, einmal in solidarischem Widerstand zu einer Einheit zusammengewachsen, dann wieder in Dutzende von Beinen, Händen und Köpfen zerfallen, von denen jeder andere Gedanken und geheime Wünsche birgt.
Wie schwer fällt einem neuen Erzieher die Arbeit in einer Klasse oder einem Internat, wo die Kinder in rigoros strenger Zucht gehalten werden und sich frech und abgebrüht nach den Grundsätzen einer Räuberbande organisiert haben. Wie stark und bedrohlich sind sie, wenn sie sich deinem Willen mit geballter Kraft widersetzen, um den Damm zu brechen – keine Kinder, sondern eine Sintflut.
Wie viele Revolutionen finden im Verborgenen statt, die der Erzieher wortlos übersieht, weil er sich schämt, schwächer zu sein als ein Kind.
Wenn er jedoch einmal durch Erfahrung klug geworden ist, ist ihm jedes Mittel recht, um sich zu behaupten. Keine Vertraulichkeit, kein noch so harmloser Scherz; keine mürrische Antwort, kein Achselzucken, keine Gebärde des Unwillens, kein verstocktes Schweigen und kein zorniger Blick. Mit der Wurzel ausreißen und rachsüchtig ausbrennen: die mangelnde Achtung und den bösartigen Trotz. Die Anführer korrumpiert er mit Vergünstigungen, er wirbt Spitzel an, es geht ihm nicht um gerechte Strafen – sie sollen nur hart genug sein, um ein Exempel zu statuieren, um rechtzeitig die ersten Funken des Aufstands zu ersticken,

damit die Meute – der Machthaber – nicht einmal in Gedanken wagt, ihre Forderungen zu diktieren oder übermütig zu werden.
Die Schwäche des Kindes kann Zärtlichkeit auslösen, die Macht der Masse aber empört und beleidigt.
Der Vorwurf, daß Freundlichkeit die Kinder verdirbt und daß sie Güte und Sanftmut mit Disziplinlosigkeit und Unordnung beantworten, besteht zu Unrecht.
Aber nennen wir unsere Nachlässigkeit, unsere Unfähigkeit und ratlose Dummheit doch nicht Güte! Unter den Erziehern finden wir außer brutalen Schlauköpfen und Misanthropen Versager, die überall Schiffbruch erlitten haben und unfähig sind, eine verantwortliche Stelle zu übernehmen.
Es kommt vor, daß ein Lehrer auf billige Art die Kinder für sich gewinnen, sich schnell und ohne große Mühe in ihr Vertrauen einschleichen möchte. Er will seine Witze mit ihnen machen, wenn er guter Laune ist, nicht aber das Gemeinschaftsleben mühsam organisieren. Bisweilen wird dann seine gnädige Herablassung durch plötzliche Ausbrüche von schlechter Laune unterbrochen. In den Augen der Kinder macht er sich lächerlich.
Es kommt vor, daß ein ehrgeiziger Erzieher glaubt, er könne durch gutes Zureden und eindringliche Vorhaltungen einen Menschen mühelos umformen, und es genüge, das Kind in Rührung zu versetzen, so daß es verspricht, sich zu bessern. Er wirkt aber nur aufreizend und ermüdend.
Es kommt vor, daß die scheinbar Wohlwollenden, die sich mit unaufrichtigen Phrasen anbiedern, um so hinterhältigere Feinde sind und unrecht tun. Sie sind verabscheuenswert.
Die Antwort auf schnöde Behandlung ist mangelnde Achtung, die Antwort auf vorgetäuschtes Wohlwollen Abneigung und Aufruhr, auf mangelndes Vertrauen Verschwörung.

Meine langjährige Tätigkeit hat mir immer augenfälliger bestätigt, daß Kinder Achtung, Vertrauen und Wohlwollen verdienen, daß es wohltuend ist, mit ihnen in der heiteren Atmosphäre freundlicher Empfindungen, fröhlichen Lachens, lebendigen Bemühens und Sich-Wunderns, reiner, ungetrübter Freuden zu leben, und daß diese Arbeit anregend, fruchtbar und schön ist. Eines jedoch hat Zweifel und Unruhe in mir erweckt.

Warum versagt manchmal ein Kind, dessen wir ganz sicher zu sein glaubten? Warum kommt es – wenn auch selten – in der Kinderschar zu einem plötzlichen Ausbruch des Ungehorsams? Vielleicht sind Erwachsene nicht besser, sondern nur gesetzter, sicherer, zuverlässiger.

Ich suchte beharrlich, und nach und nach fand ich die Antwort:

1. Wenn ein Erzieher nach Charaktereigenschaften und Qualitäten sucht, die ihm besonders wertvoll erscheinen, und wenn er danach strebt, alle ihm anvertrauten Kinder nach diesem einen Vorbild in einer Richtung zu formen und zu beeinflussen, wird er fehlgehen: Die einen ordnen sich seinen Prinzipien scheinbar unter, die anderen unterliegen seiner Überzeugungskraft wirklich für eine gewisse Zeit. Wenn sich aber dann das wahre Gesicht des Kindes zeigt, empfindet nicht nur der Erzieher, sondern auch das Kind die Niederlage bitter. Je mehr es sich bemüht hat, sich zu verstellen oder fremden Einwirkungen nachzugeben, desto heftiger ist die Reaktion; ein Kind, das der Erzieher in all seinen Neigungen durchschaut, hat nichts mehr zu verlieren. Wie wichtig ist doch die Lehre, die sich daraus ergibt:

2. Die Beurteilungsmaßstäbe eines Erziehers unterscheiden sich grundsätzlich von denen der Kinder: Beide kennen den Reichtum des inneren Lebens; er wartet darauf, daß die Kinder sich entwickeln, sie aber wollen wissen, welchen Gebrauch sie schon heute von diesem Reichtum machen können, ob der Erzieher mit ihnen teilen wird, was er

besitzt, oder ob er es für sich allein behalten will – dieser erhabene, neidische Egoist und Geizkragen. Er wird wieder kein Märchen erzählen, wieder nicht mit ihnen spielen, wieder nicht mit ihnen malen, ihnen wieder nicht helfen, ihnen wieder nichts zuliebe tun, »er tut gnädig« und »läßt sich bitten«. Wenn er dann verlassen ist, will er mit einer großen Geste das Wohlwollen seiner Gesellschaft wiedergewinnen, die seine Umkehr freudig begrüßt. Er ist nicht etwa plötzlich umgefallen, im Gegenteil, er hat begriffen und sich korrigiert.

3. Sie haben insgesamt versagt, sie fühlen sich gekränkt.

Eine Erklärung dafür habe ich in einem Buch über Tierdressur gefunden – und ich verschweige diese Stelle nicht. Ein Löwe ist nicht gefährlich, wenn er wütend, sondern wenn er verspielt ist und herumtollen will; und die große Masse ist stark wie ein Löwe . . .

Aber man sollte nicht nur in der Psychologie nach Erklärungen suchen, sondern darüber hinaus auch in der medizinischen, soziologischen, ethnologischen, historischen, poetischen, kriminologischen Literatur, im Gebetbuch und in Dressuranweisungen.

Ars longa.

4. Schließlich fand ich die einleuchtendste, wenn auch nicht letzte Erklärung. Ein Kind kann sich am Sauerstoff der Luft berauschen wie ein Erwachsener am Wodka. Erregung, Hemmung der Kontrollzentren, Hazard-Spiel, Geistesverwirrung; die Reaktion darauf: Verlegenheit, moralisches Sodbrennen, Unbehagen und Schuldgefühl. Meine Beobachtung ist genau – in klinischer Hinsicht. Auch der Ehrenwerteste kann einen schwachen Kopf haben.

Bestraft sie nicht: Diese Trunkenheit ohne Wein bei Kindern ist rührend und achtenswert; sie trennt und entzweit sie nicht, sondern bringt sie einander näher und verbindet sie.

Wir verbergen unsere eigenen Fehler und strafwürdigen

Taten. Kindern ist es verboten, zu kritisieren, sie dürfen unsere Fehler, Leidenschaften und Lächerlichkeiten nicht bemerken. Wir treten im Gewand der Vollkommenheit auf. Unter Androhung unseres höchsten Zornes verteidigen wir die Geheimnisse des herrschenden Clans, der Kaste der Eingeweihten, die zu höheren Aufgaben berufen sind. Nur ein Kind darf man ungeniert nackt und bloß an den Pranger stellen.

Unser Spiel mit den Kindern ist ein Spiel mit gezinkten Karten; die Schwächen des Kindesalters stechen wir mit den Trümpfen der Erwachsenen. Falschspieler, die wir sind, mischen wir die Karten so, daß alles, was gut und wertvoll ist, gegen ihre schwächsten Stellen steht. Wo bleiben denn unsere Nichtstuer und Leichtfüße, die genußsüchtigen Feinschmecker, die Dummköpfe, die Faulpelze, die Schurken, die Abenteurer, die Gewissenlosen, die Betrüger, die Säufer und Diebe, wo bleiben unsere Gewalttätigkeiten und Verbrechen, die öffentlich bekannten und die nie aufgedeckten; wie viele Zänkereien, Hinterhältigkeiten, Eifersuchtsszenen, üble Nachrede und Erpressungen gibt es bei uns, Worte, die verwunden, Taten, die entehren; wie viele Familientragödien, deren Leidtragende und Opfer die Kinder sind, spielen sich im Verborgenen ab? Und wir wagen es, zu beschuldigen und anzuklagen?!

Dabei ist die Gesellschaft der Erwachsenen schon sorgfältig gesiebt und gefiltert. Wieviel ist schon auf Friedhöfen, in Gefängnissen und Irrenhäusern versickert, in der Kanalisation als Bodensatz und Abschaum fortgespült worden.

Wir verlangen von den Kindern, ältere und erfahrene Menschen zu achten, wir verbieten ihnen, sie zu kritisieren; Kinder haben ihre eigenen erfahrenen und ausgewachsenen Anführer, die ihnen näher stehen und sich ihnen mit Überredung und Zwang aufdrängen. Verdorben, ohne Halt und sich selbst überlassen, treiben sich diese Flegel herum, betrügen einander, benehmen sich niederträchtig und geben damit ein schlechtes Beispiel. Und dafür werden die Kinder insgesamt verantwortlich gemacht (denn uns bleibt dieses Unwesen nicht immer verborgen). Diese wenigen rufen einen Sturm der Entrüstung hervor, sie sind Schandflecke des kindlichen Lebens; sie fordern die Erwachsenen zu ihren routinierten Methoden des Vorgehens heraus: Zur Kürze, auch wenn sie bedrückt, zur Schärfe, auch wenn sie verletzt, zur Strenge, die Brutalität bedeutet.

Wir erlauben den Kindern nicht, sich zu organisieren; wir achten sie gering, wir vertrauen ihnen nicht, wir sind ihnen nicht wohlgesonnen, wir kümmern uns nicht um sie; ohne die wirksame Teilnahme von Sachkennern sind wir ihnen nicht gewachsen; der wirkliche Sachkenner aber ist das Kind.

Sind wir schon so voreingenommen, daß wir die Zärtlichkeiten, die den Kindern lästig sind, für echte Liebe zum Kind halten? Begreifen wir denn nicht, daß wir es sind, die Zärtlichkeit beim Kind suchen, wenn wir es an uns ziehen; uns, wenn wir ratlos sind, in seine Arme flüchten, daß wir in Stunden ohnmächtiger Schmerzen und grenzenloser Verlassenheit bei ihm Schutz und Zuflucht suchen und ihm die Last unseres Leidens und unserer Sehnsucht aufbürden? Jede Zärtlichkeit, die nicht Flucht zum Kind und ein Flehen um Hoffnung ist, bedeutet ein frevlerisches Entdeckenwollen und Erwecken sinnlicher Empfindungen.

»Hab mich lieb, ich bin traurig. Gib mir einen Kuß, dann schenk' ich dir was.«

Das ist Egoismus, aber keine echte Liebe zum Kind.

Das Recht auf Achtung

Es gibt gewissermaßen zwei Leben: Das eine ist angesehen und geachtet, das andere nachsichtig geduldet und von geringerem Wert. Wir sprechen von dem zukünftigen Menschen, dem zukünftigen Arbeiter und dem zukünftigen Staatsbürger. Das liegt noch in weiter Ferne, das beginnt wahrlich erst später, das wird erst in Zukunft ernst. Wir lassen gnädig zu, daß die Kinder sich an unserer Seite tummeln, bequemer ist es jedoch ohne sie.

Nein, sie waren in jedem Fall immer da und werden es auch in Zukunft sein. Sie haben uns nicht unerwartet und nur für kurze Zeit überfallen. Die Kinder sind kein flüchtiges Zusammentreffen mit einem Bekannten, den man in der Eile übersehen und mit einem Lächeln und einem Gruß leicht wieder los werden kann. Die Kinder machen einen hohen Prozentsatz der Bevölkerung, der Menschheit, der Nation, der Einwohnerschaft, der Mitbürger aus. Sie sind ständige Gefährten. Sie waren da, sie sind da, und sie werden immer da sein.

Gibt es ein Leben nur so zum Scherz? Nein, das Kindesalter – das sind lange, wichtige Jahre des menschlichen Lebens.

Das grausame, aber in sich konsequente Recht Griechenlands und Roms läßt die Tötung von Kindern zu. Im Mittelalter ziehen Fischer in ihren Netzen die Leichen von ertränkten Neugeborenen an Land. Noch im 17. Jahrhundert werden in Paris ältere Kinder an Bettler verkauft, jüngere verschenkt man vor den Portalen von Notre Dame. Das ist noch gar nicht lange her. Und bis zum heutigen Tag werden sie unterdrückt, wenn sie uns im Weg sind.

Die Zahl der unehelichen, verlassenen, vernachlässigten, ausgenutzten, verwahrlosten und mißhandelten Kinder wird immer größer. Das Gesetz schützt sie zwar, aber genügt dieser Schutz noch? Es hat sich vieles verändert; die alten Gesetze bedürfen einer Revision.

Wir sind reich geworden. Wir genießen längst nicht mehr lediglich die Früchte der eigenen Arbeit. Wir sind Erben, Aktionäre, Miteigentümer eines ungeheuren Vermögens. Wie viele Städte, öffentliche Gebäude, Fabriken, Bergwerke, Hotels und Theater sind unser Eigentum; wie viele

Waren auf den Märkten – von unzähligen Schiffen herbeigebracht – drängen sich dem Verbraucher förmlich auf und wollen – bitteschön – verwendet werden.
Ziehen wir Bilanz, berechnen wir, wieviel dem Kind vom Gesamteinkommen zusteht, wieviel ihm als sein rechtmäßiger Anteil nicht aus Gnade und nicht als Almosen zukommt. Prüfen wir redlich, wieviel wir davon dem Volk der Kinder, der Nation der Minderjährigen, der Klasse der Fronenden überlassen. Wie groß ist ihr Erbteil, wie soll es aufgeteilt werden; haben wir sie nicht – wie ein unredlicher Vormund – enterbt und enteignet?
Sie fühlen sich bedrängt, eingeengt, armselig, eintönig und streng behandelt.
Wir haben den Unterricht für alle eingeführt, den Zwang zu geistiger Arbeit; die Kinder werden registriert und der Schulpflicht unterworfen. Wir haben dem Kind die Bürde auferlegt, mit den sich widersprechenden Interessen zweier Autoritäten fertig zu werden.
Die Schule stellt ihre Anforderungen, die Eltern geben nur ungern nach. Die Konflikte zwischen Elternhaus und Schule belasten das Kind. Unter Umständen erklären sich die Eltern mit einer ungerechten Beschuldigung einverstanden, welche die Schule gegen das Kind erhebt, und weisen so die ihnen von der Schule übertragene Sorgepflicht von sich.
Die Mühe des Wehrdienstes ist eine Vorbereitung für den Tag des Einsatzes; dennoch sorgt der Staat auch im Frieden für den gesamten Unterhalt des Soldaten, der Staat gibt ihm Unterkunft und Verpflegung; der Soldat hat Anspruch auf Uniform, Waffe und Besoldung, das sind keine Almosen.
Das Kind dagegen muß bei den Eltern oder bei der Gemeinde betteln, obwohl es der allgemeinen Schulpflicht unterliegt. Die Genfer Gesetzgeber haben das Verhältnis von Pflichten und Rechten verwechselt; der Tenor ihrer

Deklaration ist Überredung, nicht Forderung: ein Appell an den guten Willen, eine Bitte um Einsicht.[1]
Die Schule bestimmt den Rhythmus der Stunden, Tage und Jahre. Die Schulbeamten sind verpflichtet, auf die jeweiligen Probleme der jungen Staatsbürger einzugehen. Das Kind ist verständig, es weiß, was es braucht, es kennt die Schwierigkeiten und Hemmnisse seines Lebens genau. Nicht despotischer Befehl, erzwungene Disziplin und mißtrauische Kontrollen, sondern Einfühlungsvermögen im Gespräch, Vertrauen in die Erfahrung, Zusammenarbeit und Zusammenleben.
Das Kind ist nicht dumm; unter Kindern gibt es nicht mehr Dummköpfe als unter den Erwachsenen. Geschmückt mit dem purpurnen Gewand des Alters, zwingen wir ihnen doch häufig kritiklos und gedankenlos unausführbare Vorschriften auf. Ein verständiges Kind steht manchmal verwundert einer solchen angriffswütigen, bejahrten, zynischen Dummheit gegenüber.
Das Kind hat eine Zukunft, aber ebenso auch eine Vergangenheit; denkwürdige Ereignisse, Erinnerungen, viele Stunden einsamen Grübelns. Ebenso wie wir erinnert es sich oder vergißt, schätzt oder verachtet, denkt logisch – und irrt, wenn es etwas nicht weiß. Mit voller Überlegung vertraut es und zweifelt.
Das Kind ist wie ein Fremdling, es versteht die Sprache nicht, es kennt den Verlauf der Straßen nicht, kennt die Gesetze und Bräuche nicht. Manchmal möchte es selbst entdecken; wenn es schwierig wird, bittet es um Hinweis und Rat. Es braucht jemanden, der es leitet und seine Fragen freundlich beantwortet. Wir sollten seine Unwissenheit achten!
Ein gewissenloser Betrüger und Schelm nützt die Unwis-

[1] Korczak denkt hier gewiß an die vom Völkerbund am 23. Februar 1923 verabschiedete «Déclaration de Genève», welche die Menschenrechte des Kindes formuliert hat.

senheit des Fremden aus, gibt eine unverständliche Antwort und führt absichtlich irre. Ein Grobian brummt mürrisch. Wir zanken uns und hadern mit den Kindern, wir tadeln, mahnen und bestrafen sie, aber wir informieren sie nicht wohlwollend. Wie beweinenswert ärmlich wäre das Wissen des Kindes, wenn es nicht von seinen Altersgenossen lernte und aus den Worten und Gesprächen der Erwachsenen manche erlauschte Information entnähme.

Wir sollten seine Wißbegierde achten!

Wir sollten auch seine Mißerfolge und Tränen achten!

Nicht nur ein zerrissener Strumpf, sondern auch ein aufgeschlagenes Knie, nicht nur ein zerbrochenes Glas, sondern auch ein verletzter Finger, ein blauer Fleck, eine Beule, also Schmerz. Ein Klecks im Heft, das ist ein Ereignis, ein Ärgernis, ein Mißerfolg.

Wenn der Vater seinen Tee verschüttet, sagt die Mutter: »Das macht doch nichts«; aber mit dem Kind schimpft sie deswegen.

Weil sie noch nicht gewohnt sind, Schmerz, Unrecht und Ungerechtigkeit zu tragen, leiden Kinder darunter mehr, weinen öfter; ihre Tränen reizen zuweilen sogar zu spöttischen Bemerkungen, werden nicht ernst genommen, sie sind ein Ärgernis.

»Es winselt, heult, quengelt, plärrt.«

(Ein Bündel von Ausdrücken, das die Erwachsenen für den Gebrauch Kindern gegenüber erfanden.)

Eigensinnige und launische Tränen – sind Tränen der Ohnmacht und der Empörung, ein verzweifelter Protestversuch, ein Ruf nach Hilfe, eine Klage über nachlässige Obhut, ein Zeugnis dafür, daß es unverständig eingeengt und gezwungen wird, ein Zeichen von Unwohlsein, immer aber ein Leid.

Wir sollten das Eigentum des Kindes und sein Recht auf eigenes Geld anerkennen. Das Kind nimmt Anteil an den materiellen Sorgen der Familie und leidet darunter, es emp-

findet Mängel, es vergleicht die eigene Armut mit dem Reichtum seines Spielgefährten, und die bitteren Groschen, um die es ärmer wird, tun ihm weh. Es will niemandem zur Last fallen.
Was soll es denn tun, wenn es doch eine neue Mütze, ein Buch und Geld fürs Kino braucht; ein neues Heft, wenn das alte vollgeschrieben ist, einen Bleistift, wenn es einen verloren hat oder er ihm weggenommen wurde; es möchte gern einem lieben Menschen etwas zur Erinnerung schenken, sich ein Stück Kuchen kaufen oder einem Schulkameraden etwas borgen. Soviel echter Bedarf, so viele Wünsche und Verlockungen, aber es hat kein Geld.
Ist denn die Tatsache, daß bei den Jugendgerichten gerade Diebstähle überwiegen, nicht Zeichen und Aufruf? Es rächt sich bitter, daß der Geldbedarf des Kindes geringgeschätzt wird – Strafen nützen da nichts.
Eigentum des Kindes – das ist kein Gerümpel, sondern das sind Dinge, die es sich zusammengebettelt hat, und Arbeitsgeräte, Hoffnungen und Erinnerungen. Es sind dies keine eingebildeten, sondern wesentliche, aktuelle Sorgen und Unruhen, es sind die Bitterkeit und die Enttäuschungen der Jugend.
Das Kind wächst heran. Es wird kräftiger, sein Atem geht rascher, sein Puls lebhafter – es arbeitet an sich, wird immer größer, wächst tiefer in das Leben hinein. Es wächst bei Tag und bei Nacht, im Schlafen und im Wachen, ob es fröhlich ist oder betrübt, ob es etwas anstellt oder zerknirscht vor dir steht. Es gibt Frühlingszeiten, da die Entwicklung sehr schnell voranschreitet, und Herbstzeiten, wo alles etwas langsamer vor sich geht. Einmal wächst das Knochengerüst, und das Herz kommt nicht nach, es tritt ein Mangel auf oder ein Übermaß; es gibt andere chemische Funktionen von schwindenden und neu entstehenden Drüsen, neue Unruhe und Überraschung.
Einmal möchte es laufen, so wie es atmet, möchte kämpfen,

seine Kräfte einsetzen und erobern; ein andermal möchte es sich verstecken, möchte träumen und sehnsüchtigen Gedanken nachhängen. Abwechselnd Abhärtung oder der Wunsch nach Ruhe, Wärme und Bequemlichkeit. Abwechselnd verlangt es etwas heiß und innig, oder es ist lustlos.

Ermattung, schmerzhafte Beschwerden, Erkältung, Hitze, Kälte, Müdigkeit, Hunger, Durst, überschüssige Kraft, Mangel, Unwohlsein – das sind keine Launen, keine Ausreden für die Schule. Wir sollten Achtung haben vor den Geheimnissen und Schwankungen der schweren Arbeit des Wachsens!

Wir sollten auch die gegenwärtige Stunde achten, den heutigen Tag. Wie soll das Kind morgen leben können, wenn wir es heute nicht bewußt, verantwortungsvoll leben lassen?

Wir sollten es nicht unterdrücken, nicht vernachlässigen, nicht der Knechtschaft der Zukunft überantworten, es nicht auslöschen, nicht eilen, nicht hetzen.

Wir sollten jeden einzelnen Augenblick achten, denn er vergeht und wiederholt sich nicht, und immer sollten wir ihn ernst nehmen; wird er verletzt, so bleibt eine offene Wunde zurück, wird er getötet, so erschreckt er uns als ein Gespenst böser Erinnerungen.

Lassen wir das Kind doch unbeschwert die Freude des frühen Morgens genießen. Das Kind will es eben so. Die Zeit ist ihm nicht zu schade für ein Märchen, für ein Gespräch mit seinem Hund, fürs Ballspielen, fürs genaue Betrachten eines Bildes, fürs Nachzeichnen eines Buchstabens – aber all das mit Freude. Es hat recht. In unserer Naivität fürchten wir den Tod und wissen nicht, daß das Leben ein Reigen vergehender und wieder neu entstehender Augenblicke ist. Ein Jahr – das ist nur der Versuch, die Ewigkeit im Alltag zu begreifen. Ein Augenblick dauert so lange wie ein Lächeln oder ein Seufzer. Eine Mutter möchte

ihr Kind erziehen; doch ist ihr nicht bewußt, daß ständig eine andere Frau einen anderen Menschen verabschiedet und begrüßt.
Unbeholfen teilen wir die Jahre in reifere und weniger reife auf; es gibt gar kein unreifes Heute, keine Hierarchie des Alters, keinen höheren und tieferen Rang des Schmerzes und der Freude, der Hoffnung und Enttäuschung. Wenn ich mit einem Kind spiele oder spreche – dann haben sich zwei gleichwertig reife Augenblicke in meinem und in seinem Leben verbunden; wenn ich mit einer Kinderschar zusammen bin, dann begrüße oder verabschiede ich immer ein einzelnes einen Augenblick lang mit einem Blick oder einem Lächeln. Wenn ich in Gegenwart eines Kindes ärgerlich bin, dann ist es nur mein böser, rachsüchtiger Augenblick, der dem reifen und wichtigen Augenblick in seinem Leben Gewalt antut.
Verzichten um des Morgens willen? Welche Verlockungen prophezeit er? Wir entwerfen ein Bild in düsteren Farben. Die Voraussage erfüllt sich: Das Dach stürzt ein, weil das Fundament des Gebäudes vernachlässigt wurde.

Das Recht des Kindes zu sein, was es ist

Was wird aus ihm, wenn es groß ist? – So fragen wir uns mit Bangen.
Wir möchten, daß unsere Kinder besser werden, als wir es sind.
Wir träumen von dem vollkommenen Menschen der Zukunft. Wir müssen schon wachsam sein, um uns selbst bei einer Lüge zu ertappen und den in Phrasen gekleideten Egoismus bloßzulegen. Der angeblich opferwillige Verzicht ist in Wahrheit ein gewöhnlicher Schwindel.
Wir haben uns untereinander verständigt und geeinigt, haben einander vergeben und uns von der Pflicht freigesprochen, uns bessern zu müssen. Wir wurden schlecht

erzogen. Nun ist es zu spät. Die Fehler und Laster sind bereits zu tief eingewurzelt. Wir erlauben den Kindern nicht, uns zu kritisieren, noch kontrollieren wir uns selbst. Wir sind freigesprochen; also haben wir den Kampf mit uns selbst aufgegeben und diese Bürde den Kindern auferlegt.
Der Erzieher eignete sich bereitwillig das Privileg der Erwachsenen an: nicht sich selbst, sondern die Kinder zu überwachen, nicht seine eigenen Verfehlungen, sondern die der Kinder zu registrieren.
Als Schuld wird einem Kind alles angerechnet, was unsere Ruhe, unseren Ehrgeiz und unsere Bequemlichkeit stört, was uns bloßstellt und ärgert, was gegen Gewohnheiten verstößt, Zeit und Überlegung in Anspruch nimmt. Wir sehen in jeder Verfehlung bösen Willen.
Das Kind weiß etwas nicht, hat etwas nicht verstanden, nicht begriffen, falsch gehört, sich geirrt, es ist ihm etwas nicht geglückt, es kann nicht – alles wird ihm als Schuld angerechnet. Ein Mißerfolg des Kindes oder ein Unbehagen, jeder schwierige Augenblick – ist seine Schuld und sein böser Wille.
Ist es nicht flink genug oder allzu hastig, hat es eine Arbeit ungeschickt ausgeführt – das gilt als Nachlässigkeit, Faulheit, Zerstreutheit, Widerwille.
Erfüllt es einen demütigenden, unausführbaren Auftrag nicht, so ist es schuldig. Dieser stümperhafte, böswillige Verdacht ist auch Schuld. Unsere Befürchtungen, unser Argwohn, sogar das Bemühen des Kindes, sich zu bessern, werden zu seiner Schuld. »Siehst du, du kannst, wenn du nur willst.«
Immer haben wir etwas auszusetzen, und unersättlich fordern wir immer mehr.
Geben wir taktvoll nach, vermeiden wir unnötige Reibereien, erleichtern wir das Zusammenleben? Sind nicht gerade wir eigensinnig, launisch, angriffslustig und unberechenbar?

Ein Kind fällt auf, wenn es stört und Unruhe stiftet; nur diese Momente bemerken und behalten wir. Wir sehen es nicht, wenn es ruhig, ernst und gesammelt ist. Wir achten die heiligen Augenblicke seines Gesprächs mit sich selbst, mit der Welt und mit Gott gering. Das Kind ist gezwungen, seine Sehnsucht und seine Begeisterung vor spöttischen und groben Bemerkungen zu verbergen, es zeigt seinen Willen zur Verständigung nicht; den Entschluß, sich zu bessern, gesteht es nicht ein.
Gehorsam verbirgt es seine prüfenden Blicke, sein Erstaunen, seine Unruhe, seinen Kummer – seinen Zorn und seine Empörung. Wir möchten, daß es hüpft und in die Hände klatscht; also zeigt es das fröhliche Gesicht eines lachenden Bajazzo.
Böse Taten und schlimme Kinder sprechen aufdringlich für sich, übertönen die leise Stimme des Guten, es gibt aber tausendmal mehr Gutes als Böses. Das Gute ist kraftvoll und andauernd. Es stimmt nicht, daß man leichter verderben als bessern kann.
Wir üben unsere Aufmerksamkeit und unseren Erfindungsreichtum in der heimlichen Beobachtung des Bösen, wir suchen es überall, spüren es auf, verfolgen es, wollen es auf frischer Tat ertappen, wir sehen Schlimmes voraus und kommen zu demütigenden Verdächtigungen. (Passen wir denn auf Greise auf, damit sie nicht Fußball spielen? Wie schändlich ist es, bei Kindern hartnäckig nach Onanie zu fahnden.) Ein Kind hat die Tür zugeschlagen, ein Bett ist schlecht gemacht, ein Mantel ist verlegt, ein Klecks ist im Heft. Wenn wir nicht schimpfen, so nörgeln wir doch, anstatt uns zu freuen, daß es nichts Schlimmeres ist.
Wir hören nur Klagen und Streit; aber wieviel Verzeihen, Nachgiebigkeit, Hilfe, Fürsorge, Gefälligkeit, Belehrung, gute Einflüsse, tiefe und schöne, gibt es. Nicht einmal die angriffslustigen oder boshaften Kinder bringen nur Tränen, sondern sie verbreiten auch Fröhlichkeit.

In unserer Trägheit wäre es uns lieb, wenn keines der Kinder uns jemals Mühe machte und wenn von den zehntausend Sekunden einer Schulstunde (bitte nachzählen) keine einzige schwierig wäre. Warum ist ein Kind für den einen Erzieher gut und für den anderen böse? Wir verlangen ein stetiges Gleichmaß der Tugenden, und das obendrein nach unserem Gutdünken und unseren Vorstellungen.

Gibt es in der Geschichte wohl ein Beispiel für eine ähnliche Tyrannei? Das Geschlecht Neros hat sich vermehrt.

Neben der Gesundheit gibt es die Krankheit, neben Vorzügen und Werten stehen Mängel und Fehler.

Neben einigen fröhlichen und beschwingten Kindern, für die das Leben ein Märchen oder eine schöne Legende ist, die vertrauensvoll und aufgeschlossen sind – gibt es die Vielzahl der anderen, denen die Welt von klein auf düstere Wahrheiten in schmucklosen, harten Worten verkündet.

Verdorben durch verächtliche Behandlung in Grobheit und Armut – verdorben durch eine sinnliche, zärtliche Geringschätzung im Überfluß und Luxus.

Verschmutzt, mißtrauisch, Menschen gegenüber verschreckt – aber nicht schlecht. Nicht nur das Daheim, sondern auch die Diele, der Gang, der Hinterhof und die Straße wirken auf das Kind. Es redet so wie seine Umgebung, äußert Ansichten, wiederholt Gebärden, ahmt Beispiele nach. Wir kennen kein sauberes Kind – jedes macht sich mehr oder weniger schmutzig. Aber wie rasch befreit es sich davon und wird sauber! Das wird nicht geheilt, das wäscht man ab; bereitwillig hilft das Kind dabei und freut sich, weil es sich wiedergefunden hat. Sehnsüchtig hat es auf dieses Bad gewartet, es lächelt dir und sich selbst zu.

Solche naiven Triumphe aus einer Erzählung über Waisenkinder feiert jeder Erzieher; diese Zufälle lassen unkritische Moralisten glauben, das sei einfach. Der Pfuscher ergötzt sich daran, der Ehrgeizige schreibt sich selbst das Verdienst zu, der Grobian ärgert sich, daß es nicht immer so geht; die einen wollen überall ähnliche Ergebnisse erzielen, indem sie ihre Überredungskünste noch steigern, die anderen versuchen es mit Druck.

Neben den Kindern, die nur schmutzig sind, finden wir auch verletzte und verwundete; es gibt Schnittwunden, die keine Narben hinterlassen und unter einem sauberen Verband von selbst heilen. Rißwunden brauchen länger, bis sie heilen, und hinterlassen schmerzhafte Narben; sie dürfen nicht berührt werden. Furunkel und Geschwüre erfordern noch mehr Pflege und Geduld.

Im Volksmund heißt es: ein genesender Leib; man möchte hinzufügen: eine genesende Seele.

Wie viele kleine Verletzungen und Infektionen gibt es in Schule und Internat, wie viele Versuchungen und aufdringliches Geflüster; und wie flüchtig und unschuldig sind die Taten. Fürchten wir uns nicht vor gefährlichen Epidemien, wenn die Atmosphäre eines Internates gesund ist und die Luft voller Ozon und Licht.

Wie weise, bedächtig und wunderbar vollzieht sich der Gesundungsprozeß! Wie viele ehrfurchtgebietende Geheimnisse sind im Blut, in den Körpersäften und den Geweben verborgen! Wie sich jede gestörte Funktion und jedes verletzte Organ bemüht, wieder ins Gleichgewicht zu kommen und seiner Aufgabe zu genügen! Wie viele Wunder im Wachstum von Pflanze und Mensch, in seinem Herzen, seinem Gehirn, seinem Atem! Die geringste Erregung oder Anstrengung – schon klopft das Herz stärker, ist der Pulsschlag lebhafter.

Die gleiche Kraft und Ausdauer hat die Seele eines Kindes. Es gibt ein moralisches Gleichgewicht und eine Wachsamkeit des Gewissens. Es ist nicht wahr, daß Kinder sich leicht anstecken.

Gewiß, die Pädologie ist leider sehr spät ins Unterrichtsprogramm aufgenommen worden. Ohne Verständnis für die

Harmonie des Körpers kann man das Mysterium der Heilung nicht wirklich schätzen lernen.

Mangelndes Unterscheidungsvermögen wirft lebhafte, ehrgeizige, kritische und all die unbequemen, aber gesunden und sauberen Kinder in einen Topf mit den mürrischen, verdrossenen, mißtrauischen, schmutzigen, verführten und leichtsinnigen Kindern, die bereitwillig schlimmen Beispielen folgen. Ein unerfahrener, achtloser und oberflächlicher Blick erkennt keinen Unterschied zwischen diesen und den seltenen üblen Ausnahmen, die wirklich schwer belastet sind. (Wir Erwachsenen haben es nicht nur nicht verstanden, die Stiefkinder des Schicksals unschädlich zu machen, sondern wir nutzen auch noch die Arbeitskraft dieser Enterbten geschickt aus.) Wenn gesunde Kinder gezwungen sind, mit diesen zusammenzuleben, so leiden sie besonders darunter: Sie werden ungerecht behandelt und in Verfehlungen hineingezogen. Und wir – beschuldigen wir nicht leichtsinnig die Allgemeinheit, drängen wir ihr nicht eine Kollektivverantwortung auf? »So sind sie, und dazu sind sie fähig.«

Das ist wohl das schlimmste Unrecht.

Die Nachkommen von Säufern, von Vergewaltigung und Raserei – ihre Verfehlungen sind nicht das Echo auf Stimmen von außen, sondern sie gehorchen einem Befehl von innen. Ein düsterer Augenblick: Das Kind begreift, daß es anders ist, schwieriger, ein Krüppel, daß es verwünscht und beschimpft wird. Der erste Entschluß, den Kampf mit der Macht aufzunehmen, die das Böse diktiert. Was die anderen einfach geschenkt bekommen, was bei ihnen alltäglich oder wertlos ist, die lichten Tage seelischen Gleichgewichts, erhält es nur als Lohn für blutige Anstrengungen. Es sucht Hilfe; wenn es Vertrauen faßt, schließt es sich auf, bittet, fordert: »Helft!« Es hat ein Geheimnis aufgespürt, es möchte sich bessern, ein für allemal, sofort, im ersten Anlauf.

Wir sollten seinen leichtsinnigen Feuereifer bedächtig zügeln, seinen Entschluß, sich zu bessern, hinauszögern; statt dessen stacheln wir es in ungeschickter Weise an und treiben es zur Eile. Es will sich befreien, wir aber bemühen uns, es zu verstricken; es will sich losmachen, wir aber stellen ihm heuchlerische Fallen. Wenn Kinder offen und aufrichtig sein wollen, so lehren wir sie das Gegenteil. Sie schenken uns einen Tag, einen ganzen, langen Tag ohne Fehl – wir aber stoßen sie um eines einzigen bösen Augenblicks willen zurück. Ist es das wert?

Es hat sich jeden Tag naß gemacht; jetzt kommt das seltener vor; es war schon besser, nun ist es wieder schlimmer geworden. Das macht nichts. Die Pausen zwischen zwei Anfällen eines Epileptikers werden länger. Der Lungenkranke hustet weniger, sein Fieber ist gefallen. Es ist zwar nicht besser, aber auch nicht schlimmer geworden. Das rechnet sich der Arzt als Erfolg seiner Behandlung an. Hier läßt sich nichts ablisten noch erzwingen.

Verzweifelt, empört, voller Verachtung für die unterlegene, gemein-gewordene, kriecherische Tugend – stehen diese Kinder vor ihrem Erzieher; eine einzige, vielleicht die letzte Tugend haben sie sich bewahrt: die Abneigung gegen die Heuchelei. Diese wollen wir zu Boden werfen, totschlagen. Wir machen uns eines schweren Verbrechens schuldig; durch Hunger und Torturen brechen wir die Widerstandskraft – aber wir zerstören nicht den Widerstand, sondern die Offenherzigkeit, wir fachen Haß, Hinterlist und Verschlagenheit leichtfertig bis zur Weißglut an.

Die Kinder verzichten nicht auf ihr Programm der Rache, sie verschieben es nur und warten auf eine günstige Gelegenheit. Wenn sie an das Gute glauben, so hüten sie die Sehnsucht danach als ihr tiefstes Geheimnis. »Warum habt ihr es zugelassen, daß ich geboren wurde, wer hat euch um mein Hundeleben gebeten?« Ich strebe nach der höchsten Stufe des Eingeweiht-Seins, nach der schwierigsten Erhellung. Bei Übertretungen und Verfehlungen genügt gedul-

dige, wohlwollende Nachsicht; Übeltäter brauchen Liebe. Ihre zornige Empörung ist gerecht. Der Groll gegenüber einer Tugend, die nicht schwerfällt, muß nachempfunden und ein Bündnis mit dem einsamen, geächteten Frevel geschlossen werden. Wann, wenn nicht jetzt, kann ein Lächeln ein Geschenk für das Kind sein?
In Erziehungsanstalten gibt es immer noch die Inquisition, die Tortur mittelalterlicher Strafen, die solidarische Hartnäckigkeit und die Rachsucht, die durch Mißachtung hervorgerufen werden. Seht ihr denn nicht, daß diese schlimmsten Kinder gerade den besten leid tun: Was ist denn ihre Schuld?

Es ist noch nicht lange her, da gab ein beflissener Arzt seinen Kranken süßen Sirup und bittere Mixturen; Fieberkranke band er fest, ließ sie zur Ader, verordnete Hungerkuren in den düsteren Vorhöfen des Friedhofs. Den Wohlhabenden gegenüber zu allem bereit – frostig zu den Armen.
Bis jemand zu fordern begann – und erhielt, was er forderte. Ein Arzt[1] eroberte für die Kinder Platz und Sonnenlicht, so wie es – zu unserer Schande – ein General[2] war, der dem Kind Bewegung, fröhliche Abenteuer, Freude an einer guten Tat und die Entscheidung zu einem rechtschaffenden Leben im Gespräch am Lagerfeuer unter einem flimmernden Sternenhimmel gab.
Welche Rolle spielt der Erzieher bei uns, wie ist es um seine Arbeit bestellt? Ein Wächter über Wände und Möbel, über die Ruhe auf dem Schulhof und die Sauberkeit von Ohren und Fußböden; ein Viehhirte, der aufpassen muß, daß seine

[1] Korczak spielt hier auf Dr. Stanisław Markiewicz (1839-1911) an, der 1882 die ersten Sommer-Ferienkolonien für polnische Kinder gründete, die dann 1897 staatlich anerkannt wurden.
[2] Gemeint ist der britische General Sir Robert Stephenson Smyth Baden-Powell, der nach dem Burenkrieg die Bewegung der »Boy scouts« ins Leben rief.

Herde keinen Schaden anrichtet, die Erwachsenen bei ihrer Arbeit und fröhlichen Erholung nicht stört; ein Aufseher über zerrissene Hosen und Schuhe, über schmale Grützeportionen. Ein Wächter über die Privilegien der Erwachsenen und ein mißmutiger Vollstrecker unfachlicher Launen. Ein Kramladen für Befürchtungen und Warnungen, ein Marktstand für moralische Trödlerware, ein Ausschank für denaturiertes Wissen, das befangen macht, verwirrt und einschläfert, anstatt aufzurütteln, zu beleben und zu erfreuen. Als Agenten einer billigen Tugendhaftigkeit sollen wir den Kindern Ehrerbietung und demütiges Verhalten beibringen, die Erwachsenen aber rühren und ihre sentimentalen Gefühle erwecken. Um ein Hundegeld eine solide Zukunft aufbauen, betrügen und verschweigen, daß Kinder durch ihre große Zahl und ihren Willen eine Macht darstellen und Rechte haben.

Der Arzt hat das Kind dem Tod entrissen; Aufgabe des Erziehers ist es, das Kind leben zu lassen und ihm zu dem Recht zu verhelfen, Kind zu sein.

Forscher haben behauptet, der reife Mensch leite sich durch Motive, das Kind durch Triebe, der Erwachsene handle logisch, das Kind impulsiv in trügerischen Vorstellungen; der Erwachsene habe Charakter, ein festgefügtes moralisches Profil, das Kind verstricke sich im Chaos seiner Instinkte und Wünsche.

Das Kind wird nicht als ein andersartiger, sondern als ein minderwertiger, schwächerer, ärmerer psychischer Organismus untersucht. Als ob alle Erwachsenen gelehrte Professoren wären. Das ist die Wirrnis der Erwachsenen – hinterwäldlerische Ansichten und Überzeugungen, Herdenpsychologie, die Vorurteile und Gewohnheiten, leichtfertige Taten der Väter und Mütter, dieses ganz und gar unverantwortliche Leben der Erwachsenen. Nachlässigkeit, Trägheit, Starrsinn, Gedankenlosigkeit, Unsachlichkeit, Tollheiten und Ausschweifungen bei Trunkenheit.

Dagegen Ernst, Überlegung und kindliches Gleichgewicht, Zuverlässigkeit gegenüber Verpflichtungen, Erfahrungen im eigenen Bereich, ein Kapital an gerechten Beurteilungen, taktvolle Zurückhaltung bei Wünschen, zarte Empfindungen und ein untrügliches Gefühl für das Richtige.
Ob jeder gewinnt, der mit einem Kind Schach spielt?
Laßt uns Achtung fordern für die hellen Augen, die glatten Schläfen, die Mühen und die Zuversicht der Jugend. Aus welchen Gründen sollten trübe Augen, eine faltige Stirn, schütteres graues Haar und gebeugte Resignation verehrungswürdiger sein?
Aufgang und Untergang der Sonne sind gleichwertig wie Morgengebet und Abendandacht; wie Einatmen und Ausatmen, wie das Zusammenziehen und Entspannen des Herzmuskels.
Eine neue Generation wächst heran, eine neue Welle erhebt sich. Sie kommt mit Fehlern und Vorzügen daher; laßt uns die Voraussetzungen dafür schaffen, daß sie bessere Menschen werden können. Wir können den Prozeß gegen das kranke Erbe nicht gewinnen, wir können Kornblumen nicht befehlen, Getreide zu werden. Wir sind keine Wundertäter – wir wollen aber auch keine Scharlatane sein. Entsagen wir also der trügerischen Sehnsucht nach vollkommenen Kindern.
Wir fordern: Beseitigt Hunger und Elend, feuchte und stickige Wohnungen, Enge und Übervölkerung.
Ihr seid es doch, die ihr kränkliche und gebrechliche Kinder in die Welt setzt, ihr seid es doch, die ihr die Voraussetzungen für Rebellion und Seuchen schafft: eure Leichtfertigkeit, euer Unverstand und eure Unfähigkeit zur Ordnung.
Nehmt euch in acht: Der starke brutale homo rapax bestimmt das moderne Leben; er diktiert die Verhaltensweisen. Seine Zugeständnisse an die Schwachen sind eine Lüge, unehrlich ist die Ehrerbietung für den Greis, die Gleichberechtigung für die Frau und das Wohlwollen für das Kind.

Obdachlos irrt das Gefühl umher – ein Aschenbrödel. Kinder jedoch sind in ihrem Empfinden Königskinder, Dichter und Weise. Wir sollten Achtung haben, wenn nicht gar Demut, vor der hellen, lichten, unbefleckten, seligen Kindheit.

König Hänschens I. Kinderparlament

Fritz sagte, wenn jemand laut sei, dann müsse man ihn hinauswerfen, und alle sollten der Reihe nach sprechen.
Als erster sprach ein barfüßiger Junge in einer abgetragenen Jacke.
»Ich bin Abgeordneter und ich kann nur sagen, es ist uns ganz und gar nicht gut gegangen. Spiele gab es nicht, das Essen war schlecht, und wenn es regnete, dann tropfte uns das Wasser auf den Kopf, weil im Dach Löcher waren.«
»Und die Wäsche wurde auch nicht gewechselt«, schrie jemand.
»Abwaschwasser haben wir zum Mittagessen bekommen.«
»Wie die Schweine.«
»Ordnung gab es auch nicht.«
»Und wegen jeder Kleinigkeit haben sie uns verhauen oder eingesperrt.«
Und nun fingen sie wieder so an zu schreien, daß die Sitzung für zehn Minuten unterbrochen werden mußte.
Vier Abgeordnete, die am lautesten geschrien hatten, wurden hinausgeworfen. Dann erklärte der Journalist, es sei schwer, alles sofort gut einzurichten, und nächstes Jahr werde es schon besser sein. Und er bat, die Abgeordneten sollten sagen, was sie haben wollten.
Wieder gab es Krach.
»Ich will mir Tauben halten«, schrie einer.
»Und ich einen Hund.«
»Jedes Kind soll eine Uhr haben.«
»Kinder sollen telefonieren dürfen.«
»Man soll uns nicht immerzu abküssen.«

»Märchen soll man uns erzählen.«
»Wurst wollen wir essen.«
»Und Schinken.«
»Wir wollen spät schlafengehen dürfen.«
»Jeder soll sein eigenes Fahrrad haben.«
»Jedes Kind soll einen Schrank kriegen.«
»Und mehr Taschen. Mein Vater hat dreizehn Taschen, und ich bloß zwei. Das reicht nicht, und wenn ich mein Taschentuch verliere, dann schreien sie mich an.«
»Jeder soll eine Trompete haben.«
»Und einen Revolver.«
»Wir wollen mit dem Auto zur Schule fahren.«
»Mädchen und kleine Kinder soll es überhaupt nicht mehr geben.«
»Ich will Zauberer werden.«
»Jeder soll sein eigenes Boot haben.«
»Ich will jeden Tag in den Zirkus gehen.«
»Jeden Tag soll Weihnachten sein.«
»Und erster April und Fastnacht.«
»Jedes Kind soll sein eigenes Zimmer haben.«
»Toilettenseife sollen sie uns geben.«
»Und Parfüm.«
»Jedes Kind soll einmal im Monat eine Scheibe einschlagen dürfen.«
»Und Zigaretten rauchen.«
»Klassenarbeiten soll es nicht mehr geben.«
»Diktate auch nicht.«
»Einmal sollen die Erwachsenen einen ganzen Tag lang nirgends hingehen dürfen, nur die Kinder.«
»Die Könige sollen überall Kinder sein.«
»Die Erwachsenen sollen in die Schule gehen.«
»Statt der ewigen Schokolade wollen wir auch mal Apfelsinen haben.«
»Und Schuhe.«
»Die Menschen sollen Engel sein.«

»Jedes Kind soll sein eigenes Auto haben.«
»Und einen Dampfer.«
»Und ein Haus.«
»Und eine Eisenbahn.«
»Die Kinder sollen Geld haben und sich etwas dafür kaufen können.«
»Wo ein Kind ist, da soll auch eine Kuh sein.«
»Und ein Pferd.«
»Jeder soll zehn Morgen Land haben.«
So ging das etwa eine Stunde lang, aber der Journalist lächelte nur und schrieb alles auf. Die Kinder vom Land hatten sich anfangs ein bißchen geschämt, aber dann fingen auch sie an zu sprechen.
Hänschen war der Sitzung schon überdrüssig geworden.
»Na schön, nun ist alles aufgeschrieben. Aber was wollen wir weiter tun?«
»Man muß sie erziehen«, sagte der Journalist. »Morgen schreibe ich einen Bericht für die Zeitung und erkläre ihnen, was sich machen läßt und was nicht.«
Gerade kam der Junge den Korridor entlang, der gewollt hatte, daß es keine Mädchen mehr geben sollte.
»Herr Abgeordneter«, fragte der Journalist, »was haben Sie eigentlich gegen die Mädchen?«
»Auf unserem Hof ist so ein kratzbürstiges Ding, mit dem kann man überhaupt nicht fertigwerden. Immer fängt sie an zu streiten, aber kaum rührt man sie an, heult sie los und rennt petzen. Und so macht sie es mit allen.«
Der Journalist hielt einen zweiten Abgeordneten an.
»Warum wollen Sie nicht abgeküßt werden, Herr Abgeordneter?«
»Wenn Sie soviel Tanten hätten wie ich, dann würden Sie nicht fragen. Gestern hatte ich Geburtstag. Da haben sie mich so abgeknutscht, daß ich den ganzen Schokoladenpudding mit Schlagsahne wieder von mir gegeben habe. Wenn die Erwachsenen sich so gerne abknutschen, dann

sollen sie das untereinander tun. Uns aber sollen sie in Ruhe lassen, denn wir hassen das.«

Der Journalist schrieb es sich auf.

»Und Sie, Herr Abgeordneter, hat Ihr Vater wirklich soviel Taschen?«

»Na, zählen Sie doch mal: An den Hosen hat er an jeder Seite eine und eine hinten, in der Weste sind vier Täschchen und eine im Futter. Im Jackett zwei im Futter, an jeder Seite eine und eine oben, für den Zahnstocher hat mein Vater eine Extratasche, und ich habe nicht mal eine für Murmeln. Und außerdem haben sie noch Schubladen, einen Schreibtisch, Schränke und Regale. Und dann rühmen sie sich, daß sie nie etwas verlieren und daß bei ihnen Ordnung herrscht.«

Der Journalist notierte auch das.

Da kamen zwei Abgeordnete, denen die kleinen Kinder sichtlich viel zu schaffen machten. Warum?

»Und wer soll den Wagen schaukeln und sie in den Schlaf wiegen?«

»Und dann muß man ihnen immer nachgeben, weil sie doch noch so klein sind.«

»Und mit gutem Beispiel muß man vorangehen. Wenn so ein Steppke etwas angestellt hat, dann wird nicht er ausgeschimpft, sondern ich. Das hat er von dir gelernt, heißt es dann. Habe ich ihm vielleicht gesagt, er soll mir alles nachmachen?«

Der Journalist schrieb auch das auf.

Gebet eines Erziehers

Ich bringe dir keine langen Gebete, Gott. Keine zahlreichen Seufzer ... Ich mache keine tiefen Verbeugungen, bringe kein reiches Opfer zu deiner Ehre, zu deinem Ruhm. Ich will mich nicht in deine mächtige Gnade einschleichen, ich trachte nicht nach erhabenen Gaben.

Meine Gedanken haben keine Flügel, die dir das Lied zum Himmel brächten.

Meine Worte haben weder Farbe noch Duft noch Blüten.

Ich bin müde und schläfrig.

Mein Blick ist verdunkelt, mein Rücken gebeugt unter der großen Last meiner Pflicht.

Und dennoch habe ich eine herzliche Bitte an dich, o Gott.

Und dennoch besitze ich ein Juwel, das ich nicht meinem Bruder – dem Menschen – anvertrauen möchte. Ich fürchte, der Mensch würde es nicht verstehen, nicht nachempfinden, es mißachten, es verlachen.

Obwohl ich vor deinem Antlitz wie graue Demut bin, o Herr, stehe ich doch mit meiner Bitte als flammende Forderung vor dir.

Obwohl ich flüstere, verkünde ich diese Bitte mit unbeugsamem Willen. Mit gebietendem Blick jage ich über die Wolken.

Ich stelle meine Forderung in aufrechter Haltung, denn ich verlange nichts für mich.

Gib den Kindern einen guten Willen, unterstütze ihre Anstrengungen, segne ihre Mühe. Führe sie nicht den leichtesten Weg, aber den schönsten.

Und als Anzahlung für meine Bitte nimm mein einziges Juwel: die Traurigkeit.

Meine Trauer und meine Arbeit.

II

Unverschämt kurz

a) Schreiben? (ist Zeitverschwendung)
b) Lesen? (lieber ins Kino – Krise des Buches)
c) Der Verleger will nicht (Papierknappheit – Druckkosten)
d) Der Leser kann schließlich selbst . . .
Unverschämt kurz (e Novellen)

*

»Er ist doch ein Dummkopf.«
»Ich weiß.«
»Ohne jede Qualifikation.«
»Ja.«
»Außerdem ist er nicht ganz . . . wie soll ich sagen . . . nicht ganz zuverlässig.«
»Ich weiß.«
»Der Posten ist doch so verantwortungsvoll.«
»Haben Sie einen anderen Kandidaten?«
»Einen anderen? So auf die Schnelle – sofort?«
»Aha, da sehen Sie's; aus taktischen Gründen, zum Wohl der Partei, muß er vorerst sowohl klug und qualifiziert als auch vollkommen zuverlässig sein. Vorerst. Das weitere werden wir dann sehen.«
»Meinetwegen.«

*

»Ich sag's dir ehrlich: Er ist es nicht wert, daß man ihm hilft. Er ist selbst schuld. Er hätte es ja haben können. Aber wenn er so stur ist und meint, es gehöre sich für ihn nicht, dann entschuldige bitte.«
»Ja, aber kann man ihn denn so im Stich lassen? Er war doch immer ein Sonderling.«

»Kein Sonderling, sondern ein Dummkopf. Weißt du, was er mir damals gesagt hat? ›Stehlen werde ich nicht.‹ Verstehst du; alle können es, nur er nicht.«

»Du weißt doch, daß er die Worte nie auf die Goldwaage legt.«

»Aber ich, und ich borge ihm keinen Pfennig. Basta!«

»Geschieht ihm ganz recht.«

*

»Ich sage dir, ich bin schon so heruntergekommen in unserer Demokratie, so abgrundtief gesunken, daß ich in der Straßenbahn, von einem Lumpen oder Juden angerempelt, nicht einmal mehr das Bedürfnis verspüre, ihm die Schnauze zu polieren. Verstehst du – nicht einmal das Bedürfnis . . . Ich mache Platz – weiter nichts . . .«

*

»So also ist das? Dafür haben unsere Helden ihr Blut vergossen, damit ich mit einem unmodernen Hut ausgehe? Dafür haben sie die Fesseln gesprengt, damit die Frau eines Beamten der Unabhängigen Republik sich in Kleidern vom vergangenen Jahr lächerlich macht? Du Barbar, du Aggressor, du Okkupant!«

*

»Warum sagen sie es nicht deutlich? Dies darf man, jenes nicht. Dieser darf, jener nicht. Bis gestern war es noch erlaubt, seit heute nicht mehr. Für die gleiche Tat läuft Józef frei herum, Karol aber sitzt im Knast. Władek passierte vor einem Jahr noch gar nichts, und Paweł muß heute dafür brummen . . . Franek ist in Lemberg frei, Filip hat man in Warschau den Prozeß gemacht. Und dann wundern sie sich, daß es nicht weitergeht. Die Menschen haben Angst, sind orientierungslos. Nicht jeder ist wild darauf, gleich in die Zeitung zu kommen. Wenn sie wenigstens ein Schreibverbot verhängen würden. Aber nein. Der erste beste Schreiberling darf dich diffamieren. Und wenn so ein Schuft erst Beweise vorlegt, kann auch das Gericht nicht mehr helfen. Wie die Gerichte, so die ganze ... Nicht umsonst sagen die Deutschen: Polnische Sippschaft.«

*

»Ich weiß, ich weiß alles. Mit solchen Zeitungsweisheiten kannst du mir nicht imponieren. Früher beugten wir uns nur einem. Entweder dem Deutschen oder dem Russen. Jetzt allen: den Tschechen und den Russen und den Deutschen und den Italienern und den Engländern und den Türken. Sogar in Palästina haben wir einen Gesandten. Für diese Krätzjuden auch noch einen Gesandten bezahlen! Ein Herr ist besser als zehn. Jawohl!«

»Mein Gott, andere machen's doch genauso!«

»Wer: andere?«

»Na, die Franzosen, die Engländer, die Deutschen.«

»Du sagst, die anderen? Na und? Vermutlich wollen sie's nicht anders. Offenbar fühlen sie sich dabei wohl. Aber ich nicht – und damit basta. Basta – verstehst du – baaaasssta!«

*

»Hat sie es vielleicht gestohlen?«

»Aber, Herr Nachbar, wo denken Sie hin? Wenn Sie gesehen hätten, wie sie danach gesucht hat. Sie hatte Tränen in den Augen. Ich mußte sie trösten. Sie sagte: ›Es ist mir so peinlich, daß das ausgerechnet mir passieren mußte.‹«

»Vielleicht tat sie nur so?«

»Ach was! Höchstens zwanzig Jahre alt – fast noch ein Kind. Woher sollte sie diese Falschheit haben?«

»Denen ist alles zuzutrauen.«

»Ich weiß. Aber der nicht. Wie hat sie sich an mich geschmiegt! ›Du riechst nach Landluft‹, sagte sie. Und dann küßte sie mich ab – den Kopf, das Auge (›Äuglein‹ sagte sie), das Gesicht und den Hals . . .«

»Verdächtig, verdächtig, Herr Nachbar. Wir sind doch nicht mehr die Jüngsten.«

»Sie sagte, daß sie die Jüngeren nicht mag, weil die aufdringlich sind. Schließlich – fünfzig Jahre, das ist doch noch nicht – das ist doch noch kein Alter!«

»Und wieviel war in der Brieftasche drin?«

»Eine Kleinigkeit: nicht ganz fünfhundert.«

*

»Ich weiß selbst nicht, wie das passiert ist. Gleich auf dem Bahnhof. Er war so höflich. Fragte, zu wem, weswegen? Sagte, man sollte sehr vorsichtig sein. Fast peinlich hilfsbereit war er. Nicht nur wie ein Bekannter, vielmehr – wie ein Freund. Zu diesem Hut übrigens hat er mir geraten.«

»Aber bedenke: das ist doch eigentlich furchtbar.«

»Auch ich habe ihm das gesagt. Denn du mußt wissen, daß ich fürchterlich zu weinen begann, so daß er mich beruhigen mußte. Und deshalb sagte ich ja auch: ›Das ist doch furchtbar.‹«

»Und er?«

»Er hat mich unschuldig angelächelt und gesagt: ›Was ist denn dabei, wenn wir ein paar herzliche Worte miteinander wechseln?‹«

»Ein paar – herzliche – Worte? Warschau ist schon seltsam. Man sollte mal hinfahren.«

*

»Freiwillig? Nein. Das kommt nicht in Frage. Für ein Gefängnis spende ich, aber nicht für eine Schule. Dabei bleibt's! Sollen diese Dorftrottel denn ganz und gar größenwahnsinnig werden? Allgemeine Schulpflicht! An die Mistgabel, du Hundesohn! Wer sonst soll das Vieh hüten, die Kühe melken, Kartoffeln buddeln – die Professores? Seminare, verflucht, nur für Agitatoren. Die Forke in die Hand, du Hundefänger, nicht die Zeitung! Eine Backpfeife statt Wahlen! Ich soll mich an dieser Schweinerei beteiligen? Gefängnis ja, Schule nein! Mit mir könnt ihr nicht rechnen. Und wieviel fehlt noch für eure – Schule?«

*

»Lassen Sie, mein Lieber, sie doch machen, was sie wollen. Volksherrschaft, Judenherrschaft, sogar Kommunisten, jawohl. Aber ohne mich! Wir haben einen Präsidenten, haben Minister, ein Parlament. Sie werden bezahlt: Sollen sie regieren. Ich halte das zwar für dumm, aber da kann man nichts machen, es muß wohl so sein. Doch in meinen vier Wänden bin ich der Herr. Hier redet mir keiner drein. Demokratie? Meinetwegen. Aber nicht bei mir. Vielleicht bin ich dumm, vielleicht auch nicht. Solange ich lebe . . . mein Lieber – sollen sie mich hier in Frieden lassen mit ihren Ordnungen – sonst reißt mir noch der Geduldsfaden.«

*

»Schon gut, schon gut, ich habe dir das Leben verpatzt. Stimmt. Es war dein Fehler, mich zu heiraten. Ja. Jetzt bist du unglücklich. Ich verstehe dich nicht. Ich bin ein Egoist, ein Tyrann. Einverstanden. Aber du mußt doch zugeben, daß die Suppe angebrannt ist?«

*

»Wie denn? Ich soll einen notorischen Dieb zum Kompagnon nehmen?«
»Mein Lieber, ich kenne ihn besser als du. Ich kann dir versichern, daß er kein notorischer, sondern ein makellos ehrlicher Dieb ist. Und genau so einen brauchen wir. Man

darf nicht voreingenommen sein. Und du gleich: notorisch ... Wenn man Geschäfte machen will, kann man sich nicht bei Wortspielen aufhalten ...
Notorisch ... Da denkt man ja gleich an ...«

*

»Sie glauben es nicht? Ich habe es auch nicht glauben wollen. Aber es gibt sie. Ganz sicher. Schon lange. Damals hießen sie – Freimaurer. Nur, ich sage Ihnen, kein Wort darüber. Man darf über sie nicht reden. Kein Sterbenswörtchen. Sie sind an allem schuld. Am Krieg – die Freimaurer. Am Dollar – die Freimaurer. Passiert ein Unglück – die Freimaurer. Nur um Himmels willen, kein Wörtchen darüber, daß ich ... Die lassen einen verschwinden ... Seien Sie vorsichtig! Lassen einen verschwinden, rücksichtslos ... Da wagt es keiner, Anzeige zu erstatten. Sie vergiften einen und aus, psst. Sie ertränken einen und – psst. Mein Lieber, die Haare stehen einem zu Berge.«
»Was soll man machen?«
»Nichts. Psst! Wir hängen alle am Leben.«

*

»Genau: bin spät heimgekommen. Na und? Mit Jungens! Natürlich mit Jungens. Genug der Fürsorge! Die Hauptsache, ich bin pünktlich im Büro. Willst du's mir verbieten, Mama? Ich habe eine Stelle. Bin unabhängig. Soll ich etwa mit den Hühnern ins Bett – oder mit der Schreibmaschine? Willst du vielleicht, daß ich pervers werde? Das wär was ... Hör auf zu schmollen, Muttchen. Wenn du artig bist, zeige ich auch dir die Welt.«

*

»Ich sage ihm: Du kannst es dir leisten, also genieße. Er fragt: Wie, was? Ich sage: Alles. Auto, Grammophon, Kino, Champagner, Foxtrott, Jazz, Schokolade, Kartenspiel, Torten, Philanthropie, Pyjamas, Taschenuhr mit goldener Kette, handgemalte Bilder, Porträts in Öl, Konfekt, Blumensträuße, Bronzestatuen, Hunde, Frauen. Das Allerteuerste! Aber er sagt nein, man muß sparen. Und jetzt liegt er auf der Nase. Als wenn ich ihm das nicht prophezeit hätte. Ich sage: Mach's so wie ich. Na und? Nichts. Ich genieße, und er ... Schade, eigentlich ein guter Kerl, nur etwas leichtsinnig. Er sparte. Was hat er jetzt davon? Ich habe ihn gewarnt – ihm zugeredet.«

*

»Du sagst: Einen Laden eröffnen. Daran habe ich auch schon gedacht. Aber schau: Da kommt so ein Jud daher, und du sollst mit ihm wie mit deinesgleichen. Er wird mit dir feilschen. Wird sagen, zu teuer, gefällt ihm nicht. Und du schweigst, denn er ist der Kunde. Du mußt höflich sein. Kunde ist Kunde. Verstehst du? Du darfst ihn nicht am Kragen packen und achtkantig rausschmeißen. Du kannst nicht einmal mit dem Fuß aufstampfen und ihn zum Teufel wünschen. Und nicht ›du Krätzjud‹ sagen, oder ›du Saujud‹. Nichts. Der Kunde ist König. Neee, das ist nichts für mich. Daran habe ich auch schon gedacht.«

*

»Du irrst, mein Lieber. Überhaupt nicht bankrott. Ich zahle nicht, weil ich's nicht habe. Wenn ich's habe, werde ich zahlen. Bankrott ist etwas ganz anderes. Bankrott, mein Lieber, machen die Juden, weil sie daran verdienen. Nicht wir.«

»Aber du hast es doch und zahlst trotzdem nicht?«

»Entschuldige. Ich kann doch mich und meine Familie in Zeiten einer Wirtschaftskrise nicht mittellos lassen. Das heißt nicht Bankrott machen. Ich habe einfach kein Geld, um zu zahlen. Klar, oder?«

*

»Da ist mir ein Jude lieber. Ja. Ich werde das auch laut sagen. Sollen sie's ruhig wissen. Der Jud verdient, läßt aber auch mich leben. Ein Jud ist viel zu klug, um einen bettelarm zu machen. Wenn er betrügt, kann ich ihn wenigstens beschimpfen: du Dieb, du Blutsauger. Unsereiner ist schlimmer. Er bestiehlt dich, und du mußt schweigen. Ist obendrein beleidigt. Ich weiß nicht, vielleicht war's ihm zu wenig. Er tut so, als hätte er einen aus Gefälligkeit bestohlen. Laut werd' ich's . . .
Wen sollte ich fürchten? Und er sagte noch, ich würde nichts von Geschäften verstehen. Ich nicht, aber er. Betrüger – Schuft – Schlauberger! Was sagt man zu so einem: Jud? Nein. Man muß die Zähne zusammenbeißen und das Maul halten. Schöne Zeiten sind das . . .«

*

»Barbaren waren es keineswegs. Sie hatten Kultur. Erinnerst du dich an die Jagd mit Francewy? Ein gewöhnlicher Gendarm. Doch was für ein Imbiß! Kaviar löffelweise. Lachs.«
»Er war kein Gendarm, sondern Oberst.«
»Selbst wenn er, mein Lieber, Oberstleutnant gewesen wäre. Und Prykows Frau? Weißt du noch? Reden wir nicht davon. Es war gar nicht so schlecht. Solange sie nicht anfingen, Parlament zu spielen. Im nachhinein sieht man es ein. Auf jeden Fall war es anders als jetzt.«
»Und wie war's in Rußland?«
»Was ging mich das damals an? Selbst wenn's Menschenfresser gewesen wären. Wir bekamen von ihnen nur das Beste. Der Rubel war etwas wert. Man wußte, was man hatte. War der Hammelschaschlik etwa schlecht? Mann, das war noch Kultur . . . Aber jetzt? . . .«

*

»Dann kam ich dran. Ich stehe auf und sage: ›Ich bitte um's Wort.‹ Paß auf: zur Geschäftsordnung. Sie mußten mich reden lassen. Ich sage: ›Herr Vorsitzender, lassen Sie bitte über meinen Antrag abstimmen.‹ Gleich wurde es still. Sie gucken. Na, und dann ich: ›Bitte über meinen Antrag, die Diskussion zu unterbrechen, abzustimmen.‹ Sofort wurde abgestimmt. Mein Antrag kam durch. (Nur die, die auf der Rednerliste standen, kamen dran. Einer verzichtete sogar.) Ohne mich hätte es die ganze Nacht gedauert. Und dann ab in die Kneipe. Auf mein Wohl wurde getrunken. Sogar tüchtig ... Das kann man wohl sagen ... Sogar der Vorstand, jawohl. Nicht, daß ich nicht auch, aber überhaupt ...«

*

»Eine kleine Szene. Am Fahrkartenschalter. Hören Sie sich das an. Ich übertreibe nicht. Sie kaufen Fahrkarten ... Da stehen: drei Zerlumpte, ein Grünschnabel, eine Jüdin, dahinter ein Hauptmann der polnischen Armee, dann ein Jude, ein Bauer, ein Priester, wieder ein Abgerissener, hinter ihm eine ältere Frau in Trauer und so weiter. Und ein Polizist steht dabei und sorgt für Ordnung. Damit es, Gott bewahre, nicht anders, sondern in dieser Reihenfolge geht. Mich geht das eigentlich nichts an, denn ich stehe vor einem anderen Schalter. Aber es schüttelt mich doch, wissen Sie, wie im Fieber. Was ist da zu tun? Ich kann's nicht ertragen. Dann lieber zu Hause sitzen. Es gar nicht mit ansehen. Selbst wenn sie mir noch dazuzahlen würden. Nein, ich verreise nie wieder. Brrr!«

*

»Er hat Ansichten. Merkst du? So ein Milchbubi, Knirps, Grünschnabel! Ansichten! Er sagte zu mir: ›Mittelalter.‹ Du Straßenköter, du, ich werde dir zeigen, was Mittelalter ist! Universität! Wenn du willst, gut. Bleib bei deiner Überzeugung, wenn du so schlau bist. Von mir bekommst du jedenfalls keinen Heller. Geh mir aus den Augen! Er sagt, man müsse Achtung haben, jawohl, aber nicht er vor mir, nein, ich vor ihm. Schade, daß ich keinen Knüppel zur Hand hatte. Er sagte noch: ›Aberglaube.‹ Das hätte man hören sollen. Wie auf einer Kundgebung. Schade, daß ich keinen Riemen bei mir hatte. Dem hätte ich's gegeben: Überzeugungen, Mittelalter und Aberglaube! Außerdem: ›Vorsintflutliche Begriffe.‹ Was weiß ich noch alles. Du Straßenköter, du! Ich habe keinen Sohn mehr. Wenn seine Mutter will, soll sie ihm was schicken. Mittelalter!«

*

»Gestern noch sagte er zu mir: ›Wenn ich Sie im Büro weiß, bin ich beruhigt.‹ Das heißt doch wohl, daß er Vertrauen zu mir hat, daß ich zu etwas tauge. Und heute – ich weiß nicht, was in ihn gefahren ist. Dies ist nicht gut, und das ist nicht gut. Fährt mich an, wie einen Knecht. Ich will es ihm erklären – aber was – alles wird nur noch schlimmer. Schließlich sagt er: ›Ein Dummkopf sind Sie.‹ Ich denke mir nur: Wenn ich klug wäre, wäre ich kein Beamter. Ach, was tut der Mensch nicht alles für das bißchen Brot . . .«

*

»Arbeitslosigkeit.«

»Glaube nicht. Alles Lüge. Wer arbeiten will – findet was.«

»Selbstmorde.«

»Auch gelogen. Simulanten – alles unwahr.«

»Teuerung.«

»Die Währung paßt sich an.«

»Fabriken schließen.«

»Es lohnt nicht einmal, sie für acht Stunden zu öffnen. Recht haben sie.«

»Steuern. Zwangsversteigerungen.«

»Für Dummköpfe. Es ist wirklich nicht so schlecht. Glaub' nicht daran.«

*

»Wer hätte das gedacht?«
»Ich habe es schon immer gewußt. Er trifft mich auf der Straße und: ›Ein Zigarettchen vielleicht?‹ Ich wußte gleich Bescheid, sagte aber nichts. Und der zieht Ergo aus der Tasche. Nein, meine Liebe, wenn man schulpflichtige Kinder hat, bietet man keine Zigaretten an. Dazu noch Ergo.«
»Mensch, jetzt verstehe ich. Du hast mir die Augen geöffnet. Da treffe ich sie neulich vor der Apotheke. Wie geht's, wie steht's? Sie muß hineingehen. Dentosan. Und eine Zahnbürste.«
»Siehst du, sie leben über ihre Verhältnisse. Jetzt sind sie reingefallen. Das haben sie davon.«

*

»Erstens: zu früh. Später – gut, aber nicht sofort. Einstweilig Autonomie. Zweitens: nicht die Sozialisten. Moraczewski! Drittens: nicht gegen Kiew, sondern gleich gegen Moskau. Europa würde helfen. Und zerschmettern! Daß es Napoleon nicht gelang – na und? Der hatte nur einen Überzieher an, wir würden in Pelzen marschieren und nicht erfrieren. Viertens: ein Staatsstreich – wäre nötig – ein Diktator – und kurze Leine!«
»Mein Lieber, auch bedeutende Menschen machen Fehler . . .«
»Bedeutende Menschen – Fehler? Meinetwegen. Aber weshalb sollen wir dafür büßen?«

*

»Nicht möglich, Herr Geheimrat.«
»Doch. Innerhalb von vierundzwanzig Stunden. Die Deutschen – weg vom Fenster – ›Heim ins Reich‹. Die Juden

nach Palästina. Litauer, Ukrainer und das ganze Gesindel – ab ins bolschewistische Paradies! Gesandtschaften und Botschaften Hals über Kopf raus – selbstverständlich mit allen Ehren – diplomatisch – alles einpacken – und ab die Post! Wir blieben unter uns. Und dann erst würde ich loslegen.«

»Und was würden Herr Geheimrat . . .«

»Mit dem Parlament beginnen. Jedem fünfzig auf jeden Hintern.«

»Allen?«

»Allen. Rechten und Linken. Inzwischen stecken alle unter einer Decke. Jedem fünfzig, sage ich – und dann ab nach Hause, an die Arbeit, diese Schmarotzer! Dann die Gewerkschaften und die Parteien. Die Vorsitzenden – sofern sie nicht im Parlament saßen – auch jedem fünfzig.«

»Allen?«

»Jaaa, Gleichheit! Erledigt! Diebe und Bestechliche kriegen 'ne Kugel durch den Kopf! Ohne Prozeß. Für einen von unseren zehn von denen.«

»Von welchen?«

»Juden, Deutschen . . .«

»Die haben Herr Geheimrat doch schon rausgeworfen.«

»Nein. Die Betrüger gesondert. Das Eigentum beschlagnahmen. In den Staatssäckel. Kein Pfennig wird geschenkt.«

»Und Schluß?«

»Neee. Kabaretts, Kinos, Manikürsalons, Tanzbars, Parfümerien – was weiß ich alles – würde ich schließen. Und dann kämen die Weiber dran. Zusammentrommeln würde ich all die Halbnackten und Angemalten. Ja. Entweder abschrubben, keine kurzen Kleider, keine Seiden und Dekolletés. Entweder – oder.«

»Und weiter?«

»Dann wüßte ich schon weiter.«

»Schon gut, aber der Handel, die Industrie?«

»Ach ja, stimmt. Nachdem ich Ordnung gemacht hätte, gäb's Kredite für Investitionen.«

»Und wenn's keine gäbe?«
»Dann eben nicht. Gebettelt wird nicht. Erst alles in Schwung bringen. Ich würde den konvertierbaren Kurs des Złoty festlegen. Glauben Sie mir: erst dann hätten sie vor uns Respekt, erst dann kämen sie zu uns mit Bitten. Nicht wir zu ihnen, nein, die zu uns.«
»Und Amerika?«
»Auch Amerika. Die brauchen Absatzmärkte, mehr als wir.«
»Ich weiß nicht recht. Vielleicht haben Sie, Herr Geheimrat . . . Aber doch nicht binnen vierundzwanzig Stunden?«
»Dann eben in einer Woche – wäre das schlecht? Die brauchten doch ganze Jahre dafür, diese Schwachköpfe, diese Schlappschwänze – diese Grabskis und Skrzyńskis – ganze Jahre – und? Nichts. In einer Woche wäre es möglich. Das ginge!«

Geschrieben in der Hauptstadt Warschau, Silvester 1925/26.

Senat der Irren

Monolog des Traurigen Bruders

Wollt ihr diesen Lärm der verwirrten Stimmen verstehen, diese Töne, dieses Gepolter, Lamento, Stöhnen und Dröhnen, dieses düstere Getümmel des damaligen Lebens? Soll ich es wagen und euch diesen Schmerz zufügen, meine Brüder und Schwestern? ... Auf welche Epoche der düsteren Urzeiten soll ich dabei zurückgreifen, welches Urahnen Geist soll ich herbeirufen? Jenen, der sich noch in den Wäldern verbarg, mit den Tieren auf du und du war und gegen die Elemente ankämpfte, oder jenen, der sich als Herrscher der damaligen Welt dünkte, als Herr des gerodeten Dickichts, als Entdecker von Eisen und Feuer, als König von Wasser und Luft? Jenen, der nicht mehr als Einzelwesen, sondern schon in Gemeinschaft seine Blicke mit immer weniger Ehrfurcht zu den Sternen hinaufschickte? Oder vielleicht sollten wir uns in jene Zeit versetzen, als alle gleich waren und sich als Ebenbürtige begegneten: der Schwache und der Starke, der Naive und der Stolze, jener mit Pfeil und Bogen und jener, der Blitze zucken ließ und aus den Wolken Tod und Furcht verbreitete? Es war die Zeit der Niederlagen und des größten Unrechts. Das Chaos war furchtbar. Als die Menschen sich zusammenrotteten, in Gruppen auf der Flucht vor der Einsamkeit waren und sich gemeinsam vor dem Feind – dem Bruder – schützten? Warum dominierten nicht Liebe und Zusammenarbeit, sondern Hader, Kämpfe, Überfälle, Gewalt, Eroberung, Ränke, Habsucht, Plünderung und Herrschsucht? Warum, so frage ich, reichten sie einander nicht die Hand, als sie sich begegneten, einander anschauten, aufeinandertrafen, statt nach Schwert und Gift zu greifen? Warum floß Blut, warum legte man den anderen in Fesseln? War es der Hunger? Nein, die Erde brachte genug Nahrung hervor. Und die Menschen kannten bereits Methoden zur Förderung des Wachstums. Vielleicht war es die Kälte? Die ungehorsame Sonne verlieh nur soviel Wärme, wie es ihr gerade gefiel, es stürmten die Winde, und die Mauern verliehen zu wenig Schutz. Weshalb aber sind Urnen und Skelette, Schutt und Asche am zahlreichsten dort anzutreffen, wo es nicht so kalt war? Man sagt, kleine Goldkrümel liegen überall verstreut, doch die Goldbarren werden sorgfältig in eisernen Schränken aufbewahrt. Wir können das Warum nicht beantworten. Wir können nur vermuten. Es wird ein Geheimnis bleiben. Es mußte jedenfalls Mangelerscheinungen gegeben haben, denen sie durch Raub zuvorkommen wollten, es mußte Unterschiede gegeben haben, die sie Gewalt anwenden ließen. Es gibt verschiedene Schädelfunde, Aufschriften, in Stein gemeißelt und auf Metallplättchen geritzt, die Menschen waren in jedem Klima anders, der Mensch des Feldes anders als der Mensch des Wassers und wieder anders der Mensch der Berge, und doch sorgte ein jeder für sich selbst und war er selbst. Anders hätten sie nicht leben und überleben können. Ich kann nur Vermutungen anstellen, denn etwas Genaues weiß ich nicht. Für alle aber schien der blasse tote Mond. Wußten sie, daß auch die Sonne abkühlt? Wohl kaum. Sie sahen nur, daß sie geboren wird, emporwächst, heranreift und zerfällt. Der Tod war im Kampf verständlich und entschuldbar, sogar bei Krankheit, gegen die sie sich auf naive Weise wehrten, möglichst mit Erfolg. Aber warum gab es das Altern so unausweichlich, absolut und ein für allemal als gemeinsamen Feind des Menschen, für den einen zwar früher, für den anderen später? Die Endlichkeit und Zufälligkeit des Seins hat immer wieder Unruhe, Auflehnung und Sehnsucht verursacht. Diese Endlichkeit und Zufälligkeit des Seins in seiner vergänglichen, irdischen Gestalt – denn eine andere kannten die Menschen nicht – ließ sie Mutmaßungen anstellen, woraus sie ihre Hoffnung schöpften und ihre Resignation ableiteten. Die älteren Generationen begaben sich zur Ruhe, neue entstanden aus dem Nichts, lärmend und selbstbewußt, bis sich die ersten Falten und die ersten grauen Haare zeigten. Die körperlichen Bedürfnisse verlangten nach der nüchternen Tat, aber der Geist rief zum Vergessen auf, wenn sich innere Ruhe, Heiterkeit oder Ausgeglichenheit nicht einstellen wollten. Das war der damalige Mensch, in sich widersprüchlich, entzweit, zerrissen, enttäuscht, nicht nur über den Bruder und die Welt, sondern enttäuscht vom Leben, allein mit sich selbst, am einsamsten im Augenblick der Geburt und des Todes, sich dieser Einsamkeit bewußt und auf sie verwiesen, ohne Rettung von irgendeiner Seite, ohne Hilfe und ohne Hoffnung. Der Mensch hat seltsame Drogen erfunden: narkotisierende, aufreizende und beruhigende, je nachdem, sie schenkten Vergessen oder gewährten Unterbrechungen bei Illusionen und Wahnsinn. Die Menschen wußten, daß es sich um Gift handelte, aber sie konnten sich nicht anders verhalten. Es genügte, eine kleine Dosis davon einzunehmen, und schon hatte man das Gefühl von Beständigkeit, ähnlich wie das Schwert das Gefühl von Stärke verlieh. Bevor den Bruder der Tod ereilte, log man sich selbst die eigene Unsterblichkeit vor . . .

Mit welchen Inhalten füllte der Mensch, ohne es zu wissen, die damaligen dunklen Geheimnisse? Welche Legenden schuf er und welche blutigen Opfer brachte er ihnen unter Qualen dar? Wo warf er Anker für seine dauerhafte Hoffnung?

Ich befreie die Vergangenheit vom Staub, komme euch entgegen, ihr damaligen und schwer enträtselbaren Menschen, ich tauche hinab in trübe Tiefen – und suche, irre umher und vermute. Horcht, horcht, hört ihr nicht des

damaligen Menschen Sehnsüchte und Rufe, die er uns entgegenschickt? Auch er hatte seine Vergangenheit, seine Geschichte, die er kannte, erahnte und in sich spürte. Auch er wußte, daß er aufstrebt, sich emporhebt, sich streckt, daß er geworfen ist zwischen das Gestern und Heute und uns entgegeneilt. Auch er vertraute und gab dieses Vertrauen an unsere Urahnen weiter, seine Kinder führte er auf diesen weiten, schmerzhaften, mühevollen und bitteren Lebensweg und glaubte an den endgültigen Sieg. Vielleicht hat ihn nur dieses Eine beflügelt und getragen. Verfolgt vom Alptraum der Vergangenheit, im Bewußtsein der Niederlagen seiner Gegenwart, übereignete er uns diese kleinen unbeholfenen und zitternden Küken, diese Waisen, damit wir sie, wenn sie bittere Tränen vergießen, an unser Herz drücken und sie auf dem Wege weiterführen. Sind wir bereit, dieses stille Opfer anzuerkennen? Die Kinder sind immer wieder die Erneuerung der vergehenden Geschlechter, sie sind Teil des Stammes, der durch diese unbewußten Wesen einer heiteren, helleren und besseren Zukunft entgegenschreitet. Wir sind ihr Bindeglied, haben an ihnen Anteil, sind ihre einzigen Brüder – Schatz, Banner und Testament; sind Erleichterung in der Stunde der Enttäuschung und der Schande; sind für sie Glaube, Liebe, Hoffnung. Und waren es. Wir hören nicht nur das wilde Geschrei, das böse Gebrumme, das Heulen und Winseln, sondern auch die Hymnen und die leisen Stoßseufzer. Das reißende Tier und sein trauriges Opfer, das brüderliche Elend und die vertriebene Güte. Sie lebten *nebeneinander*, aber nicht nur. In ein und demselben Menschen sind vielerlei Eigenschaften versammelt: Feind und Bündnispartner, demütiger Sklave und ausdauernder Kämpfer, Erbauer und Brandschatzer, auch Priester, Richter und Rächer, Henker und Verurteilter, Blitz und Regenbogen. Versammelt, um zu zerstören, und versammelt, um aufzubauen.
Die Menschen drängeln und verdrängen nicht nur, sie wür-

gen, ärgern, schieben, quälen, verfolgen, morden und bringen einander um. Aber es gibt nicht nur Haß und Verachtung, sondern auch Liebe. Sie kannten nicht nur die Macht der Sinnlichkeit und die Begierde des Leibes, sie hielten für Liebe, was zwickt, sich aufbläht, schwächt und anzieht, um zu erniedrigen und zu verwerfen, um zu beherrschen – zum Wahnsinn zu treiben, um Schmerz zuzufügen und als Rettung und Flucht vor der Wirklichkeit zu gelten. Aber es gab auch die weiße Taube. Das Schauen mit dem geistigen Auge fehlte jedoch, die Geliebte sah nicht, wen sie an ihren Schoß drückte, die Mutter wußte nicht, wen sie zur Welt brachte, wem sie die Brust gab. Ehret jenen Augenblick durch ehrfurchtsvolles Schweigen. Ich höre euer Seufzen.

Die damaligen Menschen hatten ihre Seher, Propheten und Führer – wir hören ihr Flüstern, das leider übertönt wurde, sie schätzten nicht nur die Stärke, in ihnen lebte auch der Geist und das Gefühl. Wir sehen ihre in Gedanken versunkenen, in Stein gehauenen und in Metall gegossenen Statuen. Sie konnten so manches noch nicht begreifen, achtlos verschwendeten sie vieles – ihre unbeständigen Bücher sind nicht erhalten geblieben, wir kennen nicht einmal den Hauch ihrer Worte. He, he, ihr strahlenden Geister jener dunklen Zeiten, du Tau der Wüsten, du zitterndes Gras des Brachlandes! Euren Himmeln, Freuden und Warnungen, Illusionen und Eingebungen, Begeisterungen, Befreiungen, Erfüllungen – euch eile ich entgegen und entbiete meinen Gruß; euren Niedergängen und Erlösungen, euren inneren Kämpfen, Zwängen, Unruhen, Erniedrigungen, Herabwürdigungen; ihr gebrechlichen Geister, euren Aufständen, Enttäuschungen und Qualen, euren Niederlagen, Bitterkeiten und Zweifeln, euch sende ich meinen brüderlichen Kuß! Grausam war eure Einsamkeit, eure Fremdheit und eure Erwartung.

Unbegreiflich bleibt ein Bruder dem anderen. Wir sehen nur seine Maske. Der Mensch ist verschlossen, führt den

anderen in die Irre, verführt, täuscht und belügt ihn. Ohne Gefühlskontakt ist er in eine Maske hineingezwängt, angewiesen auf die Verständigung mit Wörtern und Gesten, lügt er durch Sprache, Lächeln, Tränen, Küsse, Umarmungen. Solidarität besteht für ihn durch Unwahrheit, Verschlagenheit, Listigkeit, heimliche Absprachen, Verschwörungen, Verrat. Daher gibt es soviel Unsicherheit, Zweifel, Unentschlossenheit, Mißtrauen und Skepsis.
Deshalb bespitzelt, verdächtigt und verfolgt einer den anderen. Daher kommt das allgemeine Lauern und einander Nachstellen, was wieder zu Illusionen und Enttäuschungen führt. Und zu Strafen. Das Suchen nach Wahrheit, Recht und Gerechtigkeit ist somit vergeblich und führt zu Demütigung und Verachtung. Augenblicke der Ehrlichkeit und Zerknirschung sind selten. Wie soll man unter dieser Last nicht zusammenbrechen? Sie erdrückt, erwürgt, zerschmettert. Es ist alles nichts wert. Der Mensch kann sich nicht einmal im eigenen Interesse verändern, sogar vor sich selbst trägt er eine Maske, umgibt sich mit Schützen- und Wassergräben, jeder gegen jeden – und jeder gegen sich selbst.
Deshalb können wir nicht begreifen, warum die Mühe vergeblich ist, auch nur einen einzigen Menschen zum Zeugen aufzurufen, um zu erklären, wie es einmal war. Nur Masken kommen zuhauf angestürmt, diese verlogenen, zerstrittenen, bis zur Unkenntlichkeit verzerrten Gespenster. Und wandeln als irre Schatten unter uns. Doch weisen wir sie nicht ab. Denn mehr als Vergessen, Nachsicht, Mitleid und Vergebung gilt uns die Brüderlichkeit.
Fern und doch nah, fremd und doch bekannt, seid ihr alle mir Schwester und Bruder, ich spreche euch nicht schuldig, ihr konntet nicht anders, ihr Gebrechlichen und Traurigen. Ihr Dürstenden und Sehenden – in euren Irrtümern seid ihr sündenlos. Es handelt sich nicht um Verbrechen und Kriminalität, Übertretungen und Verfehlungen, sondern um

Verirrungen. Ich lege meine warme Hand auf euer müdes Haupt und entbiete euch Tränen des stillen Mitgefühls, verbunden mit einem Gruß. Meine Arme sind weit geöffnet für euch. Ihr seid nicht hundertfach verdammt, sondern gesegnet. Es war meine Absicht, euch dies kundzutun und euren müden Augen ein Lächeln abzugewinnen – euch zu beruhigen.

Mein Blick auf eure Ränke und Unzulänglichkeiten ist milde. Ich bin euer Sohn und Vater und euer Bruder, ihr meine Kinder!

Das Gericht soll euch, ihr Vertriebenen und Heimatlosen, nicht dafür strafen, daß ihr das Joch der Unzulänglichkeit der Seele und des Leibes getragen habt – dieses grausame Joch, das nur in der Verwirrung durch das Irrlicht der übermütigen Begierden, durch Spiele und Ränke besteht, für einen Schauder und ein Lächeln gabt ihr euch hin. Vielmehr verneigen soll man sich vor euch, vor eurer würdevollen Standfestigkeit und beharrlichen Ausdauer, vor eurer Ernsthaftigkeit und Stärke angesichts der für uns dargebrachten Opfer, vor eurem schweren Dienst und eurem Gebet um Morgenröte, Heiligkeit, Wunder, vor eurem trotz aller Hindernisse und Hemmnisse uns entgegengebrachten Vertrauen – vor eurem Erbe, das es uns ermöglicht, zu erwachen und das Joch abzuschütteln.

Tagebuchblätter

Aus dem Warschauer Getto 1942

Der steinerne Blick der Sphinx stellt die immerwährende Frage: »Wer geht morgens auf vier, mittags munter auf zwei und abends auf drei Beinen?«
Du bist es – auf deinen Stock gestützt, blickst du in die verlöschenden, kraftlosen Strahlen der untergehenden Sonne ...
In meinen eigenen Lebenserinnerungen will ich versuchen, es anders zu machen. Vielleicht ist das ein glücklicher Gedanke, vielleicht gelingt es, vielleicht ist es gerade so richtig.
Wenn du einen Brunnen aushebst, beginnst du mit der Arbeit nicht in der Tiefe, sondern du bewegst zunächst die obere Bodenschicht, wirfst das Erdreich auf, Schaufel um Schaufel, ohne zu wissen, was darunterliegt – wieviel verflochtenes Wurzelwerk, wie viele Hindernisse und Mängel, wie viele schwere, von anderen und dir selbst versenkte, längst vergessene Steine und andere harte Brocken.
Der Entschluß ist gefaßt. Für den Anfang reichen die Kräfte aus. Wird jedoch eine Arbeit überhaupt jemals vollendet?
Spuck in die Hände, greif zur Schaufel und fang an!
Eins – zwei, eins – zwei ...
»Gott helfe dir, Väterchen! Was machst du da?«
»Du siehst es ja, ich suche nach unterirdischen Quellen, ich grabe nach dem reinen, kühlen Element des Wassers und setze meine Erinnerungen frei.«
»Soll ich dir helfen?«
»Ach nein, mein Lieber, das muß jeder selbst tun. Keiner kann ihm dabei helfen, und keiner kann einen dabei vertreten. Alles andere können wir gemeinsam tun, wenn du mir

noch vertraust und mich nicht unterschätzt; aber diese meine letzte Arbeit muß ich allein vollenden.«
»Dann Glück auf.«
Also dann . . .

*

Zwei alte Männer lassen sich die Sonne auf den Buckel scheinen.
»Sag mal, Alter, wie kommt es, daß du noch lebst?«
»Nun, ich habe ein solides, bedächtiges Leben geführt, ohne große Erschütterungen und plötzliche Neuanfänge. Ich rauche nicht, ich trinke nicht, ich spiele nicht Karten und ich laufe auch den Mädchen nicht nach. Ich habe weder jemals gehungert noch mich je allzusehr angestrengt; immer langsam voran und ohne Risiko. Stets alles zur rechten Zeit und mit Maßen. Ich habe mein Herz nicht überfordert, meine Lunge nicht strapaziert und meinen Kopf nicht über Gebühr angestrengt. Mäßigung, Ruhe und Bedächtigkeit. Deshalb lebe ich noch. Und Sie, mein Freund?«
»Bei mir war es ein wenig anders. Immer war ich dort, wo man leicht Beulen und blaue Flecken bekommt. Ich war noch ein junger Bursche, als es die erste Revolte und Schießereien gab; schlaflose Nächte und soviel Arrest wie nötig, um einen jungen Kerl wenigstens ein bißchen zu zügeln. Dann kam der Krieg. Nichts Besonderes. Hinter dem Ural-Gebirge, dem Baikalsee, den Ländern der Tataren, Kirgisen, Burjäten bis hin zu den Chinesen. Ich blieb in dem mandschurischen Dorf Taolaj-džou und – wieder war Revolution. Danach eine kurze Zeit trügerischer Ruhe. Schnaps habe ich getrunken, warum nicht, und mein Leben, weiß Gott, nicht bloß ein zerknittertes Stück Papier, habe ich manches Mal auf eine Karte gesetzt. Nur für Mädchen hatte ich keine Zeit. Wenn diese Biester nicht so gierig wären und erpicht auf Liebesnächte; ja und dann die kleinen Kinder, die sie bekommen . . . Eine dumme Ge-

wohnheit. Einmal ist es mir passiert. Ein übler Nachgeschmack ist mir geblieben, fürs ganze Leben. Ich hatte genug davon, auch von den Drohungen und Tränen. Zigaretten habe ich maßlos viel geraucht. Bei Tag und auch im Eifer der nächtlichen Diskussionen, wie ein Schlot. Nichts ist mehr gesund an mir. Verwachsungen, Schmerzen, Leistenbrüche und Narben. Ich gehe auseinander, stöhne, platze aus den Nähten – aber ich lebe. Und wie ich lebe! Wer mir in die Quere kommt, kann davon erzählen. Meine Fußtritte haben es in sich. Selbst jetzt noch kommt es vor, daß eine ganze Bande vor mir kriecht. Ich habe übrigens auch Parteigänger und Freunde.«

»Ich auch. Ich habe Kinder und Enkel. Und Sie, mein Freund?«

»Ich habe zweihundert.«

»Sie sind mir der Rechte . . .«

*

Faulpelz . . . das stimmt . . . Ich mag nicht schreiben. Nachdenken – ja. Das fällt mir nicht schwer. So, als ob ich mir selbst Märchen erzählte.

Irgendwo habe ich gelesen:

»Es gibt Menschen, die nicht denken, etwa so, wie andere sagen: ›Ich rauche nicht.‹«

Ich denke.

Eins – zwei, eins – zwei. Nach jedem ungeschickten Schaufelwurf aus meinem Brunnenschacht blicke ich gedankenverloren vor mich hin. So grüble ich zehn Minuten – nicht weil ich schwach oder alt bin. Das war schon immer so.

Großmutter setzte mir Rosinen in den Kopf und sagte:

»Du Philosoph.«

Angeblich habe ich ihr schon damals im Zwiegespräch den kühnen Plan anvertraut, die Welt zu verändern. Ich wollte nicht mehr und nicht weniger als alles Geld aus der Welt schaffen. Wie und wohin ich es wegschaffen wollte – darüber habe ich mir damals keine Gedanken gemacht. Man sollte darüber nicht zu streng urteilen. Ich war damals fünf Jahre alt, und das Problem war unglaublich schwer: Was war zu tun, damit es die schmutzigen, verwahrlosten und hungrigen Kinder nicht mehr gab, mit denen ich auf dem Hof nicht spielen durfte; auf demselben Hinterhof, wo unter dem Kastanienbaum – in Watte gebettet – in einer metallenen Bonbondose mein erster geliebter, mir nahestehender Toter begraben lag, wenn es auch nur ein Kanarienvogel war. Sein Tod warf die geheimnisvolle Frage nach dem religiösen Bekenntnis auf. Ich wollte ein Kreuz auf sein Grab stellen, aber das Dienstmädchen sagte, das ginge nicht, weil es nur ein Vogel sei, also etwas weit Geringeres als ein Mensch. Es sei sogar Sünde.

Soweit das Dienstmädchen. Weit schlimmer war, daß der Sohn des Hausverwalters behauptete, der Kanarienvogel sei Jude gewesen.

Ich auch. Ich bin Jude, und er – Pole und Katholik.

Er würde ins Paradies kommen, ich dagegen, wenn ich keine häßlichen Ausdrücke gebrauchen und ihm immer folgsam im Haus stiebitzten Zucker mitbringen würde, käme nach dem Tod zwar nicht gerade in die Hölle, aber irgendwohin, wo es ganz dunkel sei. Und ich hatte Angst in einem dunklen Zimmer.

Tod – Jude – Hölle. Das schwarze jüdische Paradies. Es gab genug Grund zum Grübeln.

*

Es ist Nacht. Über sie und die schlafenden Kinder existieren Aufzeichnungen – vierunddreißig Notizblöcke voll. Eben darum konnte ich mich solange nicht dazu entschließen, meine Erinnerungen aufzuzeichnen.

Ich habe vor, folgendes zu schreiben:

1. Einen umfangreichen Band über die Nacht im Waisenhaus und über den Schlaf der Kinder.

2. Einen zweibändigen Roman. Die Handlung spielt in Palästina. Die Hochzeitsnacht eines Chaluzim-Paares am Fuße des Berges Gilboa, dort, wo die Quelle entspringt; von diesem Berg und von dieser Quelle erzählt das Buch Mose.

(Wenn ich es schaffe, wird mein Brunnen sehr tief.)

3, 4, 5, 6. Vor einigen Jahren habe ich für die Kinder eine Erzählung geschrieben. Jetzt sollte die Reihe fortgesetzt werden: Pestalozzi, da Vinci, Kropotkin, Piłsudski und ein paar Dutzend andere, auch Fabre, Multatuli, Ruskin, Gregor Mendel, Nałkowski, Szczepanowski, Dygasiński und Dawid.

Ihr wißt nicht, wer Nałkowski war?

Die Welt weiß von vielen großen Polen nichts.

7. Vor Jahren habe ich einen Roman »König Hänschen« geschrieben. Jetzt wäre wieder ein Kind als König an der Reihe: König David der Zweite.

8. Wie kann man das Material von einem halben Tausend Gewichts- und Meßdiagrammen der Zöglinge unbeachtet lassen, und wie kann die wunderbare, redliche, fröhliche Arbeit des menschlichen Wachstums unbeschrieben bleiben? In füntausend Jahren, irgendwann in abgründiger Zukunft – Sozialismus, heute dagegen noch Anarchie. Ein Krieg der Dichter und Musiker in der schönsten Olympiade – ein jährlicher Wettstreit um das schönste Gebet, um eine Hymne zu Gott für die Welt.

Ich vergaß zu erwähnen, daß auch jetzt Krieg herrscht.

10. Eine Autobiographie.

Ja. Über mich selbst, meine kleine und doch wichtige Person. Jemand hat einmal boshaft geäußert, die Welt sei ein Klümpchen Dreck, irgendwo im All schwebend, und der Mensch sei ein Tier, das Karriere gemacht hat.

Das kann schon sein. Dazu aber eine Ergänzung: Dieses Klümpchen Dreck kann leiden, lieben, weinen und voll Sehnsucht sein.

Und die Karriere des Menschen ist – genau betrachtet – zweifelhaft, sehr zweifelhaft.

*

Gestern habe ich eine Laus gefangen und sie ohne Skrupel mit einer einzigen schnellen Bewegung der Fingernägel zerquetscht. Wenn ich dazu komme, schreibe ich eine Apologie der Laus; denn unser Verhältnis zu diesem schönen Insekt ist ungerecht und unwürdig.
Ein erbitterter russischer Bauer hat einmal gesagt: »Die Laus ist nicht wie der Mensch – sie saugt dir nicht alles Blut aus.«
Ich habe eine kurze Geschichte über die Spatzen verfaßt, die ich zwanzig Jahre lang gefüttert hatte. Ich habe mir die Aufgabe gestellt, diese kleinen Räuber zu rehabilitieren. Doch wer macht sich schon Gedanken über die Benachteiligung der Laus. Wer, wenn nicht ich.
Wer wird den Mut haben, hervorzutreten und sie in Schutz zu nehmen?

*

Ecke Żelazna- und Chłodna-Straße. Eine Schuhmacherei. Auf einem Stuhl sitzt dick und breit eine fette Jüdin und probiert Schuhe an. Vor ihr kniet der Schuster. Ein durchgeistigtes Antlitz. Das Haar grau, die Augen klug und gut, die Stimme tief und ernst und das Gesicht hoffnungslos resigniert.
»Ich habe Ihnen gesagt, daß diese Schuhe . . .«
»Und ich sage Ihnen, behalten Sie diese Schuhe für Ihre Frau. Sie als Schuster müßten das wissen. Wie sieht denn mein Fuß darin aus?«
Und sie fuchtelt mit ihrem dicken Fuß dem Schuster vor der Nase hin und her – fast trifft sie sein Gesicht.
»Sind Sie blind? Sehen Sie denn nicht, daß das Falten gibt?«
Eine der schlimmsten Szenen, die ich je erlebte; keineswegs aber die einzige.

»Die Unseren sind auch nicht besser.«
»Das weiß ich.«
Also, was tun?

*

Es gibt Teufel. Es gibt sie. Aber auch unter ihnen sind nicht alle gleich boshaft.

*

Sooft ich an die Vergangenheit denke, an verflossene Jahre und Ereignisse, bin ich alt. Ich will aber jung sein und deswegen schmiede ich Pläne für die Zukunft.
Was werde ich nach dem Krieg tun?
Vielleicht werde ich zur Mitarbeit bei der Schaffung einer neuen Ordnung irgendwo auf Erden oder in Polen berufen. Doch das ist sehr ungewiß, und ich möchte es auch gar nicht. Denn dann müßte ich ja amtieren – die Sklaverei regulärer Arbeitsstunden und erzwungener Kontakte mit irgendwelchen Menschen, irgendwo am Schreibtisch, im Sessel und am Telefon erdulden; Zeit für laufende, alltägliche Angelegenheiten vergeuden und mit kleinen Leuten, mit ihren kleinen Ambitionen, Protektionen, mit ihrer Rangordnung und ihren Vorstellungen kämpfen.
Alles in allem – eine Tretmühle.
Ich möchte lieber selbstverantwortlich handeln.
Als ich Typhus hatte, kam mir diese Vision:
Ein riesengroßer Theater- oder Konzertsaal. Festlich gekleidete Menschen.
Ich berichte von Krieg und Hunger, vom Dasein der Waisen und von Not.
Ich spreche polnisch. Ein Dolmetscher übersetzt ins Englische. (Das ganze spielt in Amerika.) Plötzlich versagt meine Stimme. Stille. Im Hintergrund schreit jemand auf. Regina läuft auf mich zu. Sie bleibt vor dem Pult stehen, wirft eine Uhr aufs Podium und ruft: »Ich will Ihnen das alles geben!«

Und dann regnet es Banknoten, Gold und Schmuck. Ringe, Armreifen und Halsketten werden mir zugeworfen. Jungen aus dem Waisenhaus springen auf die Bühne: die Brüder Gelblat, Fałka, Majer Kulawski, Gluzman, Szejwacz – und stopfen alles in Säcke. Zurufe, Beifall und das Schluchzen gerührter Zuhörer erfüllen den Saal.
Ich gebe nicht allzuviel auf Zeichen, aber seit über zwanzig Jahren warte ich auf die Erfüllung dieser Vision.

*

Was für ein Glück, daß Ärzte und Polizei mir nicht vorschreiben können, wie oft ich pro Minute atmen darf und wie oft mein Herz das Recht zu schlagen hat.

*

Ein Nationalist sagte einmal zu mir: »Ein Jude, und sei er auch ein aufrichtiger Patriot, ist bestenfalls ein guter Warschauer oder Krakauer, nie aber Pole.«
Das hat mich überrascht.
Ich mußte ehrlich zugeben, daß mir weder Lemberg, noch Posen, noch Gdingen, noch die Seen von Augustów, noch Zaleszczyki oder das Olsagebiet etwas bedeuten. Ich war nie in Zakopane (wie ungeheuerlich!) – Polesien, die See und der Urwald von Białowieża lassen mich kalt. Fremd ist mir die Weichsel bei Krakau, und Gnesen kenne ich nicht und ich möchte es auch gar nicht kennenlernen. Aber ich liebe die Weichsel bei Warschau und ich habe brennendes Heimweh nach Warschau, wenn ich von ihm fern bin.
Warschau ist mein, und ich bin sein. Ich gehe noch weiter: ich bin Warschau. Mit dieser Stadt war ich fröhlich und traurig, ihre Heiterkeit war meine Heiterkeit, ihr Regen und ihr Schmutz waren mein Regen und mein Schmutz. Mit Warschau bin ich groß geworden. Aber in letzter Zeit sind wir einander ein wenig entfremdet. Neue Straßen,

neue Stadtviertel sind gebaut worden, in denen ich mich nicht mehr auskenne. Seit Jahren fühlte ich mich in Żoliborz wie ein Ausländer. Lublin und sogar Hrubieszów, das ich nie gesehen habe, sind mir vertrauter.
Warschau war mein Boden – die Werkstatt meiner Arbeit, hier bin ich daheim, hier sind meine Toten begraben.

*

Die Geheimnistuerei der Erwachsenen ist zum Verzweifeln. Verzichtet doch auf eure Überraschungen für Kinder, wenn sie das nicht wollen. Sagt ihnen rechtzeitig, was sie wissen wollen, sagt ihnen, ob geschossen wird, ob das ganz sicher ist, und wann und wie. Sie müssen sich doch auf eine lange und gefährliche Reise vorbereiten.

*

Laßt mich den Kindern. Ich bin kein Soziologe. Ich verpfusche und kompromittiere beides: diesen Versuch und auch mich selbst.
Zur Erholung und Entspannung zog ich ins Kinderkrankenhaus. »Der Platz.« Die Stadt spült mir Kinder zu wie Muscheln; und ich – ich bin nur gut zu ihnen. Ich frage sie nicht, woher sie kommen, wie lange sie bleiben, wohin sie gehen und ob sie anderen Menschen Nutzen oder Schaden bringen.
»Der alte Doktor« verschenkt Bonbons, erzählt Märchen und beantwortet Fragen. Stille, geliebte Jahre, fern vom Jahrmarkt der Welt.
Manchmal ein Buch oder ein Besuch bei einem Kollegen, aber immer braucht irgendein einzelner Patient mehrere Jahre hindurch die meiste Fürsorge.
Kinder werden gesund, sterben – so ist das in einem Krankenhaus. Ich grübelte nicht. Ich bemühte mich nicht, das Thema noch zu vertiefen, das mir bis auf den Grund bekannt war. In den ersten sieben Jahren war ich ein beschei-

dener Stationsarzt in einem Krankenhaus. In den Jahren danach wurde ich das unangenehme Gefühl nicht los, desertiert zu sein. Ich hatte das kranke Kind, die Medizin und das Krankenhaus verraten. Falscher Ehrgeiz hatte mich gepackt: Arzt und Bildhauer der kindlichen Seele. Der Seele. Nicht mehr und nicht weniger. (Ach, du alter Narr, du hast dein Leben und die Sache verpfuscht. Die verdiente Strafe hat dich getroffen!)

*

Langeweile.

Langeweile an der Front dauert nie lange. Jemand pocht an die Hüttenwand, ein Pferd draußen auf der Landstraße wiehert. Immer geschieht etwas Neues. Vielleicht geht es in die Stadt, vielleicht heute nacht in ein Palais, vielleicht an einen anderen Frontabschnitt, vielleicht aber auch – das allerschrecklichste – in die Gefangenschaft.

Und hier sind wir, wir Juden, und wissen nicht, was uns der nächste Tag bringt.

Und trotz allem – dieses Gefühl der Sicherheit. Also auch Langeweile.

Möchtest du nicht lieber an der Schlacht bei Charkov teilnehmen? Da schüttelte ich voller Verachtung dieses Zeitungsgeschwätz ab und antworte:

»Ja, das möchte ich.«

Auch wenn es schlimmer ist, es ist anders.

Deswegen flüchten sich die einen in die Industrie, die anderen in Spekulationen oder in die Sozialarbeit . . .

*

Wie viele Kostbarkeiten verliert der Mensch, weil er keine Geduld mehr hat, sich mit Menschen zu unterhalten, ohne dabei einen bestimmten Zweck zu verfolgen, nur so, um sie kennenzulernen.

*

Ich bin froh und traurig zugleich. Ich ärgere mich, freue mich, beunruhige und empöre mich, ich begehre zu erfahren und zu vermeiden, ich wünsche Gutes und erflehe göttliche oder menschliche Strafe. Ich urteile: dieses ist gut, jenes böse.

Aber all das ist nur Theorie. Bestellt. Seicht, grau, gewohnheitsmäßig, professionell, wie durch einen Nebel gezogen, verschwommene Gefühle ohne Maß. Sie sind neben mir, nicht in mir. Ich kann mühelos auf sie verzichten, sie vertagen, auslöschen, einstellen, auswechseln.

Die scharfe Zahnkante verletzt mir die Zunge. Ich werde Zeuge einer empörenden Szene: Ich höre Worte, die mich in Zorn versetzen sollten. Aber ich kann mich nicht aushusten, ich würge und ersticke fast.

Ich zucke die Achseln, es ist mir egal.

Indolenz. Gefühlsarmut, voller grenzenloser jüdischer Resignation: »Also, was ist? Und was weiter?«

»Was soll's also, daß meine Zunge weh tut, was soll's, daß man Menschen erschossen hat?« »Er weiß, daß er sterben muß. Und was weiter?« »Man stirbt ja doch nicht öfter als einmal . . .«

Manchmal bewegt mich etwas, und ich wundere mich, als würde mir bewußt oder in die Erinnerung zurückgerufen, daß es so ist, so sein kann, einmal so war. Ich sehe, daß es anderen auch so geht.

Es kommt vor, daß wir nach langen Jahren einen Menschen wiedersehen. In seinem veränderten Gesicht lesen wir, was sich gewandelt hat und was wir einmal gewesen sind.

Aber trotzdem, von Zeit zu Zeit . . .

Eine Straßenszene wie diese:

Neben dem Gehsteig liegt ein halbwüchsiger Junge, vielleicht lebt er noch, vielleicht ist er auch schon tot. Und gleich daneben sind drei Buben beim Pferdchenspielen die Zügel durcheinandergeraten. Sie beraten, probieren, wer-

den ungeduldig und stoßen dabei mit den Füßen an den Daliegenden. Endlich meint einer:
»Laßt uns hier weggehen, der ist uns im Weg.«
Sie gehen ein paar Schritte weiter und machen sich wieder über ihre Leine her.

*

Gestern wehte ein starker Wind und wirbelte Staub auf. Die Passanten kniffen die Augen zu und hielten sich die Hände vors Gesicht.
Von einer Seereise ist mir dieses in Erinnerung geblieben: Ein kleines Mädchen steht auf dem Schiffsdeck vor dem Hintergrund des saphirgrünen Meeres. Plötzlich zog ein starker Wind auf. Die Kleine macht die Augen zu und verdeckt sie mit ihren Händen. Aber dann blinzelt sie doch neugierig und, o Wunder: Zum erstenmal in ihrem Leben erlebt sie einen reinen Wind. Er bläst keinen Staub in die Augen. Zweimal probiert sie es aus, bevor sie Vertrauen faßt und die Hände auf die Reling stützt. Und der Wind schaukelt und kämmt ihr Haar. Mutig und erstaunt macht sie die Augen weit auf. Sie lächelt verlegen.
»Es gibt einen Wind ohne schmutzigen Staub, aber ich habe das nicht gewußt. Ich habe nicht gewußt, daß es auf der Welt reine Luft gibt.
Jetzt weiß ich es.«

*

Ein Junge sagte, als er das »Haus der Waisen« verließ, zu mir: »Wenn dieses Haus nicht wäre, wüßte ich nicht, daß es auf dieser Welt ehrliche Menschen gibt, die nicht stehlen. Ich wüßte nicht, daß man die Wahrheit sagen kann, und ich wüßte nicht, daß es auf dieser Welt gerechte Gesetze gibt.«

*

Welch unerträgliche Träume! In der vergangenen Nacht: mitten unter Deutschen, ich, ohne Armbinde, zu verbotener Stunde in Praga. Ich wache auf. Wieder ein Traum. Im Zug schleppt man mich – Meter für Meter – in ein Abteil, in dem schon mehrere Juden sind. Heute nacht sind wieder Menschen gestorben. Kinder-Leichen. Ein totes Kind in einem Zuber. Ein anderes, mit abgezogener Haut, auf einer Pritsche in der Leichenhalle, atmet noch deutlich. Ein neuer Traum: Ich stehe hoch oben auf einer schwankenden Leiter, und der Vater stopft sich immer wieder Kuchen in den Mund, ein großes Stück, mit Zuckerguß und Rosinen, und was im Mund keinen Platz mehr findet, steckt er zerkrümelt in die Tasche.

Im gefährlichsten Augenblick wache ich schweißbedeckt auf. Ob der Tod ein solches Erwachen in einem Augenblick ist, in dem es scheinbar keinen Ausweg mehr gibt?

»Jeder kann schließlich fünf Minuten Zeit finden, um zu sterben« – habe ich irgendwo gelesen.

*

Das Personal.

Ein Schornsteinfeger muß rußig sein.

Ein Fleischer muß blutbefleckt sein (ein Chirurg auch).

Ein Kloakenreiniger muß stinken.

Ein Kellner muß gewitzt sein. Wenn er es nicht ist, wehe ihm.

Ich fühle mich rußverschmiert, blutbefleckt und stinkend. Und gewitzt, weil ich lebe, schlafe, esse und – ganz selten – sogar scherze.

*

Nach dem Krieg werden die Menschen einander lange nicht in die Augen sehen können, um nicht der Frage zu begegnen: Wie ist es möglich, daß du lebst, daß du davongekommen bist? Was hast du getan?

*

Professor Zi seufzte und schloß die Augen. Er legte die Spitze des Astropsychomikrometers an die Brust und lauschte.
Und auf der Erde war Krieg. Feuersbrünste, Trümmer, wüste Schlachtfelder. Der Mensch, der für die Erde und ihre Geschöpfe verantwortlich ist, ist entweder unwissend oder er gibt sein Wissen und seine Vernunft nicht preis.
Über dem Planeten Rho (vielleicht auch Lo) war der freie Raum von hellem Blau, dem Duft von Maiglöckchen und süßem Wein erfüllt. Wie Schneeflocken trieben die geflügelten Empfindungen umher und stimmten ein Lied nach dem anderen an, sanft und rein.
Unsere Erde ist noch jung. Und jeder Anfang ist eine schmerzhafte Anstrengung.

*

Der moderne Mensch ist reifer, aber nicht klüger und milder geworden.

*

Mein Leben war schwer, aber interessant. In meiner Jugend hatte ich Gott um gerade solch ein Leben gebeten.
»Gib mir, o Herr, ein schweres, aber schönes, reiches, würdiges Leben.«
Als ich erfuhr, daß auch Słowacki so gebetet hatte, da hat es mich gestört, daß ich es nicht erfunden habe, daß es schon jemanden vor mir gegeben hatte.
Als ich siebzehn Jahre alt war, habe ich sogar einen Roman mit dem Titel »Selbstmord« angefangen. Der Held haßte das Leben aus Furcht vor dem Wahnsinn. Ich hatte panische Angst vor der Irrenanstalt, in die mein Vater ein paarmal eingewiesen worden war.
Ich – der Sohn eines Wahnsinnigen. Also erblich belastet.
Jahrzehntelang, bis zum heutigen Tag, quält mich zuweilen der Gedanke daran.

Ich liebe meine Verrücktheiten zu sehr, als daß mich der Gedanke nicht erschreckte, es könnte mich jemand gegen meinen Willen davon zu heilen versuchen.

*

21. Juli 1942

Morgen beende ich mein dreiundsechzigstes oder vierundsechzigstes Lebensjahr. Mein Vater hatte sich jahrelang nicht um eine Geburtsurkunde für mich bemüht. Später hatte ich deswegen Schwierigkeiten. Mutter nannte das eine sträfliche Nachlässigkeit: Gerade als Rechtsanwalt hätte Vater die Sache mit der Geburtsurkunde nicht so verschleppen dürfen.

Ich bin nach meinem Großvater benannt, und der hieß mit Vornamen Hersz (Hirsz). Mein Vater hatte das Recht, mich Henryk zu nennen; er selbst hatte den Namen Joseph erhalten. Auch seinen anderen Kindern hatte der Großvater christliche Vornamen gegeben: Maria, Magdalena, Ludwik, Jakub, Karol. Aber dennoch hat er dabei geschwankt und gezögert.

Ich sollte meinem Vater viel Platz widmen: In meinem Leben verwirkliche ich, was er angestrebt hat und was mein Großvater in langen Jahren qualvoll zu erreichen versuchte. Und meine Mutter. Später einmal. Ich bin sowohl Mutter als auch Vater. Das ist mir bewußt, und darum begreife ich vieles.

Mein Urgroßvater war Glasbläser. Ich bin froh deswegen: Glas gibt Wärme und Licht.

Es ist schwer, geboren zu werden und leben zu lernen. Mir bleibt die viel leichtere Aufgabe: zu sterben. Nach dem Tod kann es wieder schwer sein, aber daran denke ich nicht. Das letzte Jahr oder der letzte Monat oder die letzte Stunde.

Ich möchte gern bei Bewußtsein und bei voller Besinnung sterben. Was ich den Kindern zum Abschied sagen würde, weiß ich nicht. Ich möchte ihnen so viel sagen und es ihnen

so sagen, daß sie ganz frei sind bei der Wahl ihres Weges.
Zehn Uhr. Schüsse: zwei, mehrere, zwei, einer, mehrere.
Vielleicht ist ausgerechnet mein Fenster schlecht verdunkelt.
Aber ich unterbreche meine Notizen nicht.
Im Gegenteil: die Gedanken (ein einzelner Schuß) werden lebendiger.

*

27. Juli 1942

Der Regenbogen gestern.
Ein wunderschöner, großer Mond über dem Lager der Heimatlosen.
Warum kann ich diesen unseligen, verwirrten Stadtteil nicht beruhigen.
Nur eine einzige, kurze Bekanntmachung.
Die Behörden könnten sie zulassen.
Im schlimmsten Fall verbieten.
So ein durchsichtiger Plan:
Gebt eine Erklärung ab, wählt. Es sind keine bequemen Wege, die wir euch zur Auswahl anbieten. Auf Bridge-Partien müßt ihr einstweilen verzichten, auf Badefreuden auch und auf wohlschmeckende Mahlzeiten, mit dem Blut der Schmuggler bezahlt.
Entscheidet euch: Entweder macht ihr euch auf den Weg oder arbeitet an Ort und Stelle.
Wenn ihr hierbleibt, müßt ihr das herstellen, was die Umsiedler brauchen.
Der Herbst kommt. Sie werden Kleidung, Schuhe, Wäsche und Geräte brauchen.
Wer sich drücken will, den werden wir ertappen, wer sich loskaufen will – wir nehmen gern seine Schmucksachen, seine Devisen, alles, was wertvoll ist. Wenn er alles hergegeben hat – nur möglichst rasch –, dann werden wir ihn erneut fragen:

»Hier oder dort? Was willst du wirklich?«

Nur kein Leben am Badestrand, keine Bridge-Partien und kein freundliches Schlummerstündchen nach der Zeitungslektüre.

Du willst dich gemeinnützig betätigen? Bitte sehr. Eine Zeitlang kannst du sogar so tun als ob, wir werden vorgeben, dir zu glauben. Wir glauben überhaupt, was zu glauben uns bequem ist und solange es bequem ist. Verzeihung: nicht was bequem, sondern was eingeplant ist.

Wir betreiben ein gigantisches Unternehmen. Es heißt: Krieg. Wir arbeiten planmäßig, diszipliniert, methodisch. Eure kleinen Interessen, Ambitionen, Gefühle, Launen, Ansprüche, Kummer und Wünsche gehen uns nichts an.

Gewiß – Mutter, Ehemann, Kind, Greisin, ein Möbelstück, an dem viele Erinnerungen hängen, ein Lieblingsgericht – das alles ist nett und brav und rührend. Aber es gibt einstweilen Wichtigeres. In einem freien Augenblick werden wir auch darauf zurückkommen.

Zunächst muß man vielleicht, um die ganze Sache nicht zu verzögern, ein bißchen rauh und schmerzlich und ohne besondere – wenn ich so sagen darf – Präzision, Feinheit und sogar ohne Genauigkeit vorgehen. Nur grob zuhauen für den augenblicklichen, zeitlich begrenzten Gebrauch.

Ihr selbst sehnt euch ja danach, daß das alles ein Ende nimmt – wir auch. Also stört uns nicht.

Die Juden nach Osten. Jetzt gibt es kein Feilschen mehr. Es geht nicht um die jüdische Großmutter, sondern darum, wo du nötiger gebraucht wirst – deine Hände, dein Kopf, deine Zeit und dein Leben. Großmutter hin oder her. Man mußte eben nur einen Anhaltspunkt finden, ein Schlüsselwort, eine Parole. Du kannst nicht in den Osten – du kommst dort um. Dann triff eine andere Wahl. Das kannst du nur selbst und du mußt es riskieren. Denn wir müssen dich doch zum Schein daran hindern, drohen, verfolgen und wider Willen bestrafen.

Du kommst aufdringlich mit einem neuen Geldpaket. Wir haben dafür weder Zeit noch Lust. Wir spielen den Krieg nicht als eine kleine Auseinandersetzung, sondern man hat uns befohlen, den Krieg möglichst rasch und gründlich und möglichst redlich zu führen.
Das ist weder eine saubere noch eine angenehme oder wohlriechende Arbeit. Wir müssen also unsere augenblicklich notwendigen Arbeitskräfte mit Nachsicht behandeln.
Der eine liebt Schnaps, der andere Mädchen, der dritte prahlt gern, ein anderer dagegen ist ängstlich und hat kein Selbstvertrauen.
Wir kennen das: Fehler und Mängel. Aber sie haben sich wenigstens termingerecht gemeldet, du aber hast philosophiert und die Entscheidung aufgeschoben. Verzeih, aber der Zug muß planmäßig verkehren, genau nach Fahrplan. Da ist das Gleis.
Hier ziehen die Italiener, Franzosen, Rumänen, Tschechen, Ungarn vorbei. Dort die Japaner, Chinesen, sogar die von den Salomo-Inseln und die Menschenfresser. Landwirte, Bergbewohner, Städter, Intelligenz.
Wir, die Deutschen – es geht nicht um das Aushängeschild, sondern um den Preis, um die Bestimmung der Erzeugnisse.
Wir sind eine eiserne Walze oder ein Pflug oder eine Sichel. Wenn aus diesem Mehl nur Brot wird. Und das wird es, wenn ihr uns dabei nicht stört, nicht hindert, jammert, erregt und die Luft verpestet. Auch wenn wir manchmal Mitleid mit euch haben – wir müssen mit der Peitsche, dem Knüppel oder dem Blei arbeiten –, es muß ja Ordnung herrschen.
Ein Plakat: »Wer dieses oder jenes tut – wird erschossen.«
»Wer dies und das nicht tut – den erschießen wir.«
Einer bietet sich selbst an. Ein Selbstmörder? Da kann man nichts machen.
Ein anderer hat keine Furcht. Alle Hochachtung! Ein Held?

Sein Name wird leuchten, aber – weg mit ihm, wenn es nicht anders geht.
Ein Dritter fürchtet sich – wird bleich vor Angst, muß dauernd austreten, betäubt sich mit Tabak, Alkohol, einer Frau, besteht aber hartnäckig auf seinem Willen. Was soll man mit so jemandem anfangen?
Die Juden haben ihre Verdienste. Sie sind begabt, und dann sind da Moses und Christus und ihr Fleiß und Heine und die alte Rasse und der Fortschritt und Spinoza und die Hefe und die Ersten und die Opferwilligen. Das ist schon richtig. Aber außer den Juden gibt es auch noch andere und anderes. Die Juden sind wichtig, aber später – ihr versteht schon, morgen. Gewiß, wir wissen das und denken daran. Eine wichtige Position, doch nicht die einzige.
Wir geben niemandem die Schuld. Ebenso war das mit den Polen und ist es jetzt sogar mit Polen und Palästina, mit Malta und Martinique und mit dem ehrwürdigen Proletarier, mit den Weibern und den Waisenkindern, mit dem Militarismus und dem Kapitalismus. Aber nicht alles auf einmal. Es muß irgendeine Reihenfolge geben, eine Tagesordnung.
Ihr habt es schwer, und wir haben es nicht leicht. Um so mehr, weil wir jetzt ohne Büfett auskommen müssen, hinter das man sich früher vor einer schwierigen Debatte verstecken konnte.
Mein Freund, du bist gezwungen, dir diese programmatische Rede der Frau Historia über die neue Charta anzuhören.

*

Manche Individuen hasse ich, oder vielleicht bemühe ich mich auch nur, sie zu bekämpfen. Leute wie H. oder solche wie G. Ich klage die Deutschen nicht an: Sie arbeiten, oder besser, sie planen logisch und mit Erfolg, also müssen sie ärgerlich werden, wenn man sie stört, noch dazu auf so törichte Weise stört.

Ich störe sie auch. Sie sind sogar nachsichtig. Nur manchmal »schnappen« sie mich, befehlen mir, stehen zu bleiben, mich nicht auf den Straßen herumzutreiben, ihnen nicht in die Quere zu kommen.
Damit tun sie mir sogar einen Gefallen, denn beim Herumschlendern könnte mich ja eine verirrte Kugel treffen. Aber so stehe ich sicher an der Mauer und kann ruhig und aufmerksam schauen und nachdenken – meinen Gedanken nachhängen.
Und das tue ich auch.

*

Ich habe die Welt schon lange nicht mehr gesegnet. In dieser Nacht habe ich es versucht – es ist mir mißlungen.

*

4. August 1942

1.

Ich habe die Blumen gegossen, die armen Pflanzen des Waisenhauses, eines jüdischen Waisenhauses. Die ausgedörrte Erde atmete auf. Ein Posten sah mir bei der Arbeit zu. Ob ihn meine friedliche Tätigkeit um sechs Uhr in der Frühe wohl reizt oder rührt?
Er steht breitbeinig da und schaut.

2.

Alle Bemühungen, Esther freizubekommen, sind gescheitert. Ich war mir auch nicht sicher, ob ich ihr im Falle eines Erfolges wirklich genützt oder ob ich ihr nicht vielmehr geschadet, Unrecht getan hätte.
»Wo ist sie in die Falle geraten?« – fragt jemand.
Vielleicht ist nicht sie hineingeraten, sondern wir, die wir hier bleiben.

3.

Ich habe an das Kommissariat geschrieben, daß sie Adzio fortschicken: er ist unterentwickelt, bösartig und widerspenstig. Wir können nicht das ganze Haus wegen irgendeiner seiner unüberlegten Handlungen gefährden (kollektive Verantwortung).

4.

Zunächst eine Tonne Kohlen zur Dzielna-Straße – an Róża Abramowicz. Jemand fragt, ob die Kohlen dort auch sicher seien. Die Antwort ist ein Lächeln.

5.

Ein trüber Morgen. Fünf Uhr dreißig in der Frühe.
Ein scheinbar normaler Tagesanfang. Ich sage zu Hanna: »Guten Tag!«
Sie antwortet mir mit einem verwunderten Blick.
Ich bitte: »Lächle doch.«
Es ist ein gequältes, blasses, ein schwerkrankes Lächeln.

6.

Ihr habt getrunken, meine Herren Offiziere, ihr habt reichlich getrunken, und es hat euch geschmeckt, trotz eures Blutvergießens – beim Tanz habt ihr mit euren Orden geklimpert, ein Hoch der Schande – ihr, die ihr sie in eurer Blindheit nicht gesehen oder so getan habt, als sähet ihr sie nicht.

7.

Meine Teilnahme am russisch-japanischen Krieg. Fehlschlag – Niederlage.
Im europäischen Krieg – Fehlschlag – Niederlage.
Im Weltkrieg . . .
Ich weiß nicht, wie und als was sich der Soldat einer siegreichen Armee fühlen mag . . .

8.

Die Zeitschriften, deren Mitarbeiter ich war, wurden eingestellt, verboten, sie sind eingegangen.
Der Herausgeber nahm sich das Leben, vollkommen ruiniert.
Und all das nicht etwa, weil ich Jude bin, sondern weil ich im Osten geboren wurde.
Es könnte ein trauriger Trost sein, daß es auch dem hochmütigen Westen nicht gut geht.
Es könnte sein, aber es ist nicht so. Ich wünsche niemandem etwas Böses. Ich kann das nicht. Ich weiß nicht, wie man das macht.

9.

Vater unser, der du bist im Himmel . . .
Hunger und Unglück haben dieses Gebet gemacht.
Unser täglich Brot.
Brot.
Aber das, was ich ertrage, ist doch wirklich geschehen. Es ist geschehen.
Wir haben den Hausrat und die Kleidungsstücke verkauft, für einen Liter Petroleum, ein Kilo Grütze – ein Gläschen Schnaps.
Als ein forscher Pole mich im Polizeikommando wohlwollend fragte, wie ich durch die Blockade gekommen sei – fragte ich ihn, ob er nicht »etwas« für Esther tun könne.
»Selbstverständlich nicht.«
Ich sagte hastig:
»Danke für das gütige Wort.«
Dieser Dank ist die welke Frucht des Elends und der Erniedrigung.

10.

Ich gieße die Blumen. Meine Glatze am Fenster – ein gutes Ziel.

Er hat einen Karabiner. Warum steht er da und betrachtet mich so friedlich?
Er hat keinen Befehl.
Vielleicht war er im bürgerlichen Leben Dorfschullehrer, vielleicht Notar, Straßenkehrer in Leipzig oder Kellner in Köln?
Was würde er tun, wenn ich ihm zunickte? Freundlich winken?
Vielleicht weiß er gar nicht, daß es so ist, wie es ist?
Vielleicht ist er erst gestern von weither gekommen . . .

Bewerbung

An das Personalbüro des Judenrates[1]
Februar 1942

Freunde, die mir helfen wollen, bitten mich, ein Testament zu schreiben. Ich tue dies nun in meinem curriculum vitae, mit dem ich mich um die Stelle eines Erziehers im Waisenhaus in der Dzielna-Straße Nr. 39 bewerbe.
Ich bin vierundsechzig Jahre alt. Mein Gesundheitsexamen habe ich im vergangenen Jahr im Gefängnis bestanden. Trotz der dort herrschenden strapaziösen Aufenthaltsbedingungen war ich nie krank; ich habe nie einen Arzt aufgesucht und mich nie vor der Gymnastik gedrückt, der sich selbst meine jüngeren Gefährten schaudernd entzogen haben – (Wolfshunger, Schlaf des Gerechten, erst neulich bin ich am späten Abend nach zehn Gläsern starkem Wodka allein zu Fuß von der Rymarska- zur Sienna-Straße zurückmarschiert. In der Nacht stehe ich zweimal auf und gieße zehn große Kübel aus.)
Ich rauche nicht, ich trinke nicht, meine geistigen Kräfte reichen für den Alltagsbedarf leidlich aus.
Ich verstehe es meisterhaft, mit meinen Kräften hauszuhalten: Wie Harpagon[2] rechne ich den sinnvollen Verbrauch jeder Energieeinheit nach.
Ich bin hinreichend mit der Medizin, der Erziehung, der Eugenik und der Politik vertraut.
Dank einiger Übung besitze ich die ausgeprägte Fähigkeit, selbst mit Kriminellen, mit geborenen Schwachköpfen zusammen zu leben und zusammen zu arbeiten. Ehrgeizige, sture Dummköpfe erklären mich für untauglich, nicht ich sie.
Meine letzte Prüfung dieser Art: In meinem Internat dul-

dete ich über ein Jahr eine weiß Gott nicht besonders begabte Leiterin und überredete sie sogar noch zum Bleiben, obwohl das für mich sehr unbequem war und mich manche ruhige Stunde gekostet hat; sie ist dann von sich aus gegangen – (mein Grundsatz: die Schwächen des vorhandenen Personals sind immer noch besser als die Vorzüge des neuen).

Ich glaube, daß die kriminellen Typen unter dem Personal des Internats in der Dzielna-Straße die verhaßte Stellung, mit der sie nur durch Feigheit und Trägheit verbunden sind, freiwillig verlassen.

Das Gymnasium und die Universität habe ich in Warschau absolviert und meine Ausbildung in Berliner Kliniken (ein Jahr) und in Paris (ein halbes Jahr) ergänzt. Ein vierwöchiger Abstecher nach London gewährte mir einen Einblick in das Wesen karitativer Arbeit (man hat dort lange Erfahrung).

Meine Lehrmeister in der Medizin: die Professoren Przeworski (Anatomie und Bakteriologie), Nasonow (Zoologie), Schtscherbakow (Psychiatrie) und die Professoren für Pädiatrie: Finkelstein, Baginsky, Marfan und Hutinel (Berlin, Paris).[3]

(An den freien Tagen Besuch von Waisenhäusern, Besserungsanstalten und geschlossenen Anstalten für sogenannte kriminelle, straffällige Kinder.)

Ein Monat in einer Schule für behinderte Kinder, weitere vier Wochen in der neurologischen Klinik von Ziehen.[4]

Meine Lehrmeister im Krankenhaus an der Śliska-Straße: der ironische Nihilist Koral, der joviale Kramsztyk, der ernste Gantz, der glänzende Diagnostiker Eliasberg, außerdem der Chirurg Sliżewski und die aufopfernde Krankenpflegerin Łaja.[5]

Ich hoffe, noch mehr Łajas anzutreffen – Heldinnen im Kinderschlachthof und im Leichenhaus in der Dzielna-Straße 39.

Das Spital hat mir gezeigt, mit welcher Würde, seelischer Reife und Einsicht ein Kind sterben kann.
Bücher über Statistik haben mein Verständnis für die Medizin vertieft. Statistiken fördern das logische Denken und die objektive Bewertung von Tatsachen. Im Lauf von fünfundzwanzig Jahren habe ich jede Woche Kinder gewogen und gemessen; aus dieser Zeit besitze ich eine unschätzbare Sammlung von Diagrammen, Wachstumsprofilen von Kindern im schulpflichtigen Alter und in der Pubertät.
Einem jüdischen Kind begegnete ich zum erstenmal als Betreuer in einer Ferienkolonie in Michałówka, die nach Markiewicz benannt war.[6]
Der mehrjährigen Tätigkeit in einer leihgebührfreien Bücherei verdanke ich reichhaltiges Beobachtungsmaterial.
Einer politischen Partei habe ich nie angehört. (Ich hatte jedoch engen Kontakt mit vielen konspirativen Politikern.)
Meine Lehrmeister in der Sozialarbeit waren: Nałkowski, Straszewicz, Dawid, Dygasiński, Prus, Asnyk, Konopnicka.[7]
Den Zugang zur Welt der Insekten und Pflanzen verdanke ich Maeterlinck, den zum Leben der Mineralien – Ruskin.[8]
Von den Schriftstellern verdanke ich Tschechow am meisten – diesem genialen Diagnostiker und Therapeuten des gesellschaftlichen Lebens. Zweimal habe ich Palästina besucht, habe seine »bittere Schönheit«, die Dynamik und Technik im Leben der Chaluzim[9] und der Kolonisten in einem Moschaw[10] kennengelernt (Symchoni, Gurarie, Brawerman). Zweimal hatte ich Gelegenheit, den wunderbaren Mechanismus einer lebendigen Ordnung in Anpassung an ein fremdes Klima kennenzulernen, in der Mandschurei, dann in Palästina.
Ich habe erfahren, wie Kriege und Revolutionen vor sich gehen – den japanischen und europäischen Krieg habe ich unmittelbar erlebt, dazu in Kiew den Bürgerkrieg und den polnisch-bolschewistischen Krieg; als Zivilist informiere ich mich jetzt achtsam darüber, wie »Rechtstitel« und Hin-

tergründe solcher Kriege aufgebaut werden. Ohne das würde ich in der für den Zivilisten verständlichen Abneigung und Verachtung verharren.

Meine Arbeitsstätten:

1. Sieben Jahre mit Unterbrechungen als einziger Stationsarzt im Spital in der Śliska-Straße.
2. Fast ein Vierteljahrhundert im »Haus der Waisen«.
3. Fünfzehn Jahre in »Unserem Haus« in Pruszków, Pola Bielańskie.
4. Ungefähr ein halbes Jahr in Kindergärten für ukrainische Kinder in der Nähe von Kiew.
5. Sachverständiger für Kinderfragen beim Bezirksgericht.
6. Vier Jahre lang Referent deutscher und französischer Zeitschriften für die Krankenkasse.

Kriege:

1. Evakuierungszentren in Charbin und Taolaj-džou.
2. Lazarett-Zug (für Geschlechtskranke der Revolutionsarmee von Charbin nach Chabarowsk).
3. Stellvertretender Oberarzt eines Divisionslazaretts.
4. Seuchenspital in Lodz (rote Ruhr-Epidemie).
5. Seuchenspital in Kamionek.

Als Staatsbürger und Angestellter bin ich gehorsam, allerdings nicht bedingungslos. Strafen wegen Ungehorsams nahm ich gelassen hin (die Entlassung der unrechtmäßig internierten Familie eines mir unbekannten Oberleutnants mußte ich mit Flecktyphus sühnen). Ich bin nicht ehrgeizig: Den Vorschlag, die Erinnerungen aus der Kindheit des Marschalls aufzuschreiben, habe ich abgelehnt; ich habe ihn zeit seines Lebens nicht ein einziges Mal gesehen, obgleich ich mit Frau Ola[11] zusammengearbeitet habe.

Ich kann wohl Organisator, nicht aber Chef sein. Hier wie auch bei vielen anderen Dingen haben mir meine Kurzsichtigkeit und der gänzliche Mangel eines visuellen Gedächtnisses im Wege gestanden. Die Altersweitsichtigkeit hat den ersten Mangel gemildert, der zweite ist stärker geworden.

Das hat auch sein Gutes: Da ich Menschen nicht erkenne, richte ich meine Aufmerksamkeit ausschließlich auf die Sache – ich bin nicht voreingenommen und nicht nachtragend.
Als Langweiler und folglich aus dem Gleichgewicht gebrachter Hitzkopf eigne ich mich dank mühsam anerzogener innerer Bremsen gut zur Gemeinschaftsarbeit.
Die Probezeit sollte vier Wochen dauern und mit Rücksicht auf die zeitliche Begrenzung der Aufgabe am Mittwoch, spätestens am Donnerstag beginnen.
Ich bitte um eine Dienstwohnung und zwei Mahlzeiten täglich. Weitere Bedingungen stelle ich, durch unangenehme und schmerzliche Erfahrung belehrt, nicht. Unter Wohnung verstehe ich einen privaten Winkel; unter Mahlzeiten Verpflegung aus dem Kessel für alle; auf beides kann ich aber auch verzichten.
9. Februar 1942 (–) Goldszmit

1. Der Judenrat war die Zentralbehörde im Getto. Der unfreiwillige Vorsitzende im Warschauer Judenrat, der Ingenieur Adam Czerniakow, hat 1942 Selbstmord begangen.
2. Harpagon (lat. harpago), der Habsüchtige, der »Geizhals«.
3. Przeworski, Edward (1849-1925), Professor an der Universität Warschau; Nasonow, Nikolaj (1855-1939), russischer Biologe, Professor an der Universität Warschau; Schtscherbakow, Aleksander (1863-1934), russischer Neuropathologe und Psychiater, Professor an der Universität Warschau; Finkelstein, Heinrich (1865-1942), seit 1908 Professor für Kinderheilkunde in Berlin, seine Schwerpunkte waren Stoffwechsel und Ernährung der Säuglinge, emigrierte 1939 und starb 1942 in Santiago de Chile; Baginsky, Adolf Aron (1843-1918), seit 1892 Professor in Berlin, veröffentlichte ein »Handbuch der Schulhygiene« und das »Lehrbuch der Kinderkrankheiten«, entwickelte außerdem ein verstellbares Säuglingsbett; Marfan, Bernard Jean (1858-1942), französischer Pädiater, Spezialist für Fragen der Hygiene; Hutinel, Victor Henri (1840-1933), französischer Pädiater, führte Forschungen zur Pathologie des Kindesalters durch.
4. Ziehen, Theodor (1862-1950), Professor für Psychiatrie und Ner-

venheilkunde, später Ordinarius für Philosophie, lebte viele Jahre als Privatgelehrter in Wiesbaden.

5. Koral, Adolf (1859-1939), und Kramsztyk, Julian (1851-1926), waren Kinderärzte im Berson-Baumann-Spital in Warschau; Gantz, Mieczysław (1876-1939), Laryngologe, beratender Arzt in Korczaks Waisenhaus in der Krochmalna; Eliasberg, Izaak (1861-1929), Arzt tätig im Verein »Hilfe für Waisen«; Łaja, eine Krankenpflegerin, ihr wurde in Korczaks Kinderzeitung »Kleine Rundschau« 1926 eine literarische Erinnerung gewidmet.
6. Markiewicz, Stanisław (1839-1911), Gründer der »Sommerkolonien« für Warschauer Kinder.
7. Nałkowski, Wacław (1856-1911), Wissenschaftler, Freund und Lehrer Korczaks in der sozialen Arbeit, Mitarbeiter in der Zeitschrift »Die Stimme«; Straszewicz, Ludwik (1857-1913), Journalist und Schriftsteller, Chefredakteur des »Kurier Polski«; Dawid, Jan Władysław, (1859-1914), Begründer der experimentellen Pädagogik und Psychologie in Polen, studierte an den Universitäten in Halle und Leipzig; Dygasiński, Adolf (1839-1902), Schriftsteller, Vertreter des Naturalismus, Autor des Romans »Feste des Lebens«, war ursprünglich Buchhändler in Krakau; Prus, Bolesław (1847-1912), eigentlich Aleksander Głowacki, bedeutendster Prosaist des Realismus, Autor der Romane »Die Puppe« und »Pharao«; Asnyk, Adam (1838-1897), Schriftsteller und Dichter des Realismus, wurde in Heidelberg zum Dr. phil. promoviert; Konopnicka, Maria (1842-1910), Dichterin und Schriftstellerin, schrieb u. a. berühmte Kinderbücher.
8. Maeterlinck, Maurice (1862-1949), belgischer Schriftsteller, 1911 mit dem Nobelpreis ausgezeichnet, verfaßte u. a. »Die Intelligenz der Blumen«, »Das Leben der Ameisen«; Ruskin, John (1819-1900), Professor für Kunstgeschichte in Oxford, Prediger eines »Evangeliums der Schönheit«.
9. Chaluzim waren zionistische Pioniere in Eretz Israel.
10. Moschaw, Siedlung von Kleinbauern auf genossenschaftlicher Basis in Israel, nicht zu verwechseln mit dem Kibbuz.
11. Gemeint ist Aleksandra Piłsudska (1882-1962), Frau des »Marschalls« und Staatschefs Józef Piłsudski ((1867-1935), die als Mitglied im Vorstand der Gesellschaft »Unser Haus« mit Korczak öfters in Berührung kam.

III

Doktors Silhouette
von Tamara Karren

Er geht langsam, leise, etwas gebeugt, als würde eine Last seine Schultern beschweren und seine Bewegungen hemmen. Man merkt, daß er, wenn er geht und denkt, niemanden sieht, nicht einmal versucht, jemanden zu sehen. Kurzsichtig, Brillenträger, blickt er ein wenig über den Brillenrand hin.
Wenn er auf Versammelte zukommt, hebt er den Kopf und betrachtet sie seltsam, mit klugen und guten Augen.
Sein Lächeln drang in die Tiefe, und seine Erinnerung war in schwierigen Augenblicken des Lebens oft Hilfe. Unscheinbar, grau, immer sauber, adrett gekleidet; Bluse, graugrüner Arztkittel in der Farbe des Pfadfinderleinens.
Korczak setzte allein durch seine Gegenwart die Wahrheit frei. Im Umgang mit ihm wurde jeder er selbst, sich seiner bewußt. Man spürte die Nichtigkeit der Verlogenheit und der Phrasen, der läppischen Äußerlichkeiten. Man sehnte sich geradezu nach der Einfachheit und Gedankenreinheit, die seine sonderbar guten Augen auf die Menschen ausstrahlten.

Polnischer Jude – Jüdischer Pole?
von Erwin Sylvanus

2. Schauspieler: Wissen macht stumm. Wir Juden sind so stumm – so überaus stumm sind wir – weil wir wissen: den Einen, Gott. Wir missionieren nicht, wir überreden nicht. Wir leben im Wissen und tun dieses Wissen; denn wir haben das Gesetz. Was schmäht und verachtet man

uns? Wir geben nicht auf, zu wissen und gehorsam zu sein. Unsere Kraft aber ist kein Geheimnis.

Sprecher: Du bist auch ein Pole.

2. Schauspieler: Ich bin es gern. Ich liebe dieses arme Land, das so reich ist an Gefühl und Sehnsucht. Dieses verachtete und nun schon wieder geteilte Land, das so stolz ist auf seine Lieder, auf seine Quellen, seine Berge, auf seine Früchte, sein Brot und seine Kinder. Ja, auf seine Kinder, die in Lumpen geboren werden und für die ich da bin.

Sprecher: Du bist nicht in Lumpen geboren?

2. Schauspieler: Warum fragst du so umständlich? Ich habe nicht viel Zeit. Meine Kinder warten auf mich.

Sprecher: Und der Tod.

2. Schauspieler: Du verwirrst mich nicht. Meine Kinder warten.

Christen können von ihm lernen

von Jan Twardowski

Janusz Korczak war Erzieher. Er gab seine Arztpraxis auf, um Kinder zu erziehen. Er wurde, kinderlos, Vater einer Unzahl von Kindern. Er begründete zwei Waisenheime – ein jüdisches in der Krochmalna-Straße und ein christliches in Pruszków, das später nach Bielany verlegt wurde. Maria Grzegorzewska schreibt in den »Briefen an eine junge Lehrerin«, daß er ein ungewöhnlicher Erzieher war.

Er war ein besonderer Philosoph. Einmal sprach er zu seinen Zöglingen, die den weiten Weg, genannt Leben, antraten, folgendermaßen: »Wir geben euch keinen Gott, denn Ihn müßt ihr in der eigenen Seele, in einsamer Mühe selbst suchen. Wir geben euch kein Vaterland, denn das müßt ihr durch eigene Arbeit eurer Herzen und Gedanken finden. Wir geben euch keine Nächstenliebe – denn es gibt keine Liebe ohne Vergebung. Vergebung aber ist eine große

Anstrengung, eine Arbeit, die man auf sich nehmen muß. Wir geben euch die Sehnsucht nach einem besseren Leben, das es nicht gibt, das aber einmal sein wird. Vielleicht führt euch diese Sehnsucht zu Gott, zu Vaterland und zur Liebe.«
Er kannte die Sprache des Kindes. Er sprach von der Uhr, die der Onkel versprochen hatte, von den Buntstiften, von einer einzelnen Kastanie, gefunden im Wald, vom Huhn, Ponny, Siegel, Ausflug nach Danzig mit einem Boot, von einer Reise rund um den Mond in einer Stahlkugel.
Er war Lyriker, dieser leicht gebeugte Herr mit dem kleinen ergrauenden Bart, graublau, mit Augen, die oft von Ergriffenheit gerötet waren, der auf sentimentale Erinnerungsstücke, alte Briefe, getrocknete Blumen Wert legte, was ihn nicht daran gehindert hatte, sachlich zu sein, wenn er eine Wunde verband, blutende Finger mit Jod desinfizierte, in den Rachen guckte, nach Drüsen und Infektionen fragte.
Er stand jenseits der offiziellen Glaubensbekenntnisse, obwohl er so oft von Gott sprach und zur Bibel griff. Am Grab seiner Mutter hatte er eine Inschrift aus dem Pentateuch meißeln lassen: »Ich habe Deine Gebote weder vergessen noch übertreten.«
In »Hersch'chens drei Expeditionen« schreibt er: »Es war Krieg. Titus zündete den Tempel an. Es gab Feuer. Die Bücher Gottes verbrannten; aber – es verbrannte nur das Papier, die Buchstaben flogen davon und leben.«
Er war formal durch keine Taufe mit Jesus verbunden, aber – wie vieles wir Christen von seinem Leben und von seinem Tode lernen können!

Erziehung und Politik

von Hartmut von Hentig

Korczak ist Pädagoge, weil er Kinder liebt. Er hat seinen Beruf als Arzt darum aufgegeben. Nun kann er nicht Revolution machen wollen oder auch nur Politik. Wer das will, kann nicht gleichzeitig Kindern gerecht werden. Kinder sind, was sie sind, *jetzt*. Morgen sind sie etwas anderes. Wer Politik treibt, wird keine Zeit haben, er wird sich nicht um Kleines kümmern können, nicht auf Unterschiede achten. Nichts gegen Politiker und auch nichts gegen Revolutionäre – aber wehe, wenn sie ihre Aufgabe mit Pädagogik verwechseln.

Wer Kindern ein- und vorredet, daß und wie *sie* unsere Welt verändern sollen, hat sie zu Funktionären seiner eigenen, meist ohnmächtigen Absichten degradiert.

Die Wahrheit · Über Dich

von Maria Bronikowska

DIE WAHRHEIT

Die Wahrheit ist in uns,
wenn wir sie suchen,
ihr dienen – die Treue halten.
Die Wahrheit können wir töten,
fälschen,
für immer verraten.
Sie ist der Stern der Unendlichkeit,
dem wir uns nähern
und den wir erreichen
im Augenblick des Todes.

ÜBER DICH

Sie haben Dir eine Philosophie:
eine antike – sokratische,
platonische – stoische –
angedichtet –
für Dich ein System gesucht –
Deine Gedanken und Taten

durch Siebe geschüttelt.
Sie wollten Dich gliedern –
deuten, benennen –
einer Partei, einer Richtung –
einer Orientierung zuordnen –
nicht nur Dein Leben nutzen,
sondern auch Deinen Tod.
Sie dichteten eine große
legenda aurea über Dich,
einen Psalm –
Du aber hast Dich ihnen entzogen –
weil Du nicht einfach,
sondern alltäglich warst –
Menschlich und freundlich,
bescheiden und wichtig,
denn Du warst Du.
In dem Grau der Tage,
der Einsamkeit der Nacht,
die kein Ende hatte.

Mit den Verlorenen gehen
Janusz Korczak bedenkt den bevorstehenden letzten Weg

von Eugen Kogon

Morgen früh also ist es soweit, 5. August 1942. Wir haben am Bahnhof des Gettos anzutreten – meine zweihundert Kinder des Waisenhauses. Ich sollte sie hinführen, in Viererreihen. Dafür sorgen, daß sie »ordnungsgemäß« in die Waggons steigen – in einen der Waggons, alle in ihm eingepfercht. Der Judenrat hat mir klarzumachen versucht, daß ich selbst verschont bleiben würde, wenn ich dafür sorge, daß »die Aktion« schwierigkeitslos verläuft. Es wäre indes, ich kenne mich doch aus, nur ein kurzer zeitlicher

Aufschub für mich, da sechstausend täglich vom Sonderkommando der SS in Warschau der anderen SS und den ukrainischen Hiwis in Treblinka zur Vernichtung zugeliefert werden. (»Umsiedlung« nennen sie es.) Innerhalb von drei Monaten werden sie uns Fünfhunderttausend, die wir hier eingeschlossen sind, »abliquidiert« haben. Vielleicht kommt auf die eine oder andere abenteuerliche Weise der und jener mit dem Leben davon – welche Chance hätte gerade ich, einer von diesen wenigen zu sein? Und auf wie lange?

Aber ich will gar nicht. Ich lasse in dieser Situation die Kinder nicht im Stich. Ich gehöre zu ihnen. Ich gehe mit ihnen.

Ich weiß, was uns bevorsteht. Nicht in jeder Einzelheit, aber der Gesamtvorgang ist mir bekannt, die Information ist zu einigen von uns durchgedrungen. Wir werden, unter dem Vorwand, in einem Baderaum desinfiziert zu werden, durch einströmendes Gas getötet. Es dauert acht, neun Minuten, bis man erstickt ist, bis uns die Lungen zerrissen sind.

Mein Gott, was soll ich den Kindern sagen? Die Wahrheit? Unmöglich. Wo denn, wann denn? Beim Weggang? Sie würden, mit Recht, versuchen auszubrechen und sich zu verstecken. Man würde sie einzeln einfangen und sie zu den Waggons zerren. Sie mit Knüppeln zusammenschlagen, wenn die Flucht erst am Bahnhof selbst begänne.

Ich bin aber nicht bereit, sie zu belügen, als kämen wir tatsächlich aus dem Getto in »Familienlager«, wo es uns gutgehen solle. Ich werde sagen, daß ich nicht wisse, wohin unsere Reise geht. An einen Ort hoffentlich, wo wir in Frieden und Fröhlichkeit leben können.

Was es mit der SS für eine gewöhnliche Bedeutung hat, wissen die Kinder natürlich. Wenn sie mich fragen sollten, ob die denn aufgehört hätten, uns feind zu sein, werde ich antworten, daß sie uns nun lossein wollen.

Aber dann, nach der Ankunft in Treblinka, was werde ich dann sagen, wenn wir gedrängt vor der Gaskammer stehen werden, zweihundert nackte Kinder, die mir vertraut haben, mit ihrem nackten Arzt und Ersatzvater bei ihnen, mitten unter ihnen, von Gott und der Welt verlassen, auf das Kommando wartend, das gleich ertönen wird, sobald sich die eiserne Tür zum Vernichtungsraum öffnet: »Los! Bewegt euch!«? Soll ich eines unserer uralten jüdischen Lieder zu singen beginnen? Vielleicht singen einige, vielleicht viele der Kinder mit, bis die Eisentüre krachend hinter uns zuschlägt und der Tod durch gewaltsame Erstickung über uns hereinbricht. Es wird entsetzlich sein.

Warum, o Gott, hast du den Weg in das gelobte Land des Friedens und der Fröhlichkeit so mit Leid bestückt? Du sagst, wir selbst trügen die Schuld daran. Ich kann da meine Kinder nicht einbeziehen. Ich verstehe, daß man von dem Moment an, in dem der unterscheidende Verstand sich bildet, die Menschlichkeit und alle ihre Tugenden in ihnen, in uns also, entwickeln muß. Jedes meiner Bücher, für sie und die Erzieher, würde ich, könnte ich noch einmal von vorn beginnen, wieder schreiben. Und ich würde den Weg, den ich, von 1919 an zusammen mit Maryna Falska, gegangen bin – möge sie am Leben sein und in unserem Sinn noch wirken können –, unverändert ein zweites Mal gehen.

Vielleicht hätte ich mich, wären die Kinder nicht gewesen, im Getto hier der Organisation des aktiven, zionistischen Widerstandes gegen die SS angeschlossen (obschon ich die Anwendung von Gewalt verabscheue). So freilich bin ich es zufrieden, eine andere Art von Beispiel geben zu können, zu müssen. Ich wünschte, es würde sogar auf einige unserer Feinde, sie verändernd, wirken.

Ich kann das Dunkel der Vorsehung nicht aufhellen. Ich kann nur, notgedrungen, helfen, daß darin selbst der Erstickungstod, den meine Kinder und ich erleiden werden, den erlösenden Sinn haben wird, Menschlichkeit wachzurufen.

Die Lüge des Doktor Korczak
von Anna Kamieńska

Geben Sie zu Herr Doktor Sie haben Ihre Kinder belogen
Ihre zweihundert Kinder belogen
und danach haben Sie sich entschlossen bis ans Ende zu lügen
das heißt bis zur Rampe und noch weiter
und wenn das möglich gewesen wäre hätten Sie bis ins Ohr des Todes
den Kindern den Segen Ihrer Lüge geflüstert

Es stimmt Sie konnten nicht anders
weil die Wahrheit tödlich geworden war
die Welt des Lichts
war für die Kinder bereits verboten
so wie ein allzu wahrheitsgetreuer Film
eigentlich hatte sich diese Welt um etliche Grade gedreht
so daß die Wahrheit zur Lüge wurde
die Lüge aber welche die Wahrheit hätte sein müssen
fand bei Ihnen im jüdischen Waisenheim Unterschlupf

Vielleicht hatten Ihre Kinder etwas erraten geahnt
Ihnen sind manchmal die ruhelosen Blicke wohl aufgefallen
die Blicke von Mosche vielleicht von Abrasch der war so gescheit
der kleine Mendel hatte geweint im Traum
der verborgene Glanz von Greisen war ihren Gesichtern eigen
das Sterben hatten Sie schließlich seit langem von Ihren Kindern gelernt

Sehen Sie nur Herr Doktor
das ist Ihre Schrift
das heilige Buch der Kinder
da treten sie aus der neuen Bibel hervor
das kleine Romchen und Rachel und Ruth
Klein David Siggi Aaron und Jakob
aus diesem Buch aus dem biblischen Land
aus dieser Lüge die Wahrheit gewesen war
immer nur unterwegs
mit dem Bündel
dem Hungerfladen
aus diesem ungesäuerten Teig heraus
aus dem Leib
aus dem altertümlichen Blut
aus der Liebe
der Mühsal
aus diesen verbrannten Verzeichnissen ihres Wachstums
und ihres Gewichts

aus diesem Leid
aus diesem Wachsein
und Tod

Und hier
wie still ist es hier geworden nach ihrem Schrei
nach dem Weinen
wie still dieser Schlachthof der Kinder doch ist
diese Erde die Erde
Herr Doktor

Korczak suchen und finden

von Joseph Arnon

Mir war vergönnt, in den entscheidenden Jahren meiner Reifung Janusz Korczak zu begegnen. Nach Jahrzehnten pädagogischer Tätigkeit habe ich erkannt, wie sehr ich im Bannkreis dieses Mannes lebte und wie tief er mein eigenes Wirken befruchtete. Worin bestand das Geheimnis seiner geistigen Vaterschaft? Ich erlebte

– seine besondere Einstellung zur *erzieherischen Liebe*, die nicht romantisch oder sentimental ist, auch nicht Barmherzigkeit fördert, sondern das Entdecken der »Leidensperlen« im Kind (so drückte er es aus), den Kampf um die Befriedigung seiner Bedürfnisse und die Forderung nach Reformen der konkreten Lebensbedingungen des Kindes;

– seine Auffassung von *Erziehung als unaufhörlichem Suchen*; es gibt keine unfehlbaren Erzieher. Nur wer von seinen Fehlern lernt, hat die Chance, einen Weg zu finden – im Leben wie in der Erziehung –, der seiner Persönlichkeit entspricht;

– sein *Festhalten an der Aufgabe, ohne Lohn zu erwarten* – das macht den Menschen reif zur Berufung.

Korczak war kein Heiliger, aber er hing treu an seiner Wahrheit, im Leben wie im Tod. Nur wer so durchs Leben ging, konnte ein guter Arzt sein, ein guter Schriftsteller und Erzieher, ein guter Sozialarbeiter, *ein guter Mensch*.

Nach vielen Jahren fing ich an, zu verstehen, daß jeder, der die geheimnisvolle Tiefe dieser Persönlichkeit entdeckt, schließlich auch »seinen eigenen Korczak« finden wird.

Kibbuz Ein Hamifratz, Israel, im Mai 1978

Die Mitte der Mitten

von Theofil Herder-Dorneich

Die Mitte im Leben des Janusz Korczak? Ich möchte Ihnen anbieten, zu prüfen, ob nicht der Tod die Mitte dieses Lebens ist. Es ist Janusz Korczak, der das beunruhigende Wort gesprochen hat vom Recht des Kindes auf seinen Tod. Dieses Wort muß aus einer großen Tiefe kommen.
Sein Aufbruch an der Spitze seiner Waisenkinder ist zum Signal geworden eines Propheten des Sinaitischen Gottesbundes post Christum natum.

Ein Symbol

von Papst Johannes Paul II.

Janusz Korczak ist ein Symbol der Religion und der Moral für die Welt von heute.

ANHANG

JANUSZ KORCZAK

1878	Geboren am 22. 7. in Warschau, Sohn von Józef Goldszmit, Rechtsanwalt, und Cecylia Goldszmit, geb. Gebicka.
1896	Erste Publikation: »Der gordische Knoten«, Humoreske.
1898-1905	Medizinstudium in Warschau und Abschluß mit einem Arztdiplom.
1901	»Kinder der Straße«, der erste Roman. Besuch von Schulen und Kinderkrankenhäusern in Zürich, auf den Spuren von Pestalozzi.
1903/1904/ 1907/1908	Mitarbeit in Sommerkolonien.
1904	Arzt am Berson-Bauman-Kinderspital in Warschau.
1904/1905	Arzt im russisch-japanischen Krieg.
1906	»Kind des Salons« (geschrieben 1904-1905), Roman, festigt seinen Ruf als Schriftsteller.
1907/1908	Mehrmonatiger Aufenthalt in Berlin, tätig im Kaiser und Kaiserin-Friedrich-Kinderkrankenhaus und in der Psychiatrischen- und Nervenklinik der Charité.
1911	Aufenthalt in London. Übernahme des neu gegründeten »Dom Sierot« (Waisenhauses) in der Krochmalna 92, Warschau.

1898-1904	Gründung »Deutscher Land-Erziehungs-Heime« durch Hermann Lietz: Ilsenburg 1898, Haubinda 1901, Bieberstein 1904 u. a.
1900	Ellen Key: »Das Jahrhundert des Kindes«.
1901	Gründung des Wandervogels um Karl Fischer, Berlin.
1904	Hugo Gaudig: »Didaktische Ketzereien«. Friedrich Wilhelm Foerster: »Jugendlehre«.
1906	Berthold Otto gründet in Berlin-Lichterfelde seine »Hauslehrerschule«.
1907	Maria Montessori eröffnet in Rom die Casa dei Bambini. Ovide Decroly gründet in Brüssel die »Ecole pour la vie par la vie«. Boy-Scouts-Bewegung durch Robert Baden-Powell in England entstanden.
1910	Gründung der Odenwaldschule durch Paul Geheeb.
1912	Edouard Claparéde gründet in Genf das »Institut Jean-Jacques Rousseau«. Georg Kerschensteiner: »Begriff der Arbeitsschule«.
1913	Maria Montessori: »Selbsttätige Erziehung im frühen Kindesalter«. Freideutsches Jugendfest auf dem Hohen Meissner.

1914-1918	Chefarzt eines Divisionslazaretts.
1918-1919	»Wie man ein Kind lieben soll«, sein erstes, fundamentales pädagogisches Werk.
1919	Arzt der polnischen Armee in einem Seuchenlazarett in Lodz während des sowjetisch-polnischen Krieges.
	Pädagogische Leitung des Waisenhauses »Nasz Dom« (Unser Haus) in Warschau; angeschlossen eine experimentelle Schule (zwei Jahre).
1922	»Allein mit Gott. Gebete eines Menschen, der nicht betet.«
1923	»König Hänschen I.«, ein Kinderroman.
1926	Gründung der Kinderzeitschrift »Mały Przegląd« (Die kleine Rundschau) als Beilage der jüdischen Tageszeitung »Nasz Przegląd« (Unsere Rundschau).
1929	»Das Recht des Kindes auf Achtung«, Korczaks Deklaration der Kinderrechte.
1931	Uraufführung des Stückes »Senat der Irren« im Theater »Atheneum« in Warschau.
1934	Erste Reise nach Eretz, Israel.

1919 Adalbert Czerny: »Der Arzt als Erzieher des Kindes«.
Gründung der ersten Waldorfschule in Stuttgart.

1920 Anton S. Makarenko gründet die Gorki-Kolonie. Célestin Freinet beginnt mit reformpädagogischer Tätigkeit in Bar-sur-Loup.

1921 Adolphe Ferrière gründet die »Internationale Liga der neuen Erziehung«, Mitgründer des »Weltbundes zur Erneuerung der Erziehung«.

1923 Gustav Hartlaub: »Der Genius im Kinde«.

1924 Eduard Spranger: »Psychologie des Jugendalters«. Eberhard Grisebach: »Die Grenzen des Erziehers«. Alexander S. Neill gründet Summerhill. Martin Buber: »Reden über Erziehung«.

1927 Peter Petersen: »Der Jena-Plan einer freien allgemeinen Volksschule«. Theodor Litt: »Führen oder Wachsenlassen«.

1929 Pius XI: Erziehungszyklika »Divini illius magistri«.

1931 Jan Ligthart: »Die Pädagogik des vollen Lebens«.

1932 Ernst Krieck: »Nationalpolitische Erziehung«; Einleitung zur Pädagogik des NS-Staates.

1934 Friedrich Wilhelm Foerster muß Deutschland verlassen.

1934/1935	Mitarbeit am Polnischen Rundfunk, Gestaltung von Kinderprogrammen unter dem Pseudonym »Alter Doktor«.
1936	Zweite Reise nach Eretz, Israel.
1937	Auszeichnung mit dem goldenen Lorbeer der Polnischen Literaturakademie für hervorragende literarische Leistung.
1939	»Witzige Pädagogik«, eine Auswahl der Radio-Plaudereien des »Alten Doktors«.
1940	Übersiedlung des Waisenhauses ins Getto.
1942	Schreibt Tagebuch. August: Tod durch Vergasung im Konzentrationslager Treblinka, zusammen mit »seinen« Kindern.

1940	Heinrich Himmler: »Einige Gedanken über die Behandlung der Fremdvölkischen im Osten«; Reduzierung des polnischen Schulwesens im Geiste der NS-Ideologie.
1942	Beginn des Tagebuchs der Anne Frank.
1942–1943	Studentischer Widerstand der »Weiße Rose« aus dem Geist der deutschen Jugendbewegung; Hinrichtung der Geschwister Scholl und ihrer Freunde.

WERKVERZEICHNIS

Polnische Erstausgaben

Dzieci ulicy (Kinder der Straße), Warszawa 1901.
Koszałki opałki (Albernheiten), Warszawa 1905.
Dziecko salonu (Kind des Salons), Warszawa 1906.
Mośki, Jóski i Srule (Die Mojsches, Joscheks und andere Lausbuben), Warszawa 1910.
Józki, Jaśki i Franki (Die Joscheks, Jascheks und Franeks), Warszawa 1911.
Sława (Der Ruhm), Kraków 1913.
Bobo (Das Baby), *Spowiedź motyla* (Die Beichte des Schmetterlings), *Feralny tydzień* (Eine Unglückswoche), Warszawa 1914.
Jak kochać dziecko (I. Teil, Wie man ein Kind lieben soll), Warszawa 1919.
Momenty wychowawcze (Erzieherische Augenblicke), Warszawa 1920.
Jak kochać dziecko (Vollständige Ausgabe: Wie man ein Kind lieben soll), Warszawa 1920.
O gazetce szkolnej (Über die Schulzeitung), Warszawa 1921.
Sam na sam z Bogiem (Allein mit Gott), Warszawa 1922.
Król Maciuś Pierwszy (König Hänschen I.), Warszawa 1923.
Król Maciuś na wyspie bezludnej (König Hänschen auf der einsamen Insel), Warszawa 1923.
Bankructwo małego Dżeka (Der Bankrott des kleinen Jack), Warszawa 1924.
Kiedy znow będę mały (Wenn ich wieder klein bin), Warszawa 1925.
Bezwstydnie krótkie (Unverschämt kurz), Warszawa 1926.
Prawo dziecka do szacunku (Das Recht des Kindes auf Achtung), Warszawa 1929.
Prawidła życia (Lebensregeln), Warszawa 1930.
Senat szaleńców (Senat der Irren), Warszawa 1958 (geschrieben 1930).
Kajtuś Czarodziej (Kajtus der Zauberer), Warszawa 1935.
Ludzie są dobrzy (Die Menschen sind gut), Warszawa 1938.
Uparty chłopiec (Der störrische Junge), Warszawa 1938.

Refleksje (Reflexionen), Warszawa 1938.
Pedagogika zartobliwa (Witzige Pädagogik), Warszawa 1939.
Trzy wyprawy Herszka (Die drei Expeditionen Herscheks), Warszawa 1939.
Pamiętnik (Tagebuch), Warszawa 1958 (geschrieben Januar-August 1942).

Werkausgaben

Wybór pism (Ausgewählte Werke), Warszawa 1958.
Wybór pism pedagogicznych (Ausgewählte pädagogische Werke), Warszawa 1958.
Pisma wybrane (Ausgewählte Werke), Warszawa 1978.

In deutscher Sprache

Der Bankrott des kleinen Jack. Berechtigte Übertragung aus dem Polnischen von Aniela Gruszczyńska, Berlin 1935. Neu unter dem Titel: *Jack handelt für alle.* Vorwort von Sybil Gräfin Schönfeld, Berlin 1972, 1980.
Wie man ein Kind lieben soll. Hrsg. von Elisabeth Heimpel und Hans Roos, mit einer Einleitung von Igor Newerly. Aus dem Polnischen von Armin Droß, Göttingen 1967. Inhalt: Das Kind in der Familie; Das Internat; Sommerkolonien; Das Waisenhaus.
Das Recht des Kindes auf Achtung. Hrsg. von Elisabeth Heimpel und Hans Roos. Aus dem Polnischen von Armin Droß, Göttingen 1970. Inhalt: Das Recht des Kindes auf Achtung; Eine Unglückswoche; Über die Schulzeitung; Die Regeln des Lebens; Fröhliche Pädagogik; Bewerbung; Erinnerungen.
König Hänschen I. Deutsch von Katja Weintraub, durchgesehen von Klaus Staemmler, mit einem Nachwort von Elisabeth Heimpel, Göttingen 1970 (Kleinformat 1973).
König Hänschen auf der einsamen Insel. Deutsch von Katja Weintraub, durchgesehen von Klaus Staemmler, mit einem Nachwort von Elisabeth Heimpel, Göttingen 1971.
Begegnungen und Erfahrungen. Kleine Essays aus dem Polnischen von Ruth Roos und Nina Kozlowski, mit einer Einführung zu

»Eine Schule für das Leben« von Hans Roos, Göttingen 1973. Inhalt: Die Einsamkeit des Kindes; Die Einsamkeit der Jugend; Die Einsamkeit des Alters; Eine Schule für das Leben.
Wenn ich wieder klein bin. Aus dem Polnischen von Ilka Boll, Armin Droß, Nina Kozlowski und Mieczysław Wójcicki, Göttingen 1973. Inhalt: Wenn ich wieder klein bin; Die Mojsches, Joscheks und andere Lausbuben; Von den Joscheks, Jascheks und Franeks.
Die Liebe zum Kind. Eine Auswahl aus seinen Schriften. Aus dem Polnischen von Armin Droß, ausgewählt und mit einem Nachwort versehen von Günther Schulze, Berlin (DDR) 1975. Inhalt: Das Kind in der Familie; Das Internat; Das Waisenhaus; Das Recht des Kindes auf Achtung; Bewerbung; Erinnerungen.
König Macius der Erste. Roman in zwei Teilen für Leser jeden Alters. Aus dem Polnischen von Monika Heinker, mit einem Nachwort von Günter Schulze, Leipzig und Weimar 1978. Inhalt: König Macius I.; König Macius auf der einsamen Insel.
Wenn ich wieder klein bin. Eine Auswahl aus seinen Schriften. Ausgewählt und mit einem Nachwort versehen von Günter Schulze, Berlin (DDR) 1978. Inhalt: Wenn ich wieder klein bin; Die Regeln des Lebens; Fröhliche Pädagogik; Sommerkolonien; Das Kameradschaftsgericht; Die Einsamkeit des Kindes; Die Einsamkeit der Jugend; Die Einsamkeit des Alters.
Verteidigt die Kinder. Erzählende Pädagogik. Deutsch von Wolfgang Grycz und Ilse-Renate Wompel. Vorwort von Erich Dauzenroth und Adolf Hampel, Gütersloh 1978.
Von Kindern und anderen Vorbildern. Mit einem Vorwort von Peter Härtling und einer Einleitung von Erich Dauzenroth und Adolf Hampel. Aus dem Polnischen und Englischen von Barbara Bayer-Faber und Ilse-Renate Wompel, Gütersloh 1979.
Allein mit Gott. Gebete eines Menschen, der nicht betet. Aus dem Polnischen von Wolfgang Grycz. Mit einem Nachwort von Erich Dauzenroth und Adolf Hampel, Gütersloh 1980.
Die Kinder der Bibel. Aus dem Hebräischen von Shoshana Sachs, mit einem Nachwort von Erich Dauzenroth und Adolf Hampel, Gütersloh 1982.

Wladek (d. i. »Der Ruhm«). Aus dem Polnischen von Adelheide Wolf. Deutsche Bearbeitung Karl-Friedrich v. Bunsen, Berlin 1982.
Die Kinder zuerst. Aus den Schriften eines Pädagogen, Berlin 1982.

QUELLENVERZEICHNIS

Der kleine Schrei im großen Lesesaal. Aus: Dzieci troski (Sorgenkinder, 1909). In: Pisma wybrane (Ausgewählte Werke), Bd. 4, Warszawa 1978, S. 236-238. Deutsch von Karl Dedecius.

Gebet einer Mutter; Gebet eines Mädchens; Gebet eines Jungen; Gebet eines Erziehers. Aus: Allein mit Gott. Gebete eines Menschen, der nicht betet. Gütersloh 1980, S. 9-11, 13-15, 18-20, 44-45. Deutsch von Wolfgang Grycz. © Gütersloher Verlagshaus Gerd Mohn, Gütersloh 1980.

Bobo. Aus: Wybór pism (Ausgewählte Werke). Warszawa 1958, Bd. 2, S. 7-26. Deutsch von Armin Droß. Auszüge in: Neue Sammlung. Göttingen 1967, Heft 2. Hier vervollständigt und überarbeitet.

Was die Bibel nicht sagt. Aus: Die Kinder der Bibel. Gütersloh 1982, S. 7-21. Aus dem Hebräischen von Shoshana Sachs. © Gütersloher Verlagshaus Gerd Mohn, Gütersloh 1982.

Das Kind lieben. Aus: Wie man ein Kind lieben soll. Herausgegeben von Elisabeth Heimpel und Hans Roos. Göttingen 1978, S. 1-103, 149-150 (Ziffer 1-84, 116). Deutsch von Armin Droß. Die Übersetzung wurde für die vorliegende Ausgabe vom Übersetzer leicht überarbeitet. © Vandenhoeck & Ruprecht, Göttingen 1967.

Das Recht des Kindes auf Achtung. Aus: Das Recht des Kindes auf Achtung. Herausgegeben von Elisabeth Heimpel und Hans Roos. Göttingen 1979, S. 7-37. Deutsch von Armin Droß. Die Übersetzung wurde für die vorliegende Ausgabe vom Übersetzer leicht überarbeitet. © Vandenhoeck & Ruprecht, Göttingen 1970.

König Hänschens I. Kinderparlament. Aus: König Hänschen I. Göttingen 1973, S. 193-195. Deutsch von Katja Weintraub. © für die deutsche Übersetzung Vandenhoeck & Ruprecht, Göttingen, 4. Auflage 1973.

Unverschämt kurz. Aus: Bezwstydnie krótkie (Unverschämt kurz). Warszawa 1926. Eine Auswahl. Deutsch von Winfried Lipscher.

Senat der Irren. Monolog des Traurigen Bruders. Aus: Senat szaleńców (Senat der Irren). Uraufgeführt 1931 in Warschau, Erstveröffentlichung in: Wybór pism (Ausgewählte Werke). Warszawa 1958, Bd. 4, S. 488-492. Deutsch von Winfried Lipscher.

Tagebuchblätter. Aus dem Warschauer Getto und *Bewerbung. An das Personalbüro des Judenrates Februar 1942.* Aus: Das Recht des Kindes auf Achtung. Herausgegeben von Elisabeth Heimpel und Hans Roos. Göttingen 1979, S. 231-235, 246, 247-248, 250-253 (passim), 255-256, 258-259, 262, 267-268, 276, 287-288, 290-291, 308, 310, 311, 317, 320, 322-323, 325, 332-337, 340, 342, 343-345. Deutsch von Armin Droß. Die Übersetzung wurde für die vorliegende Ausgabe vom Übersetzer leicht überarbeitet. © Vandenhoeck & Ruprecht, Göttingen 1970.

Tamara Karren, *Des Doktors Silhouette.* Aus: T. Karren, Kim był ten człowiek (Wer war dieser Mensch). London 1981, S. 5. Deutsch von Karl Dedecius.

Erwin Sylvanus, *Polnischer Jude – Jüdischer Pole?* Aus: E. Sylvanus, Korczak und die Kinder. Hamburg 1980, S. 22-23.

Jan Twardowski, *Christen können von ihm lernen.* Aus: J. Twardowski, O Januszu Korczaku. In: Więź, Warszawa 1972, Heft 6, S. 55-57. Deutsch von Karl Dedecius. © Mit freundlicher Genehmigung der Agencja Autorska, Warszawa.

Hartmut von Hentig, *Erziehung und Politik.* Aus: Janusz Korczak, Ansprachen anläßlich der Verleihung des Friedenspreises. Frankfurt am Main 1972, S. 29-30, 31.

Maria Bronikowska, *Die Wahrheit. Über Dich.* Aus: M. Bronikowska, O Januszu Korczaku – Szeptem. Zielona Góra 1978. Deutsch von Karl Dedecius. © Mit freundlicher Genehmigung der Agencja Autorska, Warszawa.

Eugen Kogon, *Mit den Verlorenen gehen.* Aus: E. Kogon, Mit den Verlorenen gehen ... Janusz Korczak bedenkt den bevorstehenden letzten Weg. In: Karl Rahner/Bernhard Welte (Hrsg.), Mut zur Tugend. Freiburg 1979. S. 208-211. © Verlag Herder, Freiburg im Breisgau 1979.

Anna Kamieńska, *Die Lüge des Doktor Korczak.* Aus: Korczak-Blätter 1. Gießen 1977. Herausgegeben von der Deutschen Korczak-Gesellschaft e.V. Deutsch von Karl Dedecius.

Joseph Arnon, *Korczak suchen und finden*. Aus: Erich Dauzenroth, Janusz Korczak – Der Pestalozzi aus Warschau. Zürich 1978, S. 7.
Theofil Herder-Dorneich, *Die Mitte der Mitten*. Aus: Th. Herder-Dorneich, Erinnerungsheft anläßlich des Besuchs der Vaterunser-Kapelle im Ibental. Hausdruck des Verlags Herder 1980, S. 20.
Papst Johannes Paul II., *Ein Symbol*. Aus: Bernard Ignera, Der religiöse Humanismus Janusz Korczaks. Phil. Diss., Gießen 1980.

Frontispiz: Archiv Kibbuz Lohamei Haghetadt, den Herausgebern von Benyamin Anolik zur Verfügung gestellt; dt. Erstveröffentlichung.

INHALT

POLNISCHE BIBLIOTHEK
SUHRKAMP

DIE DICHTER POLENS
Hundert Autoren vom Mittelalter bis heute

DAS JUNGE POLEN
Literatur der Jahrhundertwende

J. C. F. SCHULZ
Reise nach Warschau

LEON KRUCZKOWSKI
Rebell und Bauer

CZESŁAW MIŁOSZ
Gedichte

TADEUSZ RÓŻEWICZ
Gedichte. Stücke

DER MONARCH UND DER DICHTER
Polnische Märchen und Legenden

JAN SOBIESKI
Briefe an die Königin

STEFAN ŻEROMSKI
Vorfrühling

HOFFNUNG DER BESIEGTEN
Erzählungen des polnischen Realismus

JANUSZ KORCZAK
Das Kind lieben